W0078256

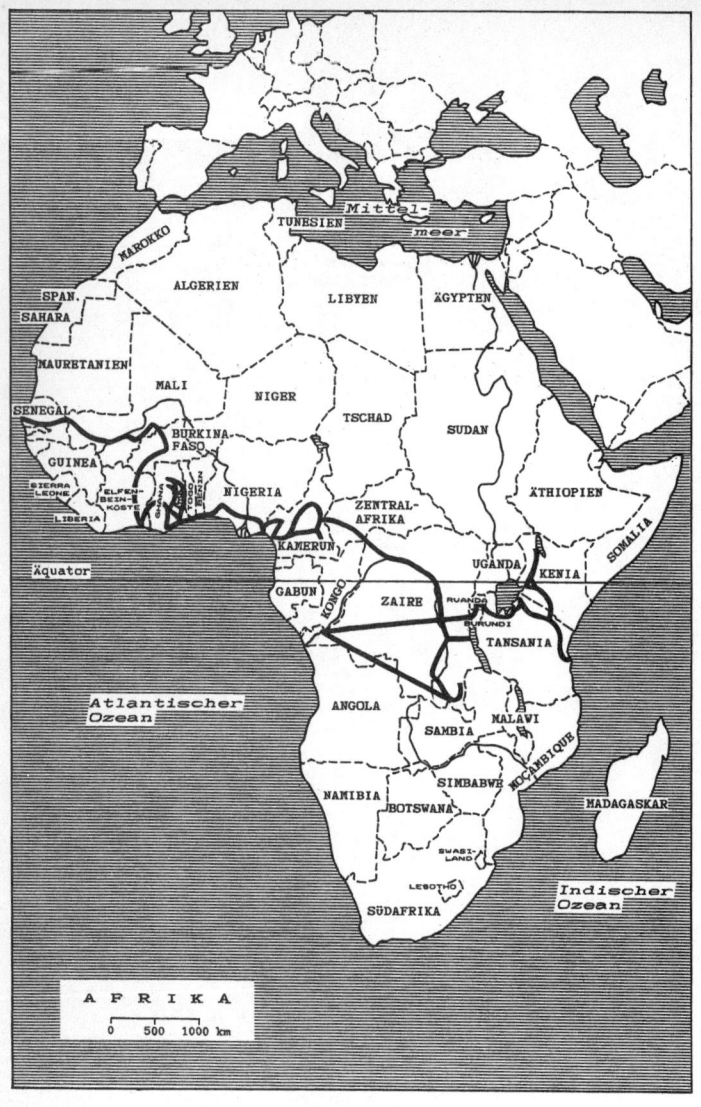

Christine Cerny

Die Löwengötter
der Serengeti

Eine Frau reist allein
durch den Schwarzen Kontinent

WILHELM HEYNE VERLAG
MÜNCHEN

HEYNE SACHBUCH
19/2059

Das Buch erschien in der Originalausgabe
bei Frederking & Thaler unter dem Titel
Von Senegal nach Kenia

Umwelthinweis.
Dieses Buch wurde auf chlor- und säurefreiem Papier gedruckt.

Taschenbuchausgabe im Wilhelm Heyne Verlag GmbH & Co. KG, München
Copyright © 1989 by Frederking & Thaler GmbH, München
Printed in Germany 1997
Umschlagillustrationen: Silvestris Fotoservice, Kastl; Christine Cerny
Umschlaggestaltung: Atelier Adolf Bachmann, Reischach
Innenillustration: Christine Cerny
Karten: Gert Köhler
Satz: ew print & medien service gmbh, Würzburg
Druck und Verarbeitung: Pressedruck, Augsburg

ISBN: 3-453-08322-9

Inhalt

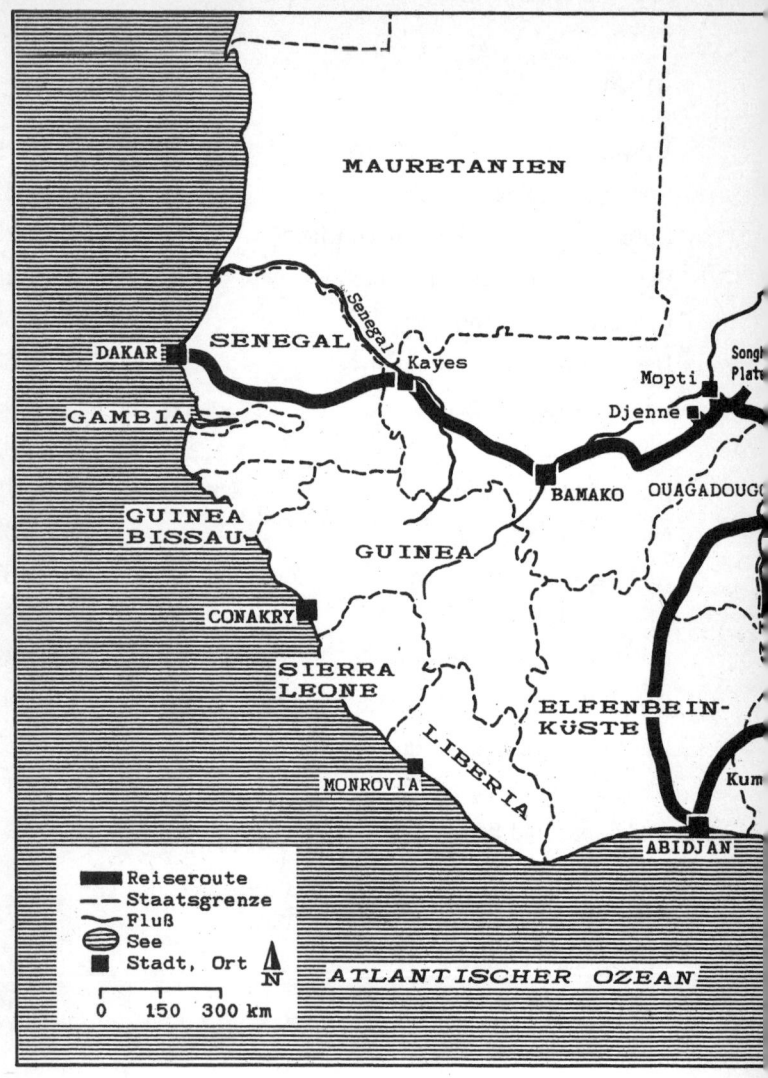

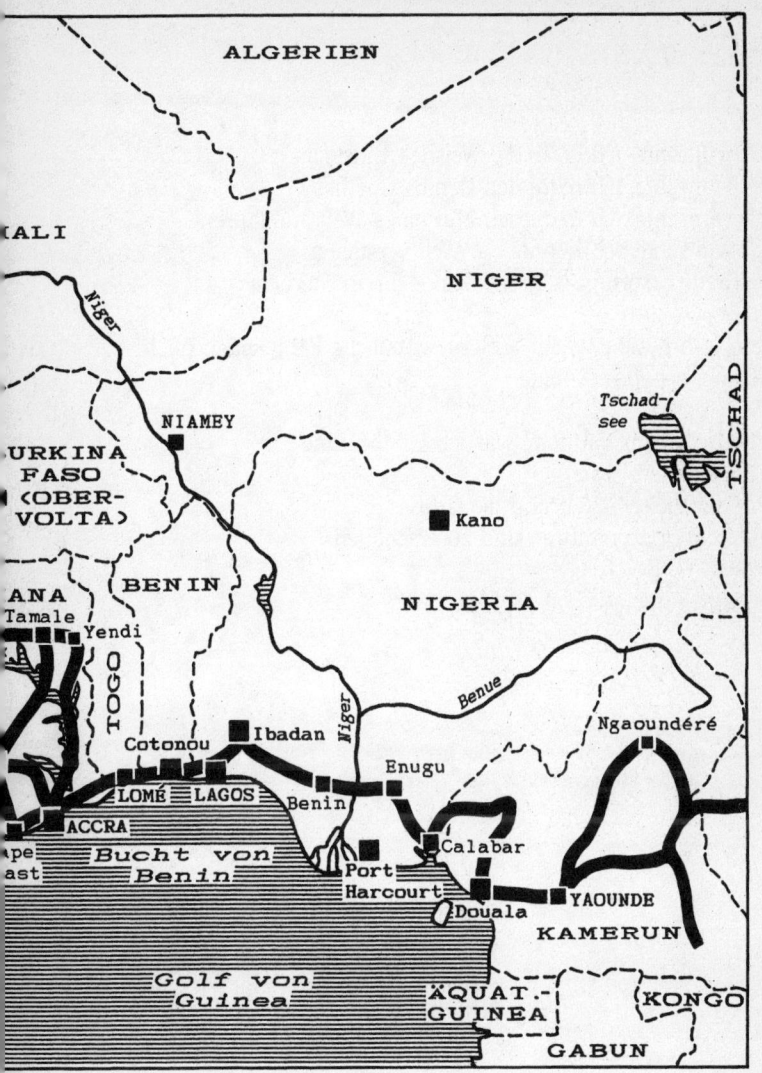

Ich wünschte, ich hätte die Weisheit Einsteins
Ich wünschte, ich hätte den Genius Goethes
Ich wünschte, ich hätte den Mut eines Weltraumfahrers
Ich wünschte, ich könnte die Welt verstehen,
in ihrem Ursprung – ihrem Sein – ihrem Sterben

Doch ich besitze weder außergewöhnliche Fähigkeiten noch
hervorstechende Talente

Aber ich kann mit dem, was ich bin, Träume
wahr werden lassen.
Um die Vielseitigkeit und die Größe
dieser Welt zu erfahren und zu erschauen.

Vorwort

Mit gemischten Gefühlen verließ ich die Geborgenheit des riesigen Mutterbauches des 16000-Tonnen-Frachters, der mich wohlbehütet von Marseille nach Dakar gebracht hatte. Als ich die Hafensperre durchschritt, begann mein Herz wild zu tanzen. Ungeheuer weit erstreckte sich vor mir der schwarze Kontinent.

Eigentlich wußte ich damals nicht viel über Afrika. Auf der einen Seite kannte ich die verführerischen Bilder aus den Reiseprospekten, in denen Safaris und Touren auf den Kilimandscharo angepriesen wurden, andererseits aber auch die schrecklichen Berichte aus den Massenmedien: politische Unruhen, Dürrekatastrophen, Hunger, Krankheiten. Alles, was dazwischen liegt, wollte ich selbst erfahren.

Es gab für mich hauptsächlich zwei Gründe, Afrika zu besuchen. Zum einen wollte ich meine eigenen Leistungs- und Bedürfnisgrenzen kennenlernen, zum anderen war es vor allem aber meine Sehnsucht nach Ursprünglichkeit, die mich dazu motivierte. Diese Sehnsucht wurde von den meisten meiner Bekannten belächelt, denn sie fanden, ich jagte nur irgendwelchen Phantasiebildern nach, die es in unserer nüchternen und technischen Welt nicht mehr gibt, und wenn doch, dann seien sie ohne Bedeutung. Was immer für andere Menschen von Wichtigkeit sein mag, für mich sind es meine eigenen Erfahrungen und die daraus gewonnenen Erkenntnisse.

Und meine eindrucksvollsten Reiseerlebnisse sammelte ich inmitten urwüchsiger Natur oder in der Begegnung mit einfachen Menschen.

Gerade von Afrika erhoffte ich mir, daß eine Fülle zwischenmenschlicher Kontakte meine Erfahrungen bereichern würde. Ich wollte den dunklen Erdteil von der Westküste bis zur Ostküste durchreisen, und zwar mit jeglichem Verkehrsmittel, das sich nur vorwärts bewegt. Mir war klar, daß es, um den tiefen Pulsschlag

Afrikas wirklich zu spüren, nicht genügte, mit seiner Bevölkerung Staub und Hitze zu teilen. Es genügte nicht, zufrieden zu sein mit einem Lager aus Bananenblättern. Ich würde mich auch in eine andere Gedankenwelt, die der unsrigen fern ist, hineinfühlen müssen.

Um neue Erfahrungen unvermittelt auf mich einwirken lassen zu können, hatte ich mir vorgenommen, jede Begegnung und jedes Brauchtum offen anzunehmen. Diese Art von Anpassung ist nicht der bequemste Weg, denn es heißt: sich immer wieder umstellen auf neue Situationen, neue Verhältnisse, andere Mentalitäten. Doch gerade in diesem ständigen Wechsel, in dieser unentwegten Veränderung sehe ich das pulsierende Element, den eigentlichen Sinn im Reisen.

Sokrates sagte einmal über einen Freund, der von einer Reise zurückkehrte, als sei er nie weggewesen: »... er konnte sich nicht verändern, denn er hat sich selbst mitgenommen.«

Es war nicht immer einfach, Afrikas ursprüngliches Wesen aufzuspüren, aber wann immer ich es fand, war es ein tiefgehendes, unauslöschliches Erlebnis. Was mich besonders faszinierte, war, daß Schwarzafrika mit seiner Lebendigkeit, seiner strotzenden Natur- und Lebenskraft, seinem unbändigen Bedürfnis nach Unabhängigkeit und Selbständigkeit noch viele Voraussetzungen besitzt, um sich nicht ganz von der fortschreitenden Uniformität unseres heutigen Weltbildes verschlingen zu lassen.

Erste Begegnung mit Afrika

Sehr früh am Morgen verlasse ich Bamako, die Hauptstadt von Mali, und fahre hinaus zum Fahrzeugsammelplatz am Rande der Stadt. Da es keine festgesetzten Abfahrtszeiten gibt, haben sich bereits unzählige Menschen samt Kisten, Koffern, Säcken und bunten Stoffbündeln eingefunden. Mit unendlich viel Zeit gesegnet, harren sie geduldig ihrer Busse und Buschtaxis.

Ich frage herumstehende Reisende, die in farbenprächtige Gewänder gekleidet sind, ob bald der Bus nach Mopti zu erwarten sei. Ihre Antwort ist allgemeines Achselzucken. Ich habe also Zeit. So setze ich mich zu frühstückenden Leuten an den langen Holztisch vor einem Bretterverschlag. Ich trinke heißen Pulverkaffee und knabbere weißes Stangenbrot mit Margarine. Die dunkle Brühe in dem Plastikeimer unter dem Tisch, in der Becher und Teller gespült werden, übersehe ich besser, um mir nicht sämtliche Parasiten Afrikas ins Gedächtnis zu rufen.

Immer mehr Straßenhändler treffen auf dem großen Platz ein. Ihre Bauchläden, meist umgebundene Pappkartons oder Blechkisten, enthalten Zündhölzer, Zigaretten, Bonbons, Seife oder Plastikschmuck und sonstigen bunt leuchtenden Krimskrams. Im roten Sand sitzen Frauen vor Emailleschüsseln, bieten grüne oder gelbe Bananen, saftige Mangos oder gebratene Hühnerschenkel an. Ein junger Mann zieht sich an den Rand des Platzes zurück und verrichtet in Hockstellung sein Geschäft. Landvolk mischt sich mit Stadtvolk. Die Leute vom Land tragen umgehängte Kalebassen mit Wasser gefüllt. Sie sind für unsere Begriffe ärmlich gekleidet, machen aber keineswegs einen armseligen Eindruck. Ihr Gesichtsausdruck ist stark, ihre Gesten sind würdevoll, ihre Blicke offen und warm.

Neben mir sitzt ein junges Pärchen aus der Stadt. Er trägt eine dunkle Brille und Hochplateau-Schuhe, enge Jeans und ein knallrotes T-Shirt. Mit eitlen Bewegungen fährt seine Hand über den Kopf, um die Krause festzudrücken. Die junge Frau in einem rosa Rüschenkleid aus Nylon starrt gelangweilt auf ihre langen, lilafarbenen Fingernägel. Zwischen ihnen steht ein Kofferradio.

Die daraus tönenden Geräusche können sicher noch im Zentrum von Bamako gehört werden. Die junge Frau steht auf, stakst auf hohen, dünnen Stöckeln mit etwas schleifenden Schritten zu einer der Händlerinnen und holt sich einen Hühnerschenkel. Ich glaube, die engen Schuhe tun ihr weh, aber sie sind halt modern.

Mir gegenüber trinkt ein sehr dunkelhäutiger Mann in europäischem Anzug Kaffee. Mit einem weißen Taschentuch tupft er sich unentwegt die Schweißperlen von der Stirn. Etwas neidvoll blickt er auf den Haussa neben ihm, der sich in seinem weiten, hellblauen Boubous sichtlich wohler fühlt. Eine wohlgenährte Frau in gelbbraunem Kattun lenkt das Interesse aller Händler des Platzes auf sich. Sie mustert die Ware, beäugt, tastet sie ab, schüttelt unwillig den Kopf oder nickt anerkennend. Dann wieder rümpft sie mißbilligend ihre breite Nase oder schnalzt wohlwollend mit der Zunge. Sie kauft Billigschmuck in Massen. Das kleine, dicke Mädchen, das an ihren losen Kleiderfalten hängt, wünscht sich zwei der kitschigen Plastikpuppen. Eine Minute darauf darf das Kind die beiden in seinen gepolsterten Ärmchen schaukeln. Verwöhnte Kinderchen gibt es also auch in Afrika.

Ein alter, blinder Mann, von einem kleinen Jungen geführt, macht mit monoton klingendem Gesang auf seine Not aufmerksam. Kleine Münzen fallen in die vorgestreckte Blechbüchse.

Um 11.00 Uhr sitze ich noch immer an dem Tisch. Jetzt esse ich Bananen. Weiter hat sich nichts Wesentliches ereignet. Endlich fährt der Bus, der Mopti als Reiseziel ankündigt, vor. Aber niemand hat es mit dem Einsteigen eilig, denn noch nicht einmal die Hälfte der Tickets sind verkauft. Abgefahren wird erst, wenn das Fahrzeug voll ist.

Auf das Dach des Busses werden Kanister, Fässer, geflochtene Matten, Tontöpfe und riesige Körbe gehoben. Das Verstauen von zwei Motorrädern bringt Abwechslung und erfordert eine sachliche Diskussion über das »Wie«.

Um 2.00 Uhr nachmittags esse ich einen Honigkuchen, ein süßes Reststück aus Dakar. Die beleibte Dame im gelbbraunen Kattun feilscht und kauft noch immer. Zwei Haussakaufleute kommen herbeigeeilt und mit ihnen zwanzig Blechkübel. Die beiden feinbetuchten Männer werden in den Bus geschoben und die Kübel auf dem Dach verstaut. Drei junge Männer schleppen eine schwarze, riesige Blechkiste auf ihren Köpfen heran. Jeder von ihnen hat einen großen, ledernen Wasserbeutel umgehängt. Sie scheinen zu wissen, was man auf dem Weg nach Mopti benötigt.

Ein älterer Mann prophezeit mir, daß wir nicht vor dem Abend abfahren werden. Ein Fahrrad und ein Holzpflug bereichern inzwischen den kunterbunten Dachaufbau. Einige meiner Leidensgenossen stöhnen auf und wedeln sich mit Bastfächern kühle Luft zu. Wenigstens die Einheimischen sollten doch an dieses Klima gewöhnt sein!

Der Zeitpunkt kommt, an dem acht Plätze mehr verkauft wurden, als eigentlich vorhanden sind. Das bringt ein zusätzliches Organisationsproblem, das neu überdacht werden muß. Alle Leute raus aus dem Bus! Jeder wird aufgefordert, seine sämtlichen Utensilien, die bereits mühsam unter Sitzen und zwischen den Beinen verstaut worden waren, mitzunehmen. Ein heilloses Durcheinander entsteht. Gebannt sehe ich dem Spektakel zu. Plastikflaschen, Eimer, Kalebassen, Stoffbündel und Kartons in jeder Größe werden durch die Fenster gereicht, Kinder unter die Arme geklemmt. Vor der Bustür fädeln wir uns erwartungsvoll auf. Die Namen der Passagiere werden einzeln aufgerufen und ihnen neue Plätze zugeteilt. Nun gibt es Probleme mit zwei jungen Männern. Sie haben besonders lange Beine und passen beim besten Willen nicht hinter die ihnen zugewiesenen Sitze. Sie dürfen tauschen. Endlich ist es soweit. Jeder Passagier und alles Handgepäck ist neu verstaut. Man könnte abfahren. Was dazu noch fehlt, ist der Chauffeur. Er wird gefunden, und tatendurstig springt er hinter das große Lenkrad. Er krempelt sich die Hemdsärmel auf, macht eine weite Armbewegung, um jedem die wichtige Funktion des Startschlüssels zu demonstrieren, doch alles, was ertönt, ist ein mickriges Husten aus einem altersschwachen Motor. Fünf Leute kriechen unter den Bus und die Motorhaube.

Nach einiger Zeit werden alle Händler des Platzes aufgefordert, ihren Krimskrams für einen Augenblick zu vergessen und anzuschieben. Mit vereinten Kräften klappt es dann auch. Der Motor springt an. Aber wir haben noch kein Benzin im Tank, weil vor dem Verkauf der Tickets nicht genügend Geld vorhanden war. Und nun hat der Tankwart kein Wechselgeld, aber auch dieses wird besorgt.

Jetzt ist es soweit. Wir fahren. Allerdings vorerst nur bis zum gegenüberliegenden Gebäude, in dem sich der erste Polizeiposten unseres Weges befindet. Ein großer Mann mit bunten Orden auf seiner Brust klettert in den Bus und zwängt sich durch die überfüllten Reihen. Er prüft alle Ausweise. Er bemerkt, daß drei der mitreisenden Fahrgäste keine gültigen Papiere bei sich haben. Dieser Umstand muß durchdiskutiert werden. Taschentücher, in denen Ersparnisse aufbewahrt sind, werden aufgeknotet. Die Hüter der Ordnung sind besänftigt und winken zur Weiterfahrt.

Die Nacht ist bereits hereingebrochen, als wir uns endlich auf der Landstraße befinden. Wir fahren einen vollen Kilometer. Dann ein neuer Stopp. Militärkontrolle!

Nach Mitternacht erreichen wir San, und wir halten auf dem offenen Gelände des Fahrzeugparks an. Der Fahrer klettert ins Freie und die müden Fahrgäste hinterher. Sie breiten Decken oder große Tücher auf dem Sandboden aus und legen sich hin. Ich folge dem allgemeinen Beispiel. Endlich kann ich mich wieder zu meiner normalen Größe ausstrecken. Ich vergesse alle Warnungen, nie auf einem offenen Parkplatz in Afrika zu übernachten. Ich bin zu müde, um über aufgeschlitzte Hälse oder andere Greuelgeschichten nachzudenken. Ich kuschele mich in meinen Schlafsack, blinzle zum funkelnden Sternenhimmel hinauf und finde, daß es nichts Schöneres in diesem Augenblick gibt. Ich schlafe friedlich ein. Leise gemurmelte Worte wecken mich auf. Gläubige Muslime verrichten im Morgengrauen ihre Gebete. Ich rolle meinen Schlafsack zusammen und streife ein wenig durch die Gegend. Hinter dem Autopark werkelt ein großer, blonder Mann an einem blauen Peugeot herum. Wir stellen uns gegenseitig die üblichen Fragen, wenn Reisende sich treffen. Woher und wohin? Ich erzähle ihm, daß ich mit dem Zug von Dakar nach Bamako gefahren bin und weiter in den Osten reisen möchte und daß ich hoffe, zu den anderen Ländern mehr Kontakt zu bekommen als zu Senegal, von dem ich nicht viel gesehen habe. Denn bei meiner Ankunft im Hafen von Dakar hatte ich leider Schwierigkeiten mit der Einwanderungsbehörde und der Polizei bekommen, weil ich kein Ausreiseticket vorweisen konnte. Die Beamten hatten den Amtsschimmel recht stur geritten und nichts übrig für individuelles Reisen. Sie hatten mir den Paß weggenommen und ihn mir erst wieder ausgehändigt, als ich ihnen ein Zugticket nach Mali vorlegen konnte.

Der blonde Mann ist Engländer und heißt Don. Fünf Jahre lang hat er ein landwirtschaftliches Projekt in Ghana geleitet. Jetzt sehnt er sich wieder nach gemäßigten Zonen. Doch bevor er durch die Sahara dem europäischen Kontinent entgegenfährt, möchte er noch Djenne und das Songhay-Plateau in Mali sehen. Dort möchte ich auch gerne hin, und ich frage, ob er sich meine Gesellschaft für ein paar Tage vorstellen könne. Don antwortet mit einem breiten Grinsen.

Im Augenblick hat er noch einen anderen Mitfahrer. Einen Peul, der nach Mopti möchte. Don zeigt auf einen jungen Mann mit kurzem Hirtenrock. Auf dessen Kopf sitzt ein runder Hut, der wie ein Chinesenhut spitz nach oben zuläuft. Ich meine, der Junge könnte doch mein Busticket nach Mopti übernehmen, und ich spreche sofort mit dem Busfahrer darüber. Doch der Mann, der zuvor freundlich und ständig zu Scherzen aufgelegt war, zeigt sich nun unwirsch und abweisend. Er lehnt entschieden meinen Vorschlag ab, aber auch in den Gesichtern der anderen Buspassagiere erkenne ich eisige Ablehnung gegenüber dem Hirten. Ich muß die Erfahrung machen, daß auch hier Menschen nach ihrer Abstammung beurteilt werden. Die Peul werden wegen ihrer Genügsamkeit und der Liebe zu ihren Viehherden verachtet. Auch ihre eher gleichgültige Einstellung dem Islam gegenüber macht sie bei den Strenggläubigen nicht sehr beliebt. Das Gesicht des jungen Hirten zeigt keinerlei Reaktion auf die geringschätzigen Blicke, die ihm gelten. Mit gleichmütiger Miene steht er neben der aufgeregt debattierenden Gruppe, als würde ihn die ganze Sache überhaupt nichts angehen.

Der Chauffeur fällt die Entscheidung. Wenn der Hirte mitkommen will, muß er extra bezahlen. Peul besitzen zwar Stolz und Würde, aber selten Geld. Das schöne, ebenmäßige Gesicht des jungen Mannes weist auf keine böse Erregung hin. Er trägt den Leuten ihre Unfreundlichkeit nicht nach. Seine Augen bleiben offen und hell.

Ich werfe mein Handgepäck in den Peugeot und warte auf meinen Rucksack, den man mir vom Busdach herunterreicht. Ich erkenne mein gutes Stück kaum wieder. Es ist vollgesogen mit schwarzem Öl. Eines der Motorräder muß darauf gelegen haben. Don nimmt den Peul in seinem Wagen bis zur Straßengabelung mit, von der wir auf eine Sandstraße nach Djenne abzweigen. Die perlweißen Zähne des Hirten blitzen auf, als er uns zum Abschied zulacht. Mit seinem Stoffbündel über der Schulter stellt er sich in den Schatten eines Shea-Butterbaumes und sieht uns regungslos nach.

»Vielleicht steht er zwei Tage an dieser Stelle, bis ihn jemand mitnimmt. Aber das macht ihm nichts aus«, meint Don. »Vielleicht muß er auch zu Fuß weiterlaufen. Aber das macht ihm auch nichts aus.«

Ich drehe mich noch einmal um, sehe zurück auf die dunkle Gestalt unter den Zweigen des Butterbaumes. Etwas Mystisches geht von diesem jungen Hirten aus, eine Gelassenheit, wie ich es bei vielen Menschen, die noch mit den natürlichen Elementen in Einklang leben, erfahren habe.

16

Wir müssen den Fluß Bani durchqueren, einen Seitenarm des Niger, der uns noch von Djenne, unserem Ziel, trennt. So staubig und dürftig das Städtchen auch in dem ausgetrockneten Land vor uns liegt, es besitzt seinen eigenen Zauber. Wie ein Magnet fühle ich mich von den engen Gäßchen, den ineinander verschachtelten Gängen und Winkeln angezogen. Wir finden eine schlichte Unterkunft. Die dicken Wände bestehen aus alter, übereinandergeschichteter Erde, die die Räume kühl hält.

Aus einer rostigen Tonne schöpfe ich graues, trübes Wasser und gieße es über meinen schweiß- und sandbedeckten Körper. Früher hätte ich mich voller Grausen davor geschüttelt, doch nun erwarte ich keinen westlichen Komfort mehr. Mag das Wasser auch nicht hygienisch sein, es erfrischt.

Umgeben von trostloser Dürre wird mir klar, wie reich doch die ärmste Kreatur in fruchtbaren Gebieten ist, wo es genug Wasser und Pflanzen gibt. Hier, wo die Felder in der langen Trockenzeit brachliegen, ist die Landwirtschaft völlig von der Menge der Niederschläge abhängig. Die Regenzeit ist die Hoffnung der Menschen, ein weiteres Jahr zu überleben.

Die müden, vom kargen Land geprägten Gesichter der Ansässigen leuchten auf, als ein Sturm aufzieht, der in rasendem Tempo eine riesige Wolke vor sich hertreibt. Dunkel fliegt sie auf Djenne zu. Frauen, Kinder, Hühner und Ziegen suchen eilends Schutz, bevor der Sand heranwirbelt und prasselnder Regenschauer folgt. Die Männer laufen nicht. Ihre Schritte bleiben gleichmäßig beherrscht. Der Regen ist ihr Freund, der ihre Existenz und ihre Familien erhält.

Nach der unerträglichen Hitze ist es für Don und mich erquickend, im strömenden Regen durch die überflutenden Sträßchen zu laufen. Wir machen uns aber auch Gedanken über den rasch ansteigenden Fluß. Paradox wäre es schon, ausgerechnet in der Sahelzone von Hochwasser eingeschlossen zu werden.

Am nächsten Tag hat der Regen aufgehört. Ich habe Hunger und will versuchen, etwas Nahrhaftes für das Frühstück aufzutreiben. In einem kleinen Laden sehe ich auf staubigen Regalen ein paar Konservendosen. Thunfisch, Sardinen und Ananas. In einem aufgeweichten Pappkarton liegt gräuliches Brot. Ich kaufe drei Wecken davon und will den großen Platz überqueren, als heranlaufende Kinder meine Aufmerksamkeit erregen. Vor den offenen Türen einiger Läden stellen sie sich in langen Reihen an. In den Händen halten sie halbe Kalebassen, ausgehöhlte Kürbisfrüchte, die als Eßschalen oder Trinkgefäße Verwendung finden. Aus den dunklen Hausöffnungen werden Brot oder kleine Getreidekuchen herausgereicht und an die hungrigen Kinder verteilt. Ständig strömen neue kleine, magere Gestalten heran. Wie benommen stehe ich da. Es ist das erstemal auf dieser Reise, daß ich dem Hunger begegne. Die wohlgenährten Afrikaner, die bisher meinen Weg gekreuzt haben, ließen mich beinahe die Katastrophenberichte vergessen, die uns ab und zu erreichen. Bettler gab es zwar an vielen Orten. Doch diese Kinder hier betteln nicht um Geld, sondern um ein bißchen Nahrung, damit sie einen weiteren Tag überleben können.

Die Türen der morgendlichen Versorgungsquellen werden geschlossen. Die leer ausgegangenen Kinder bleiben davor stehen. Sie wollen noch nicht glauben, daß sie zu spät gekommen sind. Einige von ihnen sehen mich an oder vielmehr das Brot, das ich im Arm halte. Ich breche es in kleine, gleich große Teile und reiche sie den nächsten ausgestreckten Händen. Ich gehe zurück in den dumpfen Laden und kaufe das restliche Brot. Das ist schneller an die Kinder verteilt, als ich bezahlen kann. Mit leeren Händen kehre ich ins Camp zurück. Ich habe vergessen, daß auch wir heute noch nichts gegessen haben. Doch mir ist der Appetit verflogen, und Don, der sieht, wie verstört ich bin, fragt nicht nach. Er nimmt Kaffee vom Campingkocher und reicht mir mit aufmunterndem Blick ein dampfende Tasse.

Heute ist Markttag in Djenne. Wie Gao, Timbuktu und Mopti hat auch dieses Städtchen einst eine glanzvolle Zeit erlebt. Sie galten als Umschlagplatz für Salz und Waffen aus dem Norden und Gold und Kolanüsse aus dem Süden. Doch seit die Straßen den Flüssen ihre Bedeutung als Verkehrswege den Rang abgelaufen haben, ist diesen Orten ihre ehemalige Wichtigkeit verlorengegangen. Aber von ihrer Faszination haben sie dennoch kaum etwas eingebüßt. Auf dem riesigen Marktplatz von Djenne tummeln sich Käufer und Händler, die mit ihrer Geschäftigkeit buntes, reges Treiben bringen. Beherrscht wird die ganze Szene von der großen Moschee, die als ruhender Pol ihren Einfluß auf alles Leben geltend macht. Wie alle anderen Gebäude dieser Region ist auch sie aus Lehm gebaut.

Der Markttag ist nicht nur ein wirtschaftliches, sondern auch ein soziales Ereignis. Hier werden Waren genauso ausgetauscht wie persönliche Erfahrungen und Neuigkeiten. Aus diesem Grund kommen die Leute von weit her. Niemand hat es eilig. Gemächlich schlendern Peul, Haussa, Songhay, Berber, Tuareg in lose hängenden weißen, schwarzen, braunen, blauen und lilafarbenen Gewändern zwischen den Reihen aufgestapelter Güter um-

Markttag in Djenne. Der Markt ist nicht nur ein wirtschaftliches, sondern auch ein soziales Ereignis

her. Sie begutachten Stoffe, Schuhe, einfaches Werkzeug, Nahrungsmittel, Körbe, Trink- und Eßgefäße, Tonkrüge und sonstige Dinge für den Haushalt, aber auch Plastikwaren, Kosmetikartikel und Jeans aus Europa. Sie fragen die Händler nach dem Preis, gehen weiter, kommen wieder zurück, man setzt sich zusammen auf geflochtene Matten, verhandelt, schweift ab von den Geschäften, spricht über private Dinge, und zwischendurch einigt man sich über den Preis.

Waren werden auf hölzerne Eselskarren getürmt, Säcke voll Hirse von einem Lastwagen abgeladen. Ein Sack wird geöffnet. Goldgelb fließen die Körner über ein ausgebreitetes, grobes Leinen. Dunkle, feingliedrige Hände greifen danach, prüfen die Qualität. Es gibt keine Waage, leere Konservendosen dienen als Meßbecher. Bunt und auffallend gemustert sind die Kleider aus Batikstoffen der Frauen. Oft haben sie Kopftücher aus demselben Material auf, die im Nacken zusammengebunden sind. Manche von ihnen tragen goldene Nasen- und Ohrringe, meistens ihr ganzes Kapital, das sich auf diese Weise leicht überwachen läßt. Fast alle Frauen haben ihre Kinder bei sich. Entweder schlummern die Kleinen friedlich und geborgen auf dem Rücken der Mutter im umgeschlungenen Tuch, oder sie spielen vergnügt quiekend in ihrem weichen Schoß.

Mein Magen beginnt zu knurren, und ich sehe mich nach etwas Eßbarem um. Fische, Muscheln und Schnecken, getrocknet, geräuchert, übelriechend, häufen sich vor mir auf. Mein Magen hebt sich in Abwehr. An anderer Stelle entdecke ich Zwiebeln, Mehl, rote getrocknete Pepperoni, Nescafé und Kondensmilch in verbeulten oder verrosteten Dosen, alte Kekse, in Rollen oder einzeln zu haben, und Bonbons, die aussehen, als hätte sie schon jemand gelutscht. Von einem Karren werden körbeweise Mangos heruntergehoben. Erfreut stürze ich darauf zu.

Am nächsten Morgen verlassen wir Djenne. Der Fluß ist mächtig angestiegen. Nur mit Hilfe von Einheimischen, die die niedrigsten Wasserstellen kennen und vor uns herlaufen, schafft der Peugeot

Vergoldete Ohrringe sind oft das ganze Kapital der Frauen

die Durchquerung. Ich wate zu Fuß durch den Fluß, damit der Wagen leichter wird. Waren wir bei der Herfahrt fast im Sand steckengeblieben, so graben sich nun die Räder im tiefen Schlamm fest. Ein vollbeladener Lastwagen zieht vor uns unregelmäßige, tiefe Furchen und erschwert uns das Nachfahren. Der Peugeot gerät manchmal gefährlich ins Schleudern, und Don muß achtgeben, daß der Wagen nicht über die Böschung des Fahrdammes abrutscht.

Bis Bandiagara holpern wir über eine 50 km lange Rippenwellenpiste. Der Weg hinauf zum Songhay-Plateau ist einem Pkw kaum zuzumuten, denn er besteht hauptsächlich aus Geröll und steilen Felsplatten. Die Hitze ist fast unerträglich, doch der karge Boden zeigt nach dem ersten kräftigen Regen schon frische, grüne Farben. Die saftig sprießenden Knospen der unförmigen Baobabs stehen in eigentümlichem Widerspruch zu ihrer bizarren Erscheinung. Es sind uralte Bäume, deren Äste wie knorrige Wurzeln in die Höhe ragen. Eine Legende erzählt, daß der liebe Gott eines Tages sehr böse auf die Baobabs gewesen sei, weil sie ihm widersprochen hatten. Daraufhin habe er sie aus der Erde gerissen und sie verkehrt herum in den Boden gerammt.

Das Land der Dogon, das wir jetzt befahren, teilt sich in drei Geländeformen auf. Das rauhe Hochplateau aus massivem Sandstein, senkrechte Felswände und eine weite Ebene, die sich von ihrem Fuß weg weithin erstreckt.

Die Dogon wurden durch ihre frühzeitlichen Kenntnisse in der Astrologie, der Kosmologie und ihrem fortgeschrittenen Zahlensystem bekannt. Die Ordnung und Gesetzmäßigkeit dieser Wissenschaften bestimmten ihren gesamten Alltag. Sie entwickelten eine komplexe Lebensanschauung, die eine enge Verbindung zwischen der physischen Existenz und der metaphysischen Welt sieht. Alles Geschehen ist mit den Aufgaben des Universums verbunden. Mit dieser ganzheitlichen Anschauung übten sie großen Einfluß auf den gesamten westafrikanischen Bereich aus.

Auf dem Weg zum Plateau kommen wir an einigen Songhay-Dörfern vorbei, die noch ihren ursprünglichen Charakter bewahrt

Auf dem Weg zum Songhay-Plateau

haben. Die kleinen Lehmhäuser mit ihren zipfelhaubenartigen Strohdächern sind kreisförmig aufgestellt und die Zwischenräume zu den benachbarten Häusern mit Steinmauern ausgefüllt, so daß ein geschlossener Schutzwall entsteht, der den kleinen Dörfern anheimelnde Nestwärme verleiht. Was immer Vertreter des Fortschritts an dieser ursprünglichen Bauweise zu bemängeln haben, mir gefallen diese Dörfer, weil sie in die Landschaft passen und das Baumaterial ihrer natürlichen Umgebung entnommen ist. Da ist nichts gekünstelt, nichts entstellt. Die Dörfer sind so echt wie ihre Bewohner. Als wir von zwei einheimischen Männern in ihr Dorf eingeladen werden, fällt uns auf, daß die traditionelle Bauweise die Hitze aus den Hütten fernhält. Es ist dort angenehm kühl. Nachdem wir die große Ansiedlung oben auf dem Plateau erreicht haben, stören uns die nüchternen, kastenförmigen Ziegelbauten, auf denen Wellblechdächer in der Sonne gleißen. Die Aludächer mögen preiswert sein und neuzeitliches Denken ausdrücken, aber sie stechen wie ein Dorn ins Auge. Ich kann mir auch nicht vorstellen, daß dieses hitzespeichernde Material das Wohlbefinden seiner Bewohner fördert.

Von der weitgestreuten Plateausiedlung aus erkunden wir das Gelände zu Fuß. Wir müssen achtgeben, daß wir uns nicht verlaufen oder über eine der vielen Klippen fallen. Wir marschieren über heiße Steinplatten, durch dunkle Höhlen und zerklüftete Schluchten. Vom schroffen Rande des Plateaus eröffnet sich ein weiter Blick über die eintönige Sahelzone.

Die traditionellen Dörfer der Dogon, die fast vollkommen mit ihrer sandfarbenen Umgebung verschmelzen, liegen an den Fuß der Felswand geschmiegt. Rechteckige Lehmhütten mit flachen Dächern und kegelförmigen Türmen sind eng aneinandergebaut, als suchten sie gegenseitig Schutz. Hohe, mit Strohdächern bedeckte Hütten dienen als Vorratskammern, während die flachdachigen Gebäude als Wohnstätte benutzt werden.

Die Dogon begraben ihre Verstorbenen nicht, sondern bringen sie hinauf in schwer zugängliche Felshöhlen, die früher angeblich von einem Pygmäenvolk bewohnt waren, als es in dieser Region noch Regenwald gab. Beim Anblick des trockenen, rissigen Bodens und der ausgedörrten Dornenbüsche ist es kaum vorstellbar, daß sich hier einmal pflanzen- und tierreiche Wälder ausgedehnt haben. Die Ackerbau betreibenden Dogon hatten mit ihren fortschreitenden Rodungen die kleinwüchsigen Felsbewohner, die ausschließlich von den Erträgen der Wälder lebten, immer weiter in den Süden verdrängt.

Reiseorganisatoren machen es möglich, daß wir in dieser regenarmen Landschaft nicht auf den nächsten Regenguß harren müssen, um unseren Durst zu löschen. Wieder zurück in der großen Plateausiedlung, gibt es im bereits errichteten Touristencamp gekühltes Bier für uns. Der Griff zu den Getränken ist uns unter diesen staubtrockenen Verhältnissen zwar äußerst willkommen, doch durch unser selbstverständliches Verlangen nach viel Flüssigkeit lernen wir nicht, die entbehrungsreichen Lebensumstände der Ansässigen nachzuempfinden.

Die hohen, mit Stroh bedeckten Häuser dienen als Vorratskammer, die flachdachigen Gebäude als Wohnstätte

Vom Songhay-Plateau fahren wir weiter nach Mopti. Auch dieser Ort war einst durch die Lage am Niger eine wichtige Handelsstadt gewesen. Noch heute herrscht reges Treiben am Fluß, der durch seinen Fischreichtum eine lebensnotwendige Eiweißquelle für seine Anwohner ist. Die meisten Menschen leben hier vom Fischfang, wobei der »Kapitän«, unserem Wels ähnlich, als der schmackhafteste und beliebteste Fisch gilt.

Lange Zeit stehen wir hier und sehen gebannt zu, wie die großen Kanus, die Pirogen, mit Eleganz und Wendigkeit über das Wasser manövriert werden.

Bei einem Spaziergang komme ich an einem Brunnen vorbei. Frauen holen mit Lederbeuteln das kostbare Naß aus der Tiefe und lachen und schwatzen munter miteinander. Das Wasser, das ihr Leben erhält, läßt sie fröhlich sein. Ihre sichtbare Freude, als die prallgefüllten Ledertaschen über den Rand des Brunnens auftauchen, läßt mich nachdenklich werden. Beschämt denke ich daran, wie oft ich zu Hause Wasser verschwendet habe. Die Leute hier würden sagen, ich hätte das Wasser »davonlaufen« lassen.

Über holprige, hindernisreiche Pisten erreichen wir Ouagadougou, die Hauptstadt von Burkina Faso, dem früheren Obervolta. Nach einem erfrischenden Bad in einem Hotel-Swimmingpool gehören Autopannen, Durst, bleierne Müdigkeit sowie Ärger mit einem Grenzbeamten bei Thiou, weil ich leichtsinnigerweise im Grenzbereich fotografierte und dabei den Film einbüßte (die Kamera konnte ich wenigstens retten), bereits einer anderen Welt an.

In meinem Reiseleben gehört die Trennung von Menschen, an die ich mich gewöhnt und die ich schätzen gelernt habe, wohl zu den schwersten Augenblicken. Auf begrenzte Dauer haben wir gemeinsame Abenteuer erlebt, dann laufen die Wege wieder auseinander. Es sind nicht allein die abwechslungsreichen Erlebnisse, die uns verbinden, es ist vor allem das gegenseitige Akzeptieren und Verstehen, das aus offenem Vertrauen entwächst. In dem Gefühl der unbegrenzten Freiheit gibt es keine Bedenken, sich bloßzustellen. Da spricht man sich Dinge von der Seele, die man zu Hause seinem besten Freund nicht anvertrauen würde.

Ich nehme Abschied von Don, der morgen nach Niamey weiterfahren wird. Doch ich habe genug von Dürre und flimmernder Hitze. Ich möchte Grünes sehen, Bananenstauden, Palmen, Dschungel und das Meer.

Durch die Elfenbeinküste nach Ghana

Nachdem ich mir in Ouagadougou Visa für Ghana und die Elfenbeinküste besorgt hatte, besteige ich den Zug der RAN-Eisenbahnlinie. Sie soll irgendwann Abidjan mit Niamey verbinden, aber bisher läuft sie nur bis Burkina Faso. Aufgrund der chaotischen Bahnreise, wie ich sie zwischen Dakar und Bamako erlebt habe, erwarte ich hier einen ähnlichen Tumult. Doch die Waggons besitzen noch ihr vollständiges Inventar, um die Sitze muß sich keiner raufen, und die Lokomotive fährt elektrisch.

Nach Bobo-Dioulasso beginnt die Vegetation üppiger zu werden, und die Regenwaldzone läßt nicht mehr lange auf sich warten. Kaum spüre ich grünes Leben rund um mich, vermag ich besser und tiefer zu atmen.

Die Elfenbeinküste gilt als gravierendes Beispiel für den Neo-Kolonialismus. Durch rigorose Ressourcenausbeutung (Bauholz, Kautschuk, Palmöl) werden extreme Klassenunterschiede geschaffen. In der Hauptstadt Abidjan, einer der teuersten Städte der Welt, prallen luxuriöse Stadtteile und erdrückende Slum-Bezirke aufeinander. Ungeduldiges Hupen aus langen Autoschlangen und hektisches Drängeln auf der Straße treiben mich schnell zum nächsten Fahrzeugpark. Auf dem großen Platz treffen Busse, Lastwagen, für Personentransporte umgebaute Liefer- und Kastenwagen, Taxis, Buschtaxis und Passagiere, die in alle Richtungen fahren wollen, zusammen. Die Fahrzeugcrews rufen laut ihre Zielorte aus, angeschriebene Reiseziele sind oft nicht mehr gültig.

Als mir jemand das Fahrziel »Agnibilikrou« ins Ohr trompetet, kommt mir Jimmy, ein junger Libanese, in den Sinn, der mir in Bamako die Adresse seiner Familie in Agnibilikrou gab, für den Fall, daß es auf meiner Route liegen sollte. Blitzschnell entscheide ich, daß es auf meiner Route liegen wird. Dieser Ort nordöstlich von Abidjan müßte ein günstiger Ausgangspunkt für meinen weiteren Weg nach Ghana sein.

Die Straße in den Norden ist asphaltiert und erlaubt zügiges Fahren.

In Agnibilikrou stelle ich fest, daß Jimmys gesamte Familie aus erfolgreichen Geschäftsleuten besteht. Sie handeln mit Kakao und Kautschuk, besitzen ein Hotel, in das ich einquartiert werde, und einem Cousin gehört die angeblich größte Holzfabrik des Landes. Ich darf sie besichtigen.

Beschäftigt werden dort 800–900 Arbeiter. Alle leitenden Posten sind jedoch von Libanesen besetzt. Ich werde das Gefühl nicht los, daß zwischen diesen und den schwarzen Arbeitern eine breite Kluft besteht. Im Privathaus werde ich von Jimmys Cousin zu einem Drink eingeladen. Ich frage, ob nachgeforstet wird. »Das ist nicht unser Problem. Das ist das Problem der Regierung.«

Meine Frage war nicht angenehm. Peinliches Schweigen.

Auf der Straße nach Kumasi erlebe ich die Polizei nicht gerade in der Funktion als Freund und Helfer. Ghanaische Polizisten, bekleidet mit schwarzer Uniform und weißer Mütze, haben alle paar Kilometer Straßensperren errichtet, an denen Fahrzeuge und Passagiere kontrolliert werden. Die meisten Fahrgäste sind Händler, die aus der wirtschaftlich besser gestellten Elfenbeinküste Konsumgüter in das einem wirtschaftlichen Chaos zusteuernde und Restriktionen unterworfene Ghana einführen. Diesen Geschäften gedenken die schlecht bezahlten Beamten nicht tatenlos zuzusehen. Ihre Wegegeldforderungen hängen von der Qualität und Quantität der Waren wie auch vom Geldbeutel des Händlers ab.

Doch die Leute in unserem Buschtaxi haben Glück mit dem Chauffeur von der Elfenbeinküste. Der ist mit allen notwendigen Tricks vertraut, die zu einem reibungslosen Vorwärtskommen beitragen. Bereits an der Grenze hat er von den einheimischen Passagieren Cedischeine (ghanaische Währung) eingesammelt und in eine kleine Schale gelegt. Vor jedem Posten, die immer häufiger werden, nimmt er soviel aus dem Vorrat, wie er denkt, daß unbedingt notwendig sein wird. Er versteht es, nicht nur das Vehikel mit Geschick durch zahlreiche Straßenhindernisse zu dirigieren, er weiß sich auch bei den Kontrollen durchzuschlängeln. Er ist ein unbezahlbares Original, das feixt, schimpft oder lacht. Gegen seine theatralischen oder witzigen Grimassen kommen die Uniformierten nicht an. Hat er einen der Beutehungrigen ausgetrickst, dann brüllt er vor Lachen. Als Ausländerin bleibe ich von den Forderungen der Wegelagerer in Uniform verschont. Trotzdem strapazieren diese kompetenzüberschreitenden Machenschaften meine Nerven.

Kumasi wird in älteren Reisebeschreibungen als blühende Gartenstadt bezeichnet. Die Lage inmitten eines natürlichen Garten Edens ist wahrhaft prächtig. Doch von dem ehemaligen Wohlstand sind nur noch blasse Spuren vorhanden. Die Ghanaer haben keine Zeit für Instandhaltung. Der tägliche Existenzkampf fordert ihre ganze Kraft.

Auf dem Hauptmarkt, dem Kern der Stadt, wird heftig gehandelt. Während Plastikwaren, Toilettenartikel und unnützer Krimskrams den Platz füllen, entdecke ich wenig Gemüse, wenig Früchte. Kein Vergleich zu dem, was dasein könnte. Die meisten Restaurants sind teuer und nach westlichem Standard ausgerichtet, deren Preise zu zahlen sich nur eine kleine Elite leisten kann. Ein paar Frauen verkaufen am Straßenrand aus großen Schüsseln in rotem Palmöl gekochte Fleischsaucen und gebratene Yamswurzeln. Auch Weißbrot ist erhältlich, doch dieses bläht meinen Bauch zu doppelter Größe auf.

Um gesundes Essen scheint sich hier niemand zu kümmern. Viel wichtiger ist es, Geld anzuschaffen, auf welche Art auch immer. Und wo harte Überlebenskämpfe ausgetragen werden, sind Jesus und die Bibel willkommen. »Jesus ist mein bester Freund«, »Jesus ist mit uns« und ähnliche Sprüche sind in großen, farbigen Buchstaben auf die Fahrzeuge aufgemalt. Eines ist sicher, die Leute in diesem Land haben Gott dringend nötig.

Ich lerne Kojo kennen, was Montag heißt. Hier erhalten die Leute zusätzlich zu ihren Familiennamen den Namen des Wochentages, an dem sie geboren wurden. Kojo Opare ist ein hübscher Junge, ohne Initionsmal im Gesicht. Er stammt aus Akosombo und schwärmt von seiner Heimatstadt. Kojo findet es schick, Aperitifs zu trinken und Neonröhren über dem Bett hängen zu haben. Ihm sei es langweilig in Kumasi, denn er kenne hier niemanden. Die Stadt gefalle ihm gar nicht, aber er hat beruflich hier zu tun. Als Rechnungssteller. Er arbeitet zusammen mit seinem Oberbuchhalter. Das ist ein »big man«. Der sitzt in der anderen Ecke des Restaurants und würdigt den jungen Mann keines Blickes. Nur beruflich setzen sie sich zusammen, im privaten Leben gibt es zwischen ihnen keinen Kontakt. Das gesellschaftliche Niveau ist zu unterschiedlich.

Der letzte Bus des staatlichen Transportunternehmens ist zusammengebrochen. So nehme ich einen Lastwagen, der in den Süden fährt. In der Fahrerkabine sitze ich eingeklemmt zwischen zwei Männern in Khakianzügen. Nach der Art ihrer Unterhaltung gehören die beiden dem gehobenen Mittelstand an. Ich tippe auf leitende Angestellte oder Oberbuchhalter. Die ganze Strecke bis Cape-Coast bestätigen sie sich gegenseitig, wie fürchterlich und unzumutbar der Straßenzustand ist. In schlechtem, doch gespreiztem Englisch bedauern sie, in einem Land leben zu müssen, das solche Straßen besitzt. Sie schämen sich für Ghana. Schämen sich für alles, was an Armut und Rückständigkeit erinnert. Sie wollen nicht mehr die Unterentwickelten sein. Wollen endlich gleichziehen mit dem Fortschritt des Westens.

Doch bei solchen Straßen kann man das ja niemandem beweisen.

Elmina, ein pittoreskes Städtchen, liegt in einer lieblichen Bucht. Steil führt der Weg aufwärts zum Fort, welches im 15. Jahrhundert von portugiesischen Eroberern gebaut wurde. Später war es Hauptquartier holländischer Sklavenhändler, und im 19. Jahrhundert nahmen es Engländer in Besitz. Jetzt vermietet man seine einfachen Räume an vorüberkommende Reisende, die keine Komfortansprüche stellen, jedoch gerne romantisch wohnen. Von der Festung bieten sich hübsche Ausblicke. Da liegt unten das Städtchen zu Füßen, Reisfelder und Hügel dehnen sich

Auf den Straßen verkaufen die Frauen ihre gekochten Speisen

gegen das Hinterland aus, die Bucht und das Meer erstrecken sich im Süden. Das Schloß, in dem früher die Sklaven gefangengehalten wurden, bevor sie auf die Schiffe kamen, liegt direkt am Strand, umspült von der Brandung.

Der Großteil der Bevölkerung lebt vom Fischfang. Auf dem Kanal, der vom Meer zum Fort führt, kann man das rege Treiben malerischer Boote beobachten. In den Straßen verkaufen Frauen ihre gekochten Speisen. Es duftet nach gebratenen Fischen, gerösteten Bananen und gebackenem Manjok.

Vor mir liegt das Meer, einladend und lockend. Aber es ist hier nicht üblich, in einem Badeanzug oder gar Bikini schwimmen zu gehen. Das würde nur die Gemüter der Einheimischen erregen. So passe ich mich den Sitten der Leute an und gehe mit einem Wickeltuch bekleidet in die kühlen Fluten. Innerhalb der Festungsmauern lerne ich Sarah, eine belgische Lehrerin, kennen. Ihr schmales Kindergesicht ist von dunklen Locken umrahmt.

Blaß und mager sitzt sie vor mir. Sie ist geschwächt von einer Amöbenruhr, die ihr wochenlang zu schaffen machte. Vor einem halben Jahr gab die junge Frau ihre Stellung auf und reiste nach Afrika. Ihr großer Wunsch ist es, sich vollends einer afrikanischen Dorfgemeinschaft anzuschließen.

»Weißt du, ich möchte ganz so leben wie sie. Ganz so denken wie sie. Ganz so sein wie sie. Ich möchte so vieles aus ihrem Naturell lernen. Möchte wie eine leibliche Schwester zu ihnen stehen.«

Sie ist Feuer und Flamme für eine Kultur, die in ihrem Ursprung und durch ihre eigenen Umwelteinflüsse völlig anders geschaffen und gewoben ist. Eine Kultur, in die Außenstehende Mühe haben einzudringen.

»Glaubst du wirklich, daß die Afrikaner, mit denen du zusammenleben möchtest, dich wie eine leibliche Schwester behandeln würden?«

»Warum denn nicht?«

Ich antworte darauf, daß ich bisher die Erfahrungen gemacht habe, daß wir Europäer immer mit anderen Augen betrachtet werden als die eigenen Leute. Daß sie den Weißen entweder bevorzugen oder ihm ablehnend gegenüberstehen, je nachdem, ob im Weißen noch der allmächtige Wohltäter gesehen wird, der wunderbare Dinge bringt, oder ob er gemieden wird, weil er ihre Moral zu untergraben droht oder sie bereits zerstört hat.

»Darüber will ich mir nicht den Kopf zerbrechen«, ist Sarahs Reaktion auf meine Gedanken. »Ich weiß nur eines, ich will nicht mehr nach Europa zurück. Ich habe keine Lust, mich noch einmal dem starken Leistungsdruck, wie er bei uns ausgeübt wird, auszusetzen. Das kann doch nicht das Leben sein! Ich stelle es mir jedenfalls anders vor. Ich habe genug von der Enge und dem Frust unseres Alltags.«

»Und du meinst, ein Leben in einem afrikanischen Dorf würde dir auch auf längere Sicht mehr gefallen?«

»Natürlich. Diese Leute sind doch viel zufriedener als wir. Und ihr Dasein ist bedeutend sinnvoller. Warum soll ich meine Zukunft nicht mit diesen glücklichen Menschen teilen?«

Ich wehre mich zwar gegen die rosarote Traumwelt, wie Sarah sie sich über die afrikanische Lebensweise ausmalt, aber ich verstehe ihre Sehnsucht nach einer anderen Lebensform nur zu gut. Auch ich habe einmal Europa verlassen, weil ich nach tieferen Lebenswerten hungerte. Ich ging damals nach Indien, wo ich einen freudigen Kopfsprung in das andere, so faszinierende Leben machte. Damals war ich auch bereit, meine eigene Herkunft zu verleugnen. Doch mit der Zeit habe ich die Erfahrung gemacht, daß ich eher meinen Seelenfrieden finde, wenn ich mich damit begnüge, aus den Begegnungen mit anderen Kulturen Anregungen und Ideen zu holen, anstatt mich in fremden Sitten und Gebräuchen zu verirren. Ich fand heraus, daß es eine Illusion ist, wenn man glaubt, in einer anderen Kultur feste Wurzeln schlagen zu können. Mir kommt dabei ein afrikanisches Sprichwort in den Sinn: »Wirfst du auch ein Stück Holz ins Wasser, wird dennoch kein Krokodil daraus.«

»Bist du sicher, daß du als Europäerin in einer afrikanischen Dorfgemeinschaft leben könntest? Ich meine für längere Zeit und mit allen dazugehörenden Konsequenzen und mit den Regeln und Ordnungen, die dir doch fremd sind?«

Sarahs Augen glühen leidenschaftlich auf. »Warum nicht? Sie haben so viele Werte, die bei uns verlorengegangen sind, daß ich davon nur profitieren kann.«

Ich gebe mich mit dieser Antwort nicht zufrieden. »Stell dir doch vor, du wärst mit einem dieser Männer verheiratet und du müßtest noch eine oder zwei Ehefrauen akzeptieren. Das ist hier auf dem Land ja noch oft üblich. Oder stell dir vor, du dürftest niemals mit deinem Partner in der Öffentlichkeit Zärtlichkeiten austauschen, so wie wir es in Europa gewohnt sind. In Afrika ist das tabu. Könntest du dich wirklich nach solchen Sitten richten, auch wenn sie deinem eigenen Denken und deinen Gefühlen nicht entsprechen?«

Impulsiv, wie Sarah zu sein scheint, antwortet sie: »Natürlich hätte ich was dagegen, wenn sich mein Mann eine andere Frau nehmen würde. Ich würde es mir auch nicht verbieten lassen, meine Gefühle so zu zeigen, wie ich sie empfinde, und ich würde immer sagen, was ich mir denke.«

Ich lache. Sie revoltiert ja schon, bevor sie noch mit ihnen zusammenlebt.

»Ich würde ihnen schon zeigen, daß ich eine eigene Meinung habe. Und ich würde sie aufklären, wie wichtig es ist, sich selbst zu verwirklichen.«

Diese Worte machen mich nachdenklich. Erst spricht sie voll Enthusiasmus davon, von diesen Leuten lernen zu wollen, und gleich darauf sind ihre Gedanken bereits dabei, sie zu belehren. Wenn ihre Motive, nach Afrika zu kommen, auch anderer Natur sind, als es die Beweggründe der Kolonialisten waren, im Ende läuft ihre Begegnung mit einer anderen Kultur auf das gleiche hinaus: auf Bevormundung und Fremdbestimmung.

Miriam, ein einheimisches Mädchen aus Elmina, lädt mich in das Haus ihrer Familie ein. Ich sehe den Frauen zu, wie sie das traditionelle Essen Fu-Fu zubereiten. In einem Holzmörser stampfen

Regenstimmung an Ghanas Küste

sie gekochte Plantins, die Kochbananen und Yamswurzeln mit einem langen Holzstößel zu einem glatten Teig. Als die Masse geschmeidig genug ist, formen sie handflächengroße Bällchen, die sie zu gebratenem Fisch und Palmölsauce reichen.

Die Mutter ist gerade dabei, das Essen auf Blechteller zu verteilen, als Miriam plötzlich wie von Sinnen aufschreit. Panik steht in ihren Augen. Mit angstverzerrter Miene deutet sie auf die Mitte des Innenhofes. Da werden auch die anderen Frauen starr vor Schreck und Entsetzen. Doch ich kann auf dem Steinboden nichts anderes erkennen als – eine Krabbe. Ich finde absolut nichts Furchterregendes daran, doch eine der Frauen springt wie eine Furie mit einem Besen auf das Tier zu und erschlägt es.

Als die Krabbe zerquetscht und leblos vor ihnen liegt, entspannen sich die verkrampften Gesichter der Frauen. Verwundert frage ich Miriam, die bereits die Oberschule beendet hat und bald an der Universität bei Cape-Coast studieren wird, was diese Aufregung zu bedeuten hatte. Ihre Antwort führt mich in eine mir fremde Gedankenwelt:

Eine Krabbe lebt im Wasser oder in der Nähe des Strandes. Was hat diese also in der Stadt, in einem Haus zu suchen? Es ist nicht ihr natürliches Element. Der Gedanke liegt nahe, daß es gar keine richtige Krabbe ist. Die Furcht vor einem bösen Geist beherrscht sofort ihre Gedanken. Hexen und Zauberer verwandeln sich oft in alle möglichen Tiere und Lebewesen, um Unheil über ein Haus und seine Bewohner zu bringen. Die Krabbe mußte getötet werden, weil alle Anzeichen unnatürlich waren.

Ich fahre weiter nach Accra, der Hauptstadt Ghanas. Etwas lustlos laufe ich durch die staubigen, lauten Straßen, fühle mich müde, aber vielleicht ist es auch Enttäuschung. Ja, ich bin ein wenig enttäuscht, weil ich noch nicht gefunden habe, wonach ich eigentlich Ausschau halte. Abgesehen von Djenne hat mich bisher auf diesem Kontinent noch nichts berührt. Ich vermisse Vibrationen, die mich weinen oder lachen lassen. Bis jetzt hat sich alles Erlebte eher auf einer nüchternen Ebene abgespielt. Nichts, das unter die Haut geht. Aber es liegt vielleicht an mir, weil ich bisher zu beschäftigt war mit Äußerlichkeiten, mit physischer Anstrengung, mit der Anpassung an andere klimatische, geographische, soziale und wirtschaftliche Gegebenheiten. Auch habe ich mich noch nicht dazu aufgerafft, tiefer ins Innere vorzudringen. Aber eines ist mir inzwischen klar: Ich werde »das Afrika« nicht in den hektischen Großstädten, an umweltzerstörten Küstengebieten und nicht in entfremdeten Touristenressorts finden. Nicht an Orten, wo die Menschen bereits zwischen neuer Identitätssuche und neuer Abhängigkeit hin und her gerissen werden. Wenn ich das wahre Afrika entdecken will, muß ich mir andere Routen suchen. Ich werde von nun an Wege wählen, die mich hinaus in den Busch, die Savanne und den Urwald bringen. Dort werde ich ein Afrika antreffen, dessen Alltag noch von althergebrachten Gesetzen gelenkt wird und in dem seine Menschen ihren eigenen Bedürfnissen angepaßt leben.

Die Klimaanlage auf dem österreichischen Konsulat ist auf Kühlschranktemperatur gestellt. Doch die Herzlichkeit, mit der ich empfangen werde, wärmt mich gleich wieder auf. Ich stoße auf reges Interesse für mein Vorhaben und erhalte eine lange Liste von Missionen, auf denen Österreicher stationiert sind. Von diesen würde ich auf meiner Suche nach afrikanischen Traditionen gewiß Unterstützung bekommen.

Ich werde auch noch vor der Bilharziose, der gefährlichen Wurmkrankheit, gewarnt, die man sich in fast jedem See oder Fluß holen kann. Der Voltasee ist besonders stark damit verseucht. Dann soll ich vor allem im regenarmen Norden mit dem Trinkwasser achtgeben, denn da sei der Medinawurm aktiv. In dieser Region müsse ich unbedingt jedes Wasser aus undefinierbaren Quellen eine gute halbe Stunde lang abkochen, denn die Parasiten seien sehr hartnäckig. Nur mit Abfiltern könne ich diesen winzigen Larven nicht beikommen. Dringen diese einmal mit der Aufnahme von Wasser in die Darmwand ein, geht man einem Prozeß entgegen, der einem das Gruseln beibringt. Es entsteht ein kleiner Wurm, der sich innerhalb eines Jahres zu einem etwa einen Meter langen Ungeheuer entwickelt. Allmählich beginnt er, durch die Haut vorzustoßen. Einheimische rollen den herausdringenden Wurm behutsam auf kleinen Hölzchen auf. Bis zu zwei Wochen dauert es oft, bis dieser Horrorwurm entfernt ist. Reißt er inzwischen ab, kann eine böse Entzündung entstehen. Es gebe zwar ein wirksames Medikament, um diesem Wurmbefall schneller und risikofreier beizukommen, doch die medizinische Versorgung auf dem Lande sei etwas rar und Ärzte auch.

Abends schlendere ich durch die halbdunkle Stadt. Nach und nach öffnen kleine Straßenläden ihren Betrieb. Lichter flackern auf, und es riecht nach Gebratenem und glosender Holzkohle.

Musik und Gesang locken mich in einen schmalen, düsteren Seitenweg. Ich steige ein paar Stufen hoch und betrete ein Tor. Es führt in einen großen, hohen Raum, dessen Dunkelheit von unzähligen Kerzen und Fackeln belebt ist. Nicht nur die flackernden Flammen ziehen mich in ihren Bann, vor allem sind es die unheimlich anmutenden Gestalten, die sich dazwischen bewegen. Weiße Kapuzen, lange, zu Boden fallende Gewänder mit aufgemalten Kreuzen. Sie drehen sich paarweise einander zu und werfen ihre Arme hoch, die in trapezförmigen, weiten Ärmeln stecken. Immer wieder, in immer schneller werdender Folge, bis es aussieht, als würden sie die Kontrolle über ihre Körper verlieren. Als wäre eine unsichtbare Macht unter ihnen, die in ihnen das Blut zum Wirbeln treibt.

Ich halte mich hinter einer mächtigen Säule verborgen und beobachte neugierig die sonderbare Zusammenkunft. Es ist das erstemal, seit ich afrikanischen Boden betreten habe, daß ich ein Kribbeln unter der Haut spüre. Das muß eine dieser Sektenkirchen sein, von denen ich gehört hatte.

Die alte afrikanische Seele flackert also noch, tritt hier mit spirituellem Fanatismus, vermischt mit christlichen Elementen, in Erscheinung. Unter der führenden und aufpeitschenden Kraft eines Vorbeters nimmt der Rhythmus zu, und das Singen schwillt an, bis die Körper zu rasen und die Seelen zu fliegen beginnen.

Der Felsengott von Kukuruntumi

Kurvenreich winden sich die Straßen durch das hügelige Mittelland von Ghana. In einem Peugeot-Buschtaxi bekomme ich einen Vordersitz und drei Kinder auf meinen Schoß, die sich bis Koforidua in den wolligen Haaren liegen. Dort klettere ich mit lahmen Gliedern aus dem Fahrzeug. Während ich meinen Körper dehne und strecke, fällt mein müder Blick auf Sarah. Mit ihren langen Pluderhosen und der transparenten Bluse zieht sie unverhohlene Neugierde auf sich. Ich sehe, wie Sarah ein kleines Mädchen aufhält, das aus einem Blechkübel Wasser an durstige Reisende verkauft. Sie taucht eine Kalebasse hinein, um von dem Wasser – Gott allein mag wissen, woher es stammt – zu trinken. Ich trete auf sie zu und erzähle ihr zur Begrüßung, was ich über Medinawürmer weiß. Meinen zweifelnden Überlegungen zu ihrer Bereitschaft, sich ganz den afrikanischen Sitten anzupassen, stand sie vor einer Woche zwar ablehnend gegenüber, aber mit dieser Horrorgeschichte verzeichne ich durchschlagenden Erfolg.

Entsetzt läßt sie die Kalebasse zurück in den Eimer fallen. Die Freude am unverfälschten Leben ist ihr für den Augenblick vergangen. Ich frage, ob sie schöne Erfahrungen mit Einheimischen gehabt habe. Mit einer »Ach hör auf«-Gebärde hebt sie die Hand. »In Aburi habe ich eine Familie kennengelernt, die mir eigentlich gefallen hat. Als mich die Leute fragten, ob ich nicht bei ihnen wohnen möchte, habe ich spontan diese Einladung angenommen. Aber stell dir vor, nach einigen Tagen haben sie mich um Geld angebettelt. Ich war wie vor den Kopf gestoßen. So etwas habe ich einfach nicht erwartet.«

Einen Augenblick überlege ich, ob ich Sarah auf den Unterschied hinweisen soll, der zwischen den Leuten, die wirklich arm sind, und denen, die freiwillig und voraussichtlich nur vorübergehend ein bescheidenes Leben suchen, besteht. Statt dessen schlage ich ihr vor, mit mir nach Kukuruntumi zu kommen.

»In Kukuruntumi gibt es eine technische Schule, die von Missionaren geführt wird. Einer der Missionare ist Österreicher, dem soll ich eine Nachricht vom österreichischen Konsulat in Accra überbringen. Vielleicht können uns die Missionare helfen, mit Einheimischen in Kontakt zu kommen.«

Bruder Albert, an den meine Botschaft geht, lädt uns zu einem fürstlichen Morgenmahl ein. Aber mit einer Unterkunft kann er uns nicht aushelfen. Jedes Bett ist von Studenten belegt. Am Frühstückstisch finden sich noch andere Brüder internationaler Herkunft ein. Sie sprechen von der wirtschaftlichen Krise, in der Ghana steckt. Mit den drastischen Veränderungen, die über das Land hereingestürzt sind, haben sich auch die Menschen gewandelt. Haben diese zuvor großen Wert auf ehrliche und edle Charaktereigenschaften gelegt, wird es jetzt zur Gewohnheit, daß einer den anderen zu übervorteilen sucht. Das Vertrauen, bisheriges Rückgrat aller ghanaischen Gemeinschaftsformen, bröckelt ab wie faulender Verputz von morschen Wänden.

Sarah und ich werden gefragt, warum wir uns so vielen Unannehmlichkeiten und extremen Krankheitsgefahren aussetzen. Für unsere Art zu reisen haben die anwesenden Herren nur ein unverständiges Kopfschütteln übrig. Trotz des täglichen Kontakts zu ihren afrikanischen Studenten führen sie ein abgeschirmtes Leben, wohnen mit ihren westlichen Komfortansprüchen und anerzogenem Gedankengut wie auf einer Insel in Isolation. Und das seit zwanzig Jahren und mehr.

Nein, wir glauben nicht, daß uns die freundlichen, aber von Afrika so entfernt lebenden Brüder helfen können, Afrika zu begegnen.

Wir haben Glück. Nachdem es sich wie ein Lauffeuer im Städtchen herumgesprochen hat, daß wir ein Quartier suchen, bietet uns Dokyi, ein junger einheimischer Lehrer, der Landwirtschaft in der Oberschule unterrichtet, einen Wohnraum im Hause seiner Familie an.

Die Missionare äußern sich wegen der unsauberen Verhältnis-

Das Leben der Großfamilie spielt sich hauptsächlich auf dem geräumigen Innenhof ab

se, die uns erwarten werden, skeptisch dazu. Gerne hätte ich diesen Skeptikern den Hof und die Zimmer des Hauses gezeigt. Der harte Lehmboden ist überall wie geleckt. Gehen diese Herren denn niemals in die Häuser der Einheimischen? Obwohl sie seit langer Zeit in Afrika leben, ist ihnen die Lebensart der Afrikaner fremd geblieben, und deswegen mißtrauen sie ihr. Dabei zeichnet sich Kukuruntumi durch peinliche Reinlichkeit aus. Ständig sehe ich, wie Frauen und Kinder, mit Palmwedeln bewaffnet, den Boden sauber fegen. Dokyi erzählt uns, daß das Festhalten an innerer und äußerer Sauberkeit bei ihnen tiefe religiöse Wurzeln hat.

Dokyis Eltern, Großeltern, Tanten, Onkel, Cousinen und unzählige Kinder wohnen in einem großen Vierkanthaus, doch das Leben spielt sich hauptsächlich in dem geräumigen Innenhof ab.

Hier wird Gemüse geputzt, gekocht und gewaschen, übermütige Kinder werden ermahnt.

Nur Dokyi ist mit der englischen Sprache vertraut. Alle anderen Familienmitglieder sprechen ausschließlich Twi. Aber es bedarf keiner Worte, um von der offenen Herzlichkeit dieser Menschen angesprochen zu werden.

Wir gehen mit Dokyi und seinen Schülern auf das Feld, wo er praktischen Unterricht in Acker- und Gartenbau gibt. Die Anordnung der Pflanzen kam mir zwar unübersichtlich vor, aber Gemüse und Früchte gedeihen überaus reichlich. Hunger scheint es in dieser Gegend nicht zu geben. Die Einheimischen gehen hinaus auf ihre Felder und Gärten und pflücken oder graben aus, was gerade reif ist. Das Leben ist hier so unkompliziert, wenn man sich erst einmal mit seiner Einfachheit vertraut gemacht hat.

Die Schüler bringen uns eine selbstgezogene große Ananas. Verwundert hören wir, daß die Leute hier bis vor kurzem Bananen bloß dem Vieh zu fressen gaben. Selber rührten sie diese Früchte nicht an. Dagegen wurden die Plantins, die grünen harten Bananen, schon immer zum Kochen und Braten verwendet. Auf die gelben Bananen sind sie erst gekommen, nachdem andere Lebensmittel rar geworden sind. Aber kaum einer ißt sie richtig gern.

Wir treten in die Fußstapfen weißer Schulmeister und erzählen Dokyi und seinen Schülern, wie gesund Bananen sind und welche wichtigen Nährstoffe sie enthalten. Freundlich hören sie uns zu, nur beeindruckt haben wir sichtlich keinen von ihnen.

Einer der Schüler, ein hochaufgeschossener, schlaksiger Junge von vierzehn Jahren, lädt uns zu sich nach Hause ein. Dokyi gesteht, daß er nicht weiß, wie weit der Weg ist. Aber es dürfte sich um eine ansehnliche Distanz handeln, denn Samuel kommt jeden Tag zu spät zur Schule. Als wir das Bitten in den Augen des großen Jungen wahrnehmen, können wir unmöglich nein sagen.

Wie von unserem Freund vorausgeahnt – es wird ein langer Fußmarsch, der uns tief in die Wälder führt. Es sind kultivierte Wälder, in denen sich Mangos, Avocados, Kasavas, Kakao, Kolanüsse, Kaffee und Bananen mit dem ursprünglichen Baumwuchs vermischen. Diese Waldgärten scheinen eine gesunde und umweltfreundliche Alternative zu den von uns gebrachten Monokulturen zu sein. Diese Anbauweise beugt auch sicher Erosionen vor, da die Wurzeln der Bäume das viele Wasser der starken Regenfälle aufsaugen können.

Dokyi, der sich als Gastgeber für uns verantwortlich fühlt und uns begleitet, zeigt uns unscheinbare Pflanzen, die ich als unnützes Unkraut betrachtet hatte. Diese Pflanzen werden als organischer Dünger zwischen die Kulturpflanzen ausgestreut. Angeblich sind sie ein wirksames Schädlingsbekämpfungsmittel. Wir begegnen Palmfarmern, die uns zeigen, wie man Palmwein gewinnt. Das Getränk hat eine angenehme, anregende Wirkung, ohne einen betrunken zu machen. Allerdings steigt der Alkoholgehalt mit zunehmender Gärung. Am erfrischendsten schmeckt der neu angezapfte Saft. Aus allen Hütten, an denen wir vorbeikommen, werden wir von den Bewohnern mit spontaner Herzlichkeit zur Rast eingeladen und mit den im Überfluß wachsenden Mangos und Avocados überhäuft. Diese Menschen haben immer Zeit, mit uns zu plaudern. Dabei sprühen ihre Gesichter voll innerer Anteilnahme. Hier in den Wäldern ist niemand wohlhabend. Die Menschen können gerade von den Erträgen leben, die ihr eigenes, kleines Stückchen Land hergibt, aber sie besitzen weit mehr: eine heitere Zufriedenheit und innere Gelassenheit. An vielen Orten, wo wir zum Bleiben aufgefordert werden, möchte ich am liebsten meine Schuhe ausziehen und mich behaglich langstrecken, so wohl fühle ich mich. Ob sie uns einen Gefallen tun wollen oder weil es allgemein als Auszeichnung des fortschrittlich denkenden Menschen gilt – die Leutchen bestätigen uns immer wieder, was für gute Christen sie seien. Doch gleichzeitig erzählen sie spannende Geschichten von Göttern, Geistern und Dämonen, die sich in Bäumen, Pflanzen und Steinen verborgen halten, und von wiederkehrenden Ahnen, die ihr Leben überwachen.

Die kultivierten Plantagen werden seltener. Das Gras wächst dichter. Die Bäume werden höher und ihre Stämme kräftiger. Als wir nach dreistündigem Marsch Samuels Heim erreichen, glänzen seine Augen vor Stolz und Freude, als er uns seiner Familie vorstellt. Wir begrüßen seinen Vater, zwei ältere Brüder und seine Schwester. Das Mädchen ist noch keine fünfzehn Jahre alt, doch an ihrer nackten Brust saugt bereits ein Baby. Ihr Mann ist in Nigeria. Dort können Männer besser verdienen. Die kleine Tochter hat er noch nicht gesehen.

In dieser kleinen Gemeinschaft gibt es keine erwachsene Frau, und mit bescheidener Selbstverständlichkeit übernimmt Samuel die Rolle des aufmerksamen Gastgebers. Das Leben spielt sich hier ohne großen Aufwand ab. Jede Bewegung ist natürlich und harmonisch. Die Einfachheit dieser Menschen ist ihre Größe.

Während die Schwester einen leeren Eimer auf den Kopf hebt und sich mit anmutigen Schritten auf den Weg macht, Wasser vom Bach zu holen, geht Samuel in die Vorratskammer und bringt einen Arm voll Yamswurzeln an die Feuerstelle. Er schält sie, teilt sie in gleich große Stücke und gibt sie in einen Topf. Dann gießt er Wasser dazu. Das Feuer ist schnell entfacht. Zur Abwehr der vielen Insekten läßt man Tag und Nacht Holzstämme glosen. Wird ein Feuer benötigt, schiebt man die heißen Holzenden so zusammen, daß ein kleiner Kreis entsteht. In diesen werden trockene Gräser oder kleine Feuerhölzchen gelegt, die sich leicht entzünden.

Während die Wurzeln im Topf kochen, bereitet Samuel eine Soße aus den Blättern zu. In einem steinernen Mörser zerdrückt er das grüne Gemüse zusammen mit Zwiebeln, Salz und Chili zu einer cremigen Soße. Um die Besonderheit des Tages zu ehren, öffnet er eine Dose Sardinen. Er glaubt, uns damit eine besondere Freude zu machen, denn Fischkonserven gelten als Delikatesse, seit man sie überall am Schwarzmarkt erhält. Dagegen sind frische oder getrocknete Fische durch die zunehmenden Straßenblockaden immer seltener zu haben.

Vor allem aber sind es die rührende Fürsorge und spontane Gastfreundschaft des vierzehnjährigen Jungen, die uns richtig Appetit machen. Nur die Schwester ißt nicht mit uns, denn es ist hier üblich, daß die Frauen erst nach den Männern und Gästen essen. Sie müssen mit dem zufrieden sein, was übrigbleibt. Diese Sitte wurde aus dem alten Königreich übernommen. Jedenfalls ein Brauch, der es mir als Frau schwermachen würde, mich mit den einheimischen Traditionen abzufinden. In Gedanken frage ich mich, wie es Sarah gefallen würde, immer nur auf die Essensreste der Männer angewiesen zu sein.

Als könnte sie Gedanken lesen, steht Sarah auf, geht auf Samuels Schwester zu, die mit ihrem Baby im Schatten der Hütte sitzt, und bittet sie, mit uns zu essen. Das Mädchen sieht Sarah verwundert an, ihr Blick ist so fassungslos, als würde sie aufgefordert werden, von einer Brücke in den Fluß zu springen. Dann schüttelt sie leicht den Kopf, wobei ein leichtes Schmunzeln über ihre Mundwinkel huscht. Etwas verstimmt (über ihren Mißerfolg?) kehrt Sarah zu uns zurück. Zum Nachtisch teilen wir die große Ananas auf, die wir den ganzen Weg mitgeschleppt haben.

Als wir uns für eine kurze Ruhepause in den Schatten eines vorspringenden Strohdaches zurückziehen, fragt mich Sarah: »Verstehst du das Mädchen?«

»Ich glaube nicht, daß es darum geht, ob ich es verstehe – es ist eben ihr Brauch. Sie kennt es nicht anders.«

»Ich würde mir das nicht so einfach gefallen lassen.«

»Nun ja, du bist auch nicht mit ihrer Tradition groß geworden.«

»Es ist wirklich Zeit, daß die afrikanischen Frauen sich von der Unterdrückung und Bevormundung ihrer Männer befreien!«

Ich sehe zu Samuels Schwester hinüber. Vollkommen entspannt wie ein wonnig sich rekelndes Kätzchen liegt sie auf der schmalen Holzbank vor ihrer Hütte, ruft ihrem Vater und ihren Brüdern ein paar Scherzworte zu, hält das Baby zärtlich im Arm, das friedlich an ihrer nackten Brust ruht. Von psychischer Bürde kann ich beim besten Willen nichts entdecken. Wovon will Sarah dieses Mädchen eigentlich befreien? Sie ist so frei, wie kaum eine Frau im Westen es sein kann.

Ich sehe unsere Frauen vor mir, wie sie nach Büroschluß zum Kindergarten rasen, ihre Kinder schnell in Autos oder Straßenbahnen stopfen, zum Supermarkt hetzen, schwer beladen mit Einkaufstüten nach Hause eilen, rasch ein Essen kochen, keine Zeit für die Fragen der Kinder haben, denn der Mann kommt gleich nach Hause, hungrig und nervös. Er fährt die Frau an, weil das Fleisch zäh ist, worauf sie ihm vorhält, was für ein Versager er im Büro sei. Ja, sie hat die Freiheit und Gleichberechtigung, ihren Mann genauso zurechtzuweisen...

Freiheit bedeutet wohl für jeden etwas anderes. Wenn ich aber nicht bereits geprägt wäre von meiner eigenen Erziehung und anderen Werten, ich würde die Freiheit inmitten dieser Buschidylle vorziehen, so unbelastet im Schatten vollreifer Mangobäume zu liegen, nicht zu wissen, was Streß, Unruhe und Unfreundlichkeit ist.

Die einzige Belastung, die diese Menschen kennen, ist, daß sie für Obdach und Nahrung sorgen müssen; eine Aufgabe, die jedermann auf dieser Welt lösen muß. Hier kommt jedoch die Natur den Menschen entgegen. Der Boden ist fruchtbar und das Klima freundlich. Eine einfache Unterkunft, die vor Regen schützt, genügt.

»Ist es nicht schrecklich, daß sie so lange von ihrem Mann getrennt leben muß? Wie kann sie das nur ertragen?«

»Ich nehme an, sie sind unabhängiger voneinander als wir in einer Partnerschaft, weil sie gegenseitiges Besitzergreifen, dieses ›Habenwollen‹, nicht kennen«, überlege ich. Mein Blick verfängt sich in der Waldidylle, und ich betrachte wieder die junge Mutter, die vergnügt mit ihrem Baby spielt. »Wenn ich mir dieses Mädchen so ansehe«, sage ich weiter zu Sarah, »muß ich ehrlich gestehen, daß ich nicht den geringsten Ausdruck von Unglücklichsein an ihr entdecken kann. Sie scheint sehr glücklich mit ihrem Kind zu sein. Außerdem ist sie nicht allein, sie hat Vater und Brüder, und sie fühlt sich geborgen in dieser Gesellschaft, und diese Geborgenheit gibt sie sichtlich an das Baby weiter. Sind das nicht Werte, von denen du doch träumst?«

»Du ignorierst einfach ihre Probleme«, ist Sarahs Reaktion.

»Ich glaube, es sind nicht ihre, sondern deine Probleme!« Ich werde ärgerlich. Sarah versucht, in wenigen Augenblicken eine Tradition zu verändern, die weiß Gott wie lange schon Gültigkeit hat. Nicht, daß ich denke, die Leute müßten ein gleichbleibendes, begrenztes Dasein beibehalten. Da ich mich selbst einer unentwegten Veränderung aussetze, weiß ich, wie bereichernd ein solcher Umwandlungsprozeß sein kann. Entwicklung ist ein Naturgesetz. Aus kleinen Pflänzchen werden Urwaldriesen und aus Babys erwachsene Menschen. Alles Leben unterliegt einem ständig fortschreitenden Werdegang, nur bin ich dagegen, wenn dieser in sinn- oder artentfremdete Bahnen gedrängt wird. Zwar findet Sarah die frohe, ausgeglichene Lebensart der Leute hier ganz toll, aber die Rollenverteilung und die damit verbundenen Sitten kritisiert sie. Ich habe das Gefühl, Sarah sieht nur die Rosinen im Kuchen.

»Die Frauen lassen sich viel zuviel von den Männern gefallen«, fängt sie schon wieder an. »Man muß ihnen sagen, daß sie sich wehren müssen.«

»Der Mann soll also zum Feindbild für sie werden, weil du ihre Sitten nicht richtig findest?« frage ich.

Sie redet ständig von Selbstentfaltung und Selbstbestimmung, aber die schlimmste Unterdrückung, die ich mir vorstellen kann, ist das Besitzergreifen der Gedanken- und Vorstellungswelt anderer Menschen.

»Würde es dir denn nichts ausmachen, wenn dir immer nur die Reste vom Essen übrigbleiben?«

Über diese Frage muß ich laut lachen. »Das wollte ich eigentlich dich fragen, denn du wolltest doch so leben wie sie.«

Samuel läßt es sich nicht nehmen, uns nach Kukuruntumi zurückzubegleiten. Nachdem heftige Regenfälle einsetzen, sind wir auch heilfroh, ihn als Wegbegleiter dabei zu haben, denn die Pfade sind augenblicklich überflutet und nicht mehr zu sehen. Als ich über eine Wurzel stolpere und in den tiefen Schlamm falle, helfen mir die jungen Männer ritterlich auf die Beine. Sie tun es, wie Brüder ihre Schwestern beschützen. Erst jetzt wird mir bewußt, wie sehr sie uns respektieren, auch als Frau.

»Are you really okay?« fragt Dokyi. Ich nicke ihm noch einmal beruhigend zu. Lächelnd muß ich an all die Warnungen vor den »gefährlichen« schwarzen Männern denken, die mir vor der Abreise zu Ohren kamen. Doch seit ich afrikanischen Boden betreten habe, bin ich noch von keinem Mann belästigt worden. Ich habe nur Höflichkeiten oder hilfreiches Entgegenkommen der Fremden gegenüber erfahren. Es ist zwar vorgekommen, daß ich mit unerwarteten Heiratsanträgen überrascht wurde, die hielten sich aber immer in ehrenwertem Rahmen.

Sexuellen Notstand kennt der Afrikaner nicht. Durch das herrschende polygame System hat er es auch kaum nötig, mehr Frauen seiner Männlichkeit zu unterwerfen, als ihm durch die Tradition sowieso schon zufallen – außer er wird dazu provoziert.

Dokyis Familie gehört der Königsfamilie an, und nur aus dieser dürfen Oberhäupter gewählt werden. Dokyi macht uns mit dem Chef des Städtchens, seinem Onkel, bekannt. Mit weltmännischem Gehabe werden wir begrüßt. Kaum haben wir in seiner Residence Platz genommen, erfahren wir von seinem langjährigen Aufenthalt in Deutschland.

»Ja, in Deutschland hat es mir sehr gut gefallen, vor allem wie die Leute dort wohnen. Ihre Hochhäuser haben mich sehr beeindruckt, die finde ich ausgesprochen praktisch. Ich werde solche in Kukuruntumi bauen lassen.«

Verstohlen tauschen Sarah und ich entsetzte Blicke aus. »Der Ort gehört vollständig modernisiert. Auch seine Bewohner. Die Leute hier denken noch viel zu hinterwäldlerisch.«

Dann lädt uns der Weitgereiste ein, abends mit ihm in den »Club« zu gehen. Das hört sich nach einer anderen Welt an und

Dokyi (links), Samuel (rechts neben mir) und seine Brüder

verspricht, interessant zu werden. So sagen wir zu. Bei jedem
Ausgang muß ein Chef zu seinem persönlichen Schutz ein Geleit
haben. Bei seinem Stand darf er sich nicht allein in der Öffentlichkeit zeigen. Da wir als Gäste nicht als Schutzpersonen zählen,
nimmt er seinen zwölfjährigen Sohn mit. Keine Geste des Jungen
läßt erkennen, ob er das mag. Er ist wohl schon daran gewöhnt,
daß das Leben aus Pflichten besteht. Und es gibt nun einmal traditionelle Gesetze, die auch ein moderner Chef einzuhalten hat.
Der nimmt den kunstvoll geschnitzten Holzstab mit, der auf die
Bedeutung des Besitzers hinweist und dem auch beschützende,
magische Kräfte beigemessen werden.

Mit einem Taxi fahren wir in den Club, der etwa dreizehn Kilometer außerhalb der Stadt liegt. Hier verkehrt nur eine elitäre
Gesellschaftsschicht, Beamte in hohen Positionen und Doktoren.
Als Getränk gibt es ausschließlich Bier, als einziger Imbiß werden
runzelige Kartoffelchips gereicht.

Wir hören weiter den Modernisierungsplänen für Kukuruntumi zu. Was mich aber bedeutend mehr interessieren würde, ist, Näheres über den geheimnisvollen Wald hinter der Stadt zu erfahren. Sein überragender Wuchs mit den hohen Baumkronen sticht deutlich von dem davorliegenden kultivierten Wald ab.

Dokyi hat uns eine aufregende Geschichte darüber erzählt. Der Zutritt in diesen heiligen, von Menschenhand fast unangetastet gebliebenen Wald ist der Allgemeinheit verboten, denn er ist der Lebensraum ihres einflußreichsten und mächtigsten Gottes, des Felsengottes. Es ist ein guter Gott, der großen Wert auf innere und äußere Sauberkeit legt. Deshalb ist der Felsenthron, auf den er sich manchmal zurückzieht, immer wie blank geputzt, obwohl kein Mensch Hand daran legt.

Vor vielen, vielen Jahren, als Kukuruntumi nur aus ein paar Strohhütten bestand, ist diese Gottheit in einen Einheimischen gefahren. Die fremde Stimme sagte durch das auserkorene Medium, wo die Stadt entstehen und wo genau die Grenzen liegen sollten. Und welcher Teil des Waldes unberührt bleiben müsse. Der Gott garantierte ihnen seinen Schutz, solange sie die Anordnungen einhielten, solange sie sich nicht mehr anmaßten, als ihnen guttat. Die Ansässigen von Kukuruntumi lernten, diesen Gott zu lieben, denn er hielt alles Schlechte und Unerfreuliche von ihnen fern und bestrafte alle bösen Taten.

Sooft er in ihrer Nähe weilte, kündigte er seine Anwesenheit mit der Besitznahme eines Einheimischen an. Das jeweilige Medium entwickelte dann ungeheure Kräfte und große Behendigkeit. Mit dem schweren Behälter, in welchem die heilige Reliquie aufbewahrt liegt, liefen die Besessenen barfuß und so schnell, daß ihnen keiner der Männer des Dorfes folgen konnte, in den unberührten Wald hinein und drangen bis zum Felsenthron vor, dessen Platz sonst nur Eingeweihte kennen.

Während dieser Gott sich früher ein- bis zweimal im Jahr gemeldet hatte, ist er jetzt schon über zwei Jahre schweigsam geblieben. Das ist ein schlimmes Zeichen. Die Stadt fühlt sich ohne sein Wohlwollen und seinen Schutz verlassen und verunsichert, und die Leute trauen einander nicht mehr so richtig über den Weg.

Da ich den Chef für einen gebildeten Menschen halte, hätte ich gerne seine Meinung über diesen geheimnisumwobenen Wald und seinen Gott gehört. Doch als ich ihn darauf anspreche, lenkt der sonst so gesprächige Mann abrupt ab, und ich wundere mich über das unruhige Aufflackern in seinen Augen. Er steht auf und meint, es sei schon sehr spät, wir sollten besser nach Kukuruntumi zurückkehren.

Aber erst müssen wir ein Fahrzeug für die Rückfahrt finden. Da hier weder Telefonleitungen funktionieren, noch sich ein Taxi weit und breit befindet, sind wir von einem privaten Fahrzeug abhängig. Das königliche Oberhaupt ist zuversichtlich. Kein Problem, meint er. Er habe Freunde hier, die uns fahren würden.

Am ersten Haus, das wir aufsuchen, öffnet eine gutsituiert wirkende Frau die Tür. Mit zusammengepreßten Lippen bedauert sie: »Tut mir leid, Boß, aber wir haben den Wagen bereits jemand anderem versprochen. Versuch's doch woanders.«

In ihrem Verhalten vermisse ich die Achtung, die man üblicherweise einer Respektsperson entgegenbringt. Laut fällt die Tür ins Schloß. Auch der nächste und übernächste Besuch wird zur Enttäuschung. Überall dieselbe unfreundliche Reaktion dem einflußreichsten Mann der ganzen Region gegenüber.

»Das einfachste wäre doch, zu Fuß nach Kukuruntumi zurückzugehen«, meine ich vorsichtig.

Der Chef nickt zu meinem Vorschlag. Sein Gesichtsausdruck läßt nicht erkennen, was er von der offensichtlichen Abneigung seiner »Freunde« hält.

»Ist dir eigentlich klar, daß wir fast drei Stunden lang laufen müssen?« fragt Sarah mit müder, kläglicher Stimme.

»Was soll's? Die Nacht ist doch schön und lau.« Die ganze Situation ist so unwirklich und grotesk, daß sie eigentlich belebend auf mich wirkt.

So wandern wir auf der staubigen Landstraße dahin. Der Chef mit seinem hölzernen Zepter in der Hand. Der kleine Sohn mit einem zusammengeschnürten Ränzchen auf dem Rücken. Sarah im bodenlangen, geflickten Indienrock. Und ich in ausgebeulten Hosen. Kein sehr imponierendes Geleit für ein Oberhaupt aus königlichem Geblüt. Der Morgen graut bereits, als wir das schlafende Städtchen erreichen. Alle Fensterläden und Türen sind fest verriegelt.

Als ich Dokyi das eigenartige Verhalten der Bevölkerung ihrem Regierungschef gegenüber erwähne, nickt der junge Lehrer nachdenklich.

»Ja, seit seiner Rückkehr aus Europa hat er sich ziemlich unbeliebt gemacht. Nicht nur mit seinen Ideen über moderne Bauweisen und die Vergrößerung der Stadt. Was ihm die Leute besonders übelnehmen, ist, daß er die Existenz von Geistern und Dämonen und auch die des Felsengottes anzweifelt. Nun, du mußt wissen, ich bin Christ. Ein guter Christ, und ich glaube auch nicht an die bösen Mächte des Jujuzaubers, denn das ist Aberglauben. Obwohl ich schon zugeben muß, daß manchmal Menschen auf rätselhafte Weise ums Leben kommen. Ich meine, ohne richtig krank zu sein, ohne erklärbare Ursache. Zum Beispiel unser letzter Priester. Der hat Kunstschätze aus dem heiligen Schrein entfernt und ist noch am selben Tag mitten auf der Straße tot zusammengebrochen. Das war sehr seltsam, denn er war völlig gesund. Ja, das hat mir schon zu denken gegeben, aber ich glaube nicht an Juju, sonst wäre ich ja ein schlechter Christ. Aber ich glaube an den Felsengott, denn er ist ein guter Gott. Und wie alle anderen bin ich traurig, daß er sich uns nicht mehr zeigen will. Ich hoffe nur, daß er uns nicht für immer verlassen hat. Das wäre entsetzlich für unsere Stadt.

Die Ältesten meinen, der Felsengott zürne uns, weil wir bereits über die von ihm angeordnete Stadtgrenze hinausgebaut haben. Er habe uns verlassen, weil wir seine Anordnungen mißachteten. Die Leute fühlten sich von Anfang an nicht sehr wohl, als der Chef mit seinen neuen Ideen und Anweisungen kam.«

Nachdem er ihren Glauben an den Felsengott als Aberglauben und sie als rückständig bezeichnet hatte, so erfahren wir weiter, hatte das seine Untertanen so sehr auf die Palme gebracht, daß sie mit einer Anklage gegen ihn zu Gericht in Accra zogen. Sie verlangten einen Chef, der sie und ihr Brauchtum respektierte und ihr Wohlergehen garantierte. Ihrem Anliegen wurde erst Gehör und recht gegeben. Doch als der Chef Berufung einlegte, wurde ihm gestattet, sein Amt wieder auszuüben. Offiziell ist er demnach noch immer ihr Boß. Aber die Bewohner von Kukuruntumi, die ihm aufgrund seiner Stellung gehorchen sollten, lehnen es ab, seine Autorität weiterhin anzuerkennen.

Am nächsten Tag erhält Dokyis Familie zu vorgerückter Stunde Besuch von zwei Herren. Sie gehören dem Rat der Ältesten an. Sarah und ich fragen die beiden, ob es uns möglich sei, den geheimnisvollen Wald zu besichtigen, denn Dokyi hatte uns angedeutet, daß man dazu die Zustimmung der Älteren brauche. Ich erwarte eine starre, ablehnende Haltung. Doch es kommen keine Einwände. Als wäre es das Selbstverständlichste der Welt, laden sie uns für morgen früh ein, zum Fetischhaus zu kommen.

Dokyi übersetzt: »Die alten Männer lassen euch sagen, sie könnten zwar den Geist ihres Gottes nicht fragen, ob ihm euer Besuch genehm sei, da er sich schon lange nicht mehr gemeldet hat. Doch wenn ihr eine Flasche Schnaps als Einstandsgeschenk spendiert, würde dieser euren guten Willen, mit dem ihr kommt, schon erkennen.«

Mit einer Flasche im Dorf gebranntem Schnaps unter dem Arm treffen wir pünktlich beim Fetischhaus ein. Dort warten nicht nur die beiden Alten, die wir bereits kennen, sondern noch fünf weitere Vertreter aus dem ehrwürdigen Kreis der Hüter alter Traditionen. Mit der Flasche als Geschenk scheint sich jede geschlossene Tür zu öffnen. Wir dürfen selbst das Fetischhaus betreten und den heiligen Schrein betrachten. Allerdings, die Reliquie bleibt in das weiße Tuch gehüllt und unseren Augen verborgen.

Wir folgen einem Mann, der in die Geheimnisse des Waldes eingeweiht ist. Auch Dokyi kommt mit. Sarah gesteht, aufgeregt zu sein, und ich bin neugierig, ob wir diesen angeblich unberührten Wald tatsächlich noch in seinem ursprünglichen Wachstum vorfinden werden.

Auf dem Weg unterhalten uns die Begleiter mit interessanten Geschichten von unbefugten Eindringlingen, die aus dem heiligen Wald vertrieben worden seien, von spukenden Stimmen und sonderbaren Geräuschen.

»Selbst eine Gruppe Soldaten, die eines Nachts im Wald ihr Lager aufgeschlagen hat, mußte die Flucht ergreifen, weil sie sich bedroht fühlte«, erzählt uns Dokyi.

Der Eingeweihte schlägt mit der Machete in das wildverhangene Gestrüpp der undurchdringlich scheinenden Dschungelwand hinein. Wir folgen dem freigeschlagenen Pfad. Ja, dieser Wald hat noch seine alte Kraft. Noch niemand scheint sich an ihm vergangen zu haben. Er ist schön, hat gar nichts Unheimliches an sich und sieht wie verzaubert aus, wie ein Märchenwald, in dem sich Elfen und Zwerge verborgen halten.

Kein Wort fällt mehr zwischen uns. Stille schließt uns ein. Langsam und mit angehaltenem Atem gehen wir vorwärts. Da ertönt lautes Gekreische über uns. Hoch oben gerät etwas in Bewegung. Wir sehen auf. Hornbills, riesige dunkle Vögel mit langen, hornartigen Schnäbeln, flattern aus einer Baumkrone auf und schwingen sich mit schwerem Flügelschlag in die Lüfte. Es klingt, als würden Metallstücke aneinandergerieben. Gleichzeitig vernehmen wir ein Bersten und Krachen. Mit einem riesigen Satz springen wir zur Seite. Ein breiter Ast stürzt in die Tiefe und reißt weiteres Geäst mit sich. Mit lautem Splittern schlägt er direkt vor unseren Füßen auf. Der Sprung hat uns gerettet. Sarahs linker Arm blutet. Pure Panik steht in ihrem Gesicht. Es war zwar nur ein morscher Ast, der sich von seinem Stamm gelöst hat und zu Boden donnerte, doch wir haben nichts dagegen einzuwenden, als der Eingeweihte mit großem Ernst in der Stimme den Rückzug vorschlägt. Als die Ältesten von diesem Vorfall hören, drücken sie ehrliches Bedauern aus. Aber ich bilde mir ein, in ihren Mienen gleichzeitig einen Schimmer von Befriedigung zu sehen. Ist dieses Geschehen nicht ein Zeichen dafür, daß der Felsengott sie doch noch nicht verlassen hat?

Außer einem bedeutungslosen Kratzer ist Sarahs Arm in Ordnung. Doch das Erlebnis im heiligen Wald hat ihr einen rechten Schock versetzt. Wie eine geknickte Blume sitzt sie auf dem wackeligen Hocker im Hof und teilt mir mit matter Stimme mit, daß sie sich noch nicht stark genug fühle weiterzureisen.

Im Grunde genommen habe ich nichts dagegen, daß sich unsere Wege wieder trennen. Ich hoffe nur, daß sie Dokyis Familie nicht zu sehr zur Last fällt. Nachdem ich heute morgen außer der Flasche Schnaps auch noch Fischkonserven, Zucker, Dosenmilch und eine Büchse Margarine für Dokyis Familie auf dem Schwarzmarkt gekauft hatte, reagierte Sarah nicht gerade mit Begeisterung. Es stand nicht in ihrem Sinne, sich an diesen Ausgaben zu beteiligen.

»Weißt du nicht, daß Gastfreundschaft für den Afrikaner wichtiger ist als der materielle Aspekt? Daß es ihn glücklich macht und er sich reich fühlt, wenn er Gäste in seinem Haus bewirten darf?«

Daraufhin sah ich sie nur schweigend an, zugegebenermaßen mit einem durchbohrenden Blick. Daß sie dieses großzügige Entgegenkommen der Familie, uns ein Dach über dem Kopf zu bieten, so selbstverständlich hinnimmt, machte mich ärgerlich.

In dem heutigen wirtschaftlichen Chaos von Ghana, wo viele Nahrungsmittel für den Durchschnittsbürger unerschwinglich geworden sind, kann es sich kaum noch einer leisten, nach alter afrikanischer Sitte Fremde gratis zu verköstigen, mögen diese noch so schön weiß und wie Götter vom Himmel zu ihnen herabgestiegen sein. Außerdem hege ich den Verdacht, daß Sarah die traditionelle Gesinnung der Ghanesen zum Vorwand nimmt, um länger mit ihrem begrenzten Reisebudget durchzukommen.

Glückliche Orangendörfer

Ich habe ein kleines Paradies gefunden. Doch das wird in meinen Aufzeichnungen nicht seinen Namen tragen, sonst würde es kein Paradies bleiben. Ich will es Orangendorf nennen, denn diese Früchte hängen gerade vollreif an den Bäumen.

Es ist ein bezauberndes Dorf mit solch unbeschwerten, heiteren Menschen, daß ich mir sehnsüchtig wünsche dazuzugehören. Ich sitze auf einem Baumstumpf und betrachte die friedliche Umgebung. Mein Blick schweift über Obstbäume und die vor mir liegende Wiese. Dahinter erhebt sich dichter Tropenwald mit mächtigen Baumriesen, die aus sechzig Meter Höhe den niedrigen Wuchs stolz überschauen.

Es ist später Nachmittag. Die Sonne wirft ihr warmes, goldenes Licht über das Dorf. Grillen beginnen zu zirpen. Frösche quaken im nahen Sumpf. Ein Schaf blökt, und ein Gockelhahn kräht nach seinen Hennen. Ruhe und Muße sind mit mir.

Kleine schwarze Füße kommen angetrippelt. Unschlüssig bleiben sie vor mir stehen. Dann schießt eine versteckt gehaltene Hand hervor und reicht mir eine Orange, eine andere hält mir einen gekochten Maiskolben entgegen. Das Lächeln der Kinder ist scheu, bis ich ihre Geschenke annehme und ihnen zeige, wie ich mich darüber freue. Es ist mir, als lebte ich schon seit langer Zeit unter diesen Menschen, dabei habe ich diesen Ort erst vor zwei Wochen entdeckt.

Ich war mit Joseph, einem Lehrer aus Abitifi, in seinem alten VW-Käfer unterwegs. Er wollte mir sein tief im Busch liegendes Heimatdorf vorstellen. Als wir jedoch an diesem Platz vorbeikamen, wo gerade Markt abgehalten wurde, hielten wir an und stiegen aus.

Ich spürte es sofort. Dieser Ort hat seinen eigenen Charme. Auf magische Weise wurde ich von ihm angezogen, und ich verspürte in mir den Wunsch, länger hier zu bleiben. Joseph stellte mich dem Dorfältesten vor. Ein alter Mann mit weisen, gütigen Augen reichte mir freundlich seine welke, doch kräftige Hand. Gebannt betrachtete ich seine aufrechte Erscheinung und sein edles Gesicht.

»Der Mann sagt«, übersetzte mir Joseph, »daß er es bedauert, daß ihr Chef im Augenblick verreist ist. Doch er sieht keinen Grund, deine Bitte abzuschlagen. Du sollst in drei Tagen wiederkommen. Bis dahin wird der Häuptling verständigt sein, und sie werden eine Unterkunft für dich hergerichtet haben.«

Zum verabredeten Termin war ich wieder da. Außer meinem persönlichen Gepäck hatte ich zwei Plastikkanister für Trinkwasser und eine Petroleumlampe mitgebracht sowie ein Huhn als Einstandsgeschenk. Der für mich abgehaltene Empfang wurde zu einem überwältigenden Erlebnis.

Die würdevoll und prächtig gekleideten Männer des Empfangskomitees waren auf der Terrasse des Chefpalastes versammelt. In der Mitte saß auf dem Ohene Akongena, dem Thron, das Oberhaupt Nana, in der rechten Hand das Zepter. Die überwiegenden Farben seines traditionellen Gewandes, des Ntomas, waren weinrot und cremefarben, und in diesen Farben und dem feinen Stoff sah er wirklich königlich aus. Zu Nanas beiden Seiten saßen die Dorfältesten und der dickliche Asomani, das Sprachrohr des Chefs. Da der Chef während der Zeremonie niemals ein Wort direkt an seine Besucher richtet, ein Brauch, der noch aus dem alten Asantherreich stammt, begrüßte mich Asomani an seiner Stelle. Erst in der Twi-Sprache, dann in Englisch. Auch wenn Nana während des ganzen Zeremoniells mich nicht ansprechen durfte, lachten seine lustigen Augen mir doch aufmunternd zu. Nun wandte sich der Dorfälteste in der Twi-Sprache an mich, und Asomani übersetzte: »Zwischen deinem ersten Besuch und heute ist in unserer Gemeinde kein böses Ereignis vorgefallen. Keine Krankheit und kein Unglück haben uns betroffen, und kein Todesfall hat uns heimgesucht. Die Tage sind friedlich und ohne Aufruhr verlaufen. Das ist ein gutes Omen. Ein Zeichen, daß die Zeit mit dir ist und du keinen schlechten Einfluß über uns bringst.«

Nana, gekleidet in einen Ntoma, das traditionelle Gewand

Mein Besuch stand demnach unter der Einwirkung eines guten Sternes. Herzlich wurde ich in die Dorfgemeinschaft aufgenommen.

»Akwaba!« – »Willkommen!«

Nun mußte ich jedem, der einen Ehrenplatz hatte, die Hand schütteln. Dabei wurde ich von Asomani, der auch die Aufgaben des Zeremonienmeisters ausübt, darauf aufmerksam gemacht, daß ich, vom Eingang aus gesehen, von der rechten Seite her mit der Begrüßung beginnen müsse, ohne dabei den einzelnen Rang der anwesenden Herren zu berücksichtigen. Dann wurden Gläser gebracht, und Asomani öffnete eine Flasche Moraba, einen selbstgebrannten Schnaps aus Palmensaft. Mit diesem Willkommenstrunk war meine Aufnahme in die Gemeinde offiziell bekräftigt.

Nach der Zeremonie wandte sich Nana persönlich an mich: »Du bist mein Gast. Deshalb wirst du unter meinem Dach wohnen, und stehst unter meinem Schutz. Niemand wird dir Böses tun, denn ich bin der Chef von diesem Dorf und Chef von zweiunddreißig anderen Dörfern.« Dabei grinste er, als könne er es selbst nicht glauben.

Dann zeigte er mir meine einfache Unterkunft, einen Raum, der mit Tisch, Sessel und einem großen Holzbett ausgestattet war. Über der mit Stroh gefüllten Matratze war sauberes Leinen gespannt. Als einzigen Schmuck des Raumes sah ich viele Spinnennetze, in denen große fette Spinnen hingen, doch ich wagte es nicht, ihre kleinen kunstvoll errichteten Reiche zu zerstören.

»Du lebst in meinem Palast, und alles, was mir gehört, gehört auch dir. Was immer du brauchst, du wirst es bekommen.«

Von da an wurde mir jeder Wunsch von den Augen abgelesen. Das bedeutete allerdings, daß anfangs meine Bewegungsfreiheit ziemlich eingeschränkt war, denn ständig war jemand da, der mich begleiten oder mir beistehen wollte.

Da ich es mir angewöhnt hatte, auf das Abkochen von Trinkwasser besonders zu achten, wollte ich auch hier Vorsorge treffen.

»Du mußt keine Angst haben«, war die etwas gekränkte Antwort.

»Wir machen es schon richtig. Du bekommst gutes Essen und gutes Wasser. Wir passen auf dich auf.«

Als ich am Tage nach meiner Ankunft die nähere Umgebung auskundschaften wollte, durfte ich dies nicht allein tun.

»Du bist mein Gast. Ich begleite dich«, bestimmte Nana.

Ein Dörfchen reiht sich an das andere. Nana hat überall Verwandte. »Das ist mein Onkel, du mußt ihn grüßen.«

Pausenlos schüttelte ich Hände. Hölzerne Hocker wurden herangeschoben, damit wir uns vom Fußmarsch erholen konnten. Dabei waren wir nie länger als zehn Minuten von einem Ort zum nächsten unterwegs. In jedem Dörfchen wurde uns frischer Palmwein gereicht, der überall für lockere Stimmung sorgte.

Schon während dieser kleinen Aufenthalte merkte ich, daß Nana nicht nur eine Respektsperson laut Gesetz ist – wie sein Kollege in Kukuruntumi –, sondern daß ihm aus all seinen Dörfern tiefe Zuneigung entgegengebracht und er von seinen Leuten hoch geschätzt und verehrt wird. Vom ersten Augenblick an floß auch meine ganze Sympathie diesem großmütigen Mann entgegen. Nana teilt sein Privatleben gerecht zwischen seinen beiden Ehefrauen auf. Alle zwei Wochen wechselt er Wohnplatz und Haushalt. Die freundliche und sanfte Magdalena ist die Jüngere, mit der Nana in zweiter Ehe verheiratet ist. Vom Rang her ist sie seine erste Frau. Sie bewohnt mit ihm den Palast im Hauptdorf. Felicitas, die erste Angetraute, eine reife, selbstbewußte Frau mit herbem, aber anziehendem Gesicht, führt ihren Haushalt in einem abseits liegenden Anwesen. Nachdem sich ihr Mann eine zweite Frau genommen hatte, mußte sie sich mit der Rolle der zweitrangigen Frau zufriedengeben. Doch diese Erniedrigung, wie wir es betrachten würden, scheint ihrer starken Persönlichkeit keinen Abbruch getan zu haben.

Als ich sie einmal mit Salomon, einem der drei Dorflehrer, der für mich die Twi-Sprache übersetzt, besuche, frage ich sie, ob es ihr wirklich nichts ausmache, daß ihr Mann eine andere

Frau geheiratet hat, ob sie sich nicht zurückgesetzt und verletzt fühle.

Daraufhin sieht sie mich mit einem seltsamen Blick an und antwortet: »Ein Chef muß mindestens zwei Frauen besitzen, sonst würde er sein Ansehen verlieren. Und würde er sein Ansehen verlieren, würde auch ich mein Ansehen verlieren. Seitdem er eine zweite Frau hat, ist das Ansehen von meinem Mann, von seiner neuen Frau und von mir gestiegen. Da bei uns Ansehen Glück bedeutet, hat die neue Heirat uns alle drei glücklich gemacht.«

Es entsteht eine kleine Pause zwischen uns, weil ich nicht recht weiß, wie ich mich zu dieser Ansicht verhalten soll. In das schöne, ausdrucksvolle Gesicht von Felicitas tritt nun ein schalkhaftes Lachen. »Versteh doch, es macht uns zwar stolz, wenn uns der Ehemann seine Aufmerksamkeit schenkt, aber es macht uns frei, wenn er bei der anderen ist.«

Demnach betrachtet Felicitas die Polygamie eher von der praktischen, unkomplizierten Seite des Lebens.

Als ich abends mit Nana auf der Terrasse sitze, frage ich ihn, ob es denn keine Streitigkeiten oder Eifersucht zwischen seinen beiden Frauen gebe. Da grinst Nana mich belustigt an und sagt völlig überzeugend in seiner liebenswerten Art: »Nein, es gibt keine Schwierigkeiten, sie sind doch beide katholisch.«

Asomani, der sich zu uns gesellt und unser Gespräch gehört hat, fragt mich: »Haben die Männer in deinem Land nicht auch mehrere Frauen?«

»Nein, – normalerweise nicht«, antworte ich so ehrlich wie möglich.

»Warum nicht?«

»Weil das die Frauen bei uns nicht mögen.«

»Hier sind wir Christen, und ein Christ soll doch alle Menschen gleich lieben. Warum soll es denn da Probleme geben?« fragt Asomani.

Ich wage es nicht, den Herren klarzumachen, daß dies in unseren Ländern gar wohl ein Problem wäre. Was immer die Leute hier unter Katholizismus verstehen, es scheint so, als würden sich die Frauen mehr durch ihren gemeinsamen Glauben verbunden fühlen als mit ihrem Ehemann durch eheliche Bande.

»Ich denke, ihr afrikanischen Männer macht es euch recht bequem, wenn ihr mehrere Frauen heiratet.«

»Du redest wie der Missionar, der vor einigen Jahren hier war«, antwortet Nana. »Er hat uns gesagt, mehrere Frauen zu haben, sei eine unmoralische Sache. Es ist aber eine sehr ernste und eine sehr moralische Sache.«

»Und es ist eine verantwortungsvolle Sache – ja sehr verantwortungsvoll«, ergänzt Asomani.

»Von uns Männern wird erwartet, daß wir zu jeder unserer Frauen gleich freundlich sind und keine benachteiligen. Das muß so sein, weil es gerecht ist, aber es ist nicht immer einfach für uns.« Nana wiegt leicht seinen Kopf, dann fährt er fort: »Manchmal mag ein Mann eine Frau mehr als die andere, aber er darf es nicht zeigen. Er versucht dann sogar, besonders freundlich zu der Frau zu sein, für die er weniger empfindet, um nicht ihr Ansehen zu verletzen. Wenn ein Mann ganz offensichtlich eine Frau bevorzugt, wird die eine Frau böse und die andere zu stolz, aber beides wäre nicht gut für die Frauen. Es ist für uns Männer wirklich nicht leicht, gerecht zu sein, nein, gar nicht leicht.«

»Frauen haben es besser«, meint Asomani, »je mehr Frauen ein Mann hat, um so mehr Zeit hat sie für sich; wohnen die Frauen in einem Haushalt zusammen, können sie sich auch die viele Arbeit teilen.«

»Ja, unsere Frauen haben viele Aufgaben«, fügt Nana hinzu. »Sie müssen die Kinder erziehen, im Haushalt und auf den Feldern arbeiten, Wasser holen und Holz sammeln. Wir Männer respektieren unsere Frauen sehr. Die Frauen sind es, die unseren Stamm erhalten. Sie gebären die Kinder, sie sind fruchtbar wie unsere Erde; sie tragen die Ernte unter ihrem Herzen, bis sie reif ist. Wir könnten genausowenig ohne unsere Frauen leben wie ohne den Boden, auf dem unsere Nahrung gedeiht.«

Am nächsten Morgen begleite ich Magdalena hinaus auf ihr Feld. Ihr sechsjähriger Junge und die beiden Mädchen von Felicitas, zwölf und dreizehn Jahre alt, kommen mit uns. Für die Kinder ist Magdalena ebenso wie Felicitas ihre Mutter. Sie erhalten von beiden Frauen gleich viel Fürsorge und Zärtlichkeit. Magdalena, die früher mit ihrer Familie in Accra lebte, spricht gutes Englisch, und als ich auch sie frage, ob es ihr nichts ausmacht, daß ihr Mann noch eine andere Frau hat, antwortet sie mit sanfter Stimme: »Felicitas ist eine gute Frau. Sie ist wie eine große Schwester zu mir. Sie hat mir am Anfang meiner Ehe sehr geholfen, weil ich nicht wußte, wie ich mich als Ehefrau eines Chefs zu verhalten habe. Sie sagte mir, was er mag und was nicht.« Sie schmunzelte. »Jede Frau will es doch ihrem Mann recht machen und ihm gefallen.«

Wir gehen eine Weile schweigend nebeneinander durch das hohe Gras. Magdalena sieht sich nach den Kindern um, die etwas zurückgeblieben sind. Sie ruft sie nicht, und sie ermahnt sie nicht, schneller zu gehen. Ganz ruhig wartet sie, bis sie näher herankommen, aber nur so weit, um sie wieder im Auge zu haben und ihnen das Gefühl ihrer Nähe zu geben. Die Kinder werden nicht verzärtelt, aber auch nicht bevormundet, sondern als eigenständige Wesen respektiert, die durchaus fähig sind, aus ihren eigenen Entdeckungen zu lernen. Doch wann immer sie den Schutz oder die Erfahrung der Erwachsenen brauchen, wissen sie, daß diese für sie da sind. So haben die Kinder immer die Sicherheit, daß sie den Erwachsenen vertrauen können.

»Ich weiß, daß ihr weißen Frauen denkt, daß es schlimm ist, wenn ein Mann mit mehreren Frauen verheiratet ist«, fährt Magdalena mit dem Gespräch fort. »Ich hatte eine weiße Freundin in Accra, sie war Engländerin. Sie hat mich gewarnt, einen Mann zu heiraten, der bereits eine Frau hat. Aber ich liebe meinen Mann – und ich liebe auch Felicitas. Sie gibt mir Vertrauen, wenn ich manchmal unsicher bin. In der Stadt sind andere Dinge wichtig gewesen als hier. Die Frauen auf dem Land sind selbstbewußter und stärker. Ich muß noch sehr viel lernen, und ich bin auch

Kinder erfahren viel Liebe und Geborgenheit, werden aber nicht ver-zärtelt

nicht so kräftig. Deshalb ist es eine große Beruhigung für mich, daß Felicitas da ist, wenn ich einmal krank werden sollte. Sie wird sich dann um Nana und die Kinder kümmern. Es ist hier üblich, daß die Frauen einander helfen. In Accra war das anders, die Menschen hatten kein Vertrauen zueinander und gingen sich aus dem Weg. Dort möchten die Frauen auch lieber einen Mann für sich allein, doch die Männer in der Stadt behandeln ihre Frauen nicht immer sehr gut. Sie sitzen meist in Bars herum, benehmen sich, als hätten sie viel Geld, lassen ihre Frauen arbeiten und nehmen ihnen das Geld weg.« Diese Aussage berührt mich sehr stark, irgendwie glaube ich, nun ihre Art von Zusammenleben besser zu verstehen. Mit ihrem schüchternen Lächeln und ihrer zarten Figur wirkt sie nicht nur äußerlich so ganz anders als die robuste Felicitas, sie scheint auch feinfühliger zu sein. Felicitas dagegen kann energisch zupacken und beeindruckt mich mit ihrem Selbstbewußtsein auf andere Weise.

Wir sind bei Magdalenas Feld angekommen, das weit oben am Hügel liegt. Wir treffen noch andere Frauen, die auf ihren Feldern arbeiten. Sie rufen uns muntere Worte zu. Fast jede Frau besitzt ihr eigenes Stück Land, das sie völlig unabhängig macht von ihrem Mann. Die Autonomie der ghanaischen Frau wurde in der herkömmlichen Gesellschaft schon immer voll anerkannt. Die schräge Lage am Hang und das Waldgartensystem erweisen sich bei der Bearbeitung der Felder als Nachteil. Der Boden kann nur mit der Hacke bestellt werden. Kein Pflug könnte hier zwischen stehengebliebenen Baumstümpfen, deren Wurzeln das Abrutschen des Hangs verhindern, viel ausrichten. Trotz der schweren Arbeit sind die Frauen immer zum Scherzen aufgelegt. Sie lachen oder singen, während sie mit dem Haumesser Früchte ernten oder die Erde lockern. Die Leute kennen das Wort »Arbeit« in unserem Sinne eigentlich nicht. Sie unterscheiden nicht zwischen Beschäftigtsein und Muße, zwischen Arbeit und Freizeit. Die Frauen haben zwar einen langen Arbeitstag, kennen aber keinen Streß und keinen Leistungsdruck. Die Kinder helfen manchmal bei der Arbeit mit, dann tollen sie wieder herum und spielen. Sie werden nicht zur Arbeit gezwungen, werden aber langsam mit ihren späteren Pflichten vertraut gemacht. Zwei der Frauen tragen auch während der Feldarbeit ihre Babys auf dem Rücken. Sie finden im umgeschlungenen Wickeltuch Geborgenheit, und die rhythmischen Bewegungen der Mutter ersetzen die Wiege. Die Kinder werden bis zum zweiten Lebensjahr gestillt, und auch

Auch bei der Feldarbeit tragen die Frauen ihre Kleinkinder auf dem Rücken. Die rhythmischen Bewegungen ersetzen die Wiege

nachts trennt sich die Mutter nicht von ihrem Kleinkind. Die daraus gewachsene Zufriedenheit und Sicherheit wirkt sich natürlich auf ihr späteres Seelenleben aus. Anfangs war es etwas schwierig für mich, herauszufinden, wer denn nun eigentlich der leibliche Vater oder die Mutter eines Kindes war, da sich alle Erwachsenen gleich liebevoll und aufmerksam um jedes Kind kümmern. Ich konnte sogar einige Male beobachten, wie Frauen die Kinder anderer Mütter, die aus irgendeinem Grund nicht da waren, an ihre Brust nahmen. So kann es in dieser Gesellschaft kaum Waisenkinder geben. Auf dem Nachhauseweg versuche ich, den vollbeladenen Korb von Magdalena auf meinen Kopf zu heben, damit sie eine Weile entlastet ist. Aber unter dem Gewicht sinke ich fast zu Boden. Die Frauen, die uns begleiten, lachen. Um Magdalena trotzdem zu helfen, stopfe ich die Hälfte des Korbinhaltes in zwei mitgebrachte Plastiktüten, die ich gerade noch tragen kann. »Ich glaube, ihr seid aus einem anderen Holz geschnitzt«, meine ich. »Ja«, sagt eine der Frauen stolz, hält ihren dunklen Arm neben den meinen und nickt mit selbstbewußter Miene. »Schwarzes Holz – starkes Holz.« Je länger ich die Frauen in den Orangendörfern beobachte, um so stärker wird mein Eindruck, daß die ghanaischen Frauen aus einem besonders starken Holz gemacht sind. Mir gefällt ihr Durchsetzungsvermögen und ihr selbstsicheres Auftreten. Sie neigen dazu, sich zu organisieren, sich in Verbänden zusammenzuschließen, die meist wirtschaftliche oder religiöse Gründe haben. Hier gibt es zwei religiöse Frauenverbände – den der Katholiken und den der Presbyterianer. Als mich die vorsitzenden Frauen beider Verbände fragen, ob ich Christin sei, und ich nicht sicher war, wie meine eigene, von vielen Reisen und den unterschiedlichsten Kultureinflüssen geformte Lebensphilosophie ankommen würde, nickte ich bequemlichkeitshalber mit dem Kopf. Darauf wurde ich von beiden Frauen herzlich und stürmisch an ihre mächtigen Brüste gedrückt. Egal, welcher Glaubensrichtung sie angehören, treten die Frauen gemeinsam in einem Wirtschaftsverband auf, um nicht von anderen Händlern unterboten zu werden. Da die Frauen in Ghana eine Menge vom

Die Einheimischen machen es mir leicht, mit ihnen in Kontakt zu kommen

Handel und Rechnen verstehen und sie meist zuverlässiger im Umgang mit Geld sind als die Männer, werden sie in Berufen wie Buchhalterin oder Kassiererin bevorzugt. Deshalb ist es nicht verwunderlich, daß sie auch auf dem Markt sehr großen Einfluß ausüben. Die Ghanaerin betrachtet den Mann nicht als Rivalen, doch kämpft sie gegen jede Art von Unterdrückung und Ausbeutung. Und in diesem Sinne wird sie sich auch gegen jene Männer

71

zur Wehr setzen, die versuchen sollten, ihre Würde, ihren Stolz oder gar ihr Selbstbewußtsein zu schwächen.

Die Bewohner der Orangendörfer gewöhnen sich schnell an meine Anwesenheit. Sie machen es mir leicht, mit ihnen in Kontakt zu kommen, und ich sorge dafür, daß meine Aufmerksamkeit allen gleich zukommt. In der Schule breite ich vor Schülern und Lehrern Landkarten aus und erzähle ihnen von fernen Ländern und von anderen Sitten und Gebräuchen.

Besonders gerne bin ich mit den alten Menschen zusammen, die eine wunderbare Ruhe und Würde ausstrahlen. In ihrer Umgebung herrscht Frieden und eine Ordnung, die mir gefällt. Die alten Leute werden nicht isoliert oder abgeschoben. Sie haben ihre festen Plätze innerhalb ihrer Gemeinschaft. Da sie bereits den Ahnen näherstehen als den Lebenden, haben sie sogar einen Zustand von Narrenfreiheit erreicht, der sie beinahe unantastbar macht. Denn bald werden sie selbst zu den Ahnen gehören, und deren Wohlwollen will sich niemand verscherzen. Die Stimmen der Alten werden stets berücksichtigt und respektiert. Auch sind sie es, die Streitigkeiten zwischen den jungen Hitzköpfen schlichten.

Manchmal begleite ich die Frauen am späten Nachmittag zu der entfernt liegenden Quelle. Wie sehr genieße ich dabei das langsame, geruhsame Dahinschlendern in den kühlen Wäldern. Trotz der schweren Wasserkrüge, die die Frauen auf den Köpfen tragen, sind ihre Bewegungen geschmeidig und graziös, bis ins kleinste Detail harmonisch und in sich ruhend. Von diesen Frauen geht eine ungebrochene Kraft aus, die mich belebt und gleichzeitig besänftigt.

Der lange Weg zur Quelle gibt den Frauen Gelegenheit, sich auszusprechen, sich einander Sorgen und Freuden anzuvertrauen und Rat und Beistand zu leisten. An der Quelle treffen sie oft mit Frauen von zwei anderen Dörfern zusammen, die nicht zu ihrem Volk gehören, doch sie verstehen und kennen sich gut. Die Quelle ist von sozialer Wichtigkeit. Hier werden Neuigkeiten ausgetauscht, man bekommt Interessantes zu hören. Der Gang zur

Der Dorfälteste. Alte Menschen werden hoch geachtet, von ihnen gehen Ruhe und Würde aus

fernen Wasserstelle hat einen nicht zu unterschätzenden sozial-therapeutischen Effekt, der mithilft, den häuslichen Frieden wie auch die Eintracht innerhalb der gesamten Dorfgemeinschaft zu stabilisieren.

Abends sitzen wir gemeinsam ums glosende Feuer. Die Alten erzählen den Kindern Sagen und Legenden, die sie von ihren Vätern und Großvätern übernommen haben. Die jungen Menschen, die wißbegierig den Worten der Alten lauschen, sollen dabei nicht nur vom Leben ihrer Ahnen erfahren, sondern durch diese Geschichten in ihre alten Gesetze eingeweiht und mit Moralbegriffen vertraut gemacht werden.

Asomani wirft zwei neue Äste in die Glut, hell flackert die Flamme auf. Ich beobachte die Gesichter in der Runde. Ihr Mienenspiel ist fröhlich, ihre Augen sind lebendig und offen. Manche lachen laut, andere kichern verschmitzt, wieder andere wiegen nachdenklich die Köpfe, aber alle sind zufrieden – beneidenswert zufrieden.

In diesem Kreis sitzen jung und alt, Frauen und Männer. Sie bilden eine untrennbare Einheit. Noch etwas fällt mir auf: das Verhalten zwischen den Schwachen und den Starken. Wie in jeder Gemeinschaft gibt es auch hier Menschen, die fähig sind, andere zu führen, die schneller und leichter begreifen und handeln, und Menschen, die sich lenken lassen, die schwerfällig im Denken sind und langsam im Handeln. Und dann gibt es noch Menschen, die völlig »anders« sind, die auf einer ganz anderen Geistesebene durchs Leben wandeln. Es sind die Entrückten, die bei uns als Verrückte gelten, die lachen und sich königlich amüsieren, wenn ein »normaler« Mensch absolut nichts Komisches finden kann, oder die mit ihren Blicken in weite Fernen schweifen, ihre nahe Umgebung nicht mehr wahrnehmen und die »Normalen« weit hinter sich zurücklassen. Da ist Moses, ein junger Mann mit langen, zotteligen Haaren. Er hat ein freundliches, harmloses Gesicht, das manchmal einfältig scheint und dann wieder von hellen Geistesblitzen belebt wird. Bis jetzt saß er friedlich vor sich hinsummend unter uns, plötzlich springt er auf, hüpft zwischen nächtlicher Dunkelheit und dem Lichtschein des Feuers auf und ab, murmelt wirre Worte und entschwindet dann völlig in der Finsternis. Im Gebüsch knacken Zweige. Er wird die Nacht ruhelos im Wald herumgeistern. Niemand macht eine abfällige Bemerkung über ihn. Er ist so, wie er ist. Die Entrückten haben wie jeder andere ihren Platz in der Gemeinschaft. Ich erinnere mich an Nanas Worte, als er mir seine kleine Tierherde zeigte: »Kein Schaf ist wie das andere Schaf. Eines gibt vielleicht gute Wolle, das andere gutes Fleisch.« So scheinen sie hier auch die Menschen zu sehen. Kein Mensch ist wie der andere; jeder hat seine eigenen Werte. Einer fordert vielleicht die Umwelt zur Anerkennung, ein anderer zum Mitleid heraus. Von den Menschen hier im Orangendorf lerne ich, daß es keine absolute Gleichheit unter den Menschen gibt, daß immer Unterschiede bestehen werden. Nicht der Wunsch, alle Menschen gleichzustellen, macht uns zu edlen Menschen, sondern erst das Respektieren ihrer Unterschiede. Salomon beginnt, auf seiner selbstgeschnitzten Flöte zu spielen. Über uns funkelt hell das strahlende Sternenzelt. Ich fühle eine Geborgenheit, die mich einhüllt und wärmt. In der Nacht lasse ich Fenster und Tür weit offen und weiß, niemand wird bei mir eindringen. Welch Unterschied zu Kukuruntumi, wo sich jeder nachts hinter geschlossenen Fensterläden und Türbalken verbarrikadierte! Die Menschen hier sind so offen wie das Fenster in meinem Zimmer und so heiter wie die sanften Brisen, die nachts hereindringen. An diesem Ort erfahre ich ein tiefes Vertrauen, das einer dem anderen entgegenbringt und das befreiende Sicherheit gibt. Eine Sicherheit, die echt ist, die nicht nur jedes einzelne Individuum stärkt, sondern auch ihren Gemeinschaftsgeist am Leben erhält. Die Menschen kommen mir hier vor wie die Bäume in einem dichten, gesunden Wald. Jeder einzelne steht auf eigenen festen Füßen und erfreut sich gleichzeitig der Geborgenheit und des Schutzes der Gemeinschaft. Mich fasziniert auch ihre Einstellung zum Kranksein und jeder Art von Mißgeschicken. Während wir nach biologischen und physischen Ursachen forschen, fragen sich hier die Betroffenen: Mit wem verstehe ich mich nicht? Ist mir jemand böse? Trägt mir jemand etwas nach? Habe ich einen Ahnen beleidigt? Ist meine Beziehung zu Gott nicht in Ordnung? Habe ich mich schlecht verhalten oder Schlechtes gedacht, daß er mir zürnt? Sie suchen die Ursache für ihr Unglück in einer geistigen oder seelischen Störung. Jeder Schicksalsschlag ist für sie ein Hinweis, daß in ihrer Beziehung zur Mitwelt, zu den Mitmenschen, zu den Ahnen oder zu Gott irgend etwas nicht stimmt. Es ist das Gesetz der Natur, das eine Mahnung schickt. Nachdem aber jeder selbst für die entstandene Unordnung verantwortlich ist, liegt es auch in seiner Hand, wieder Ordnung in sein Leben zu bringen. Er wird sich bemühen, sich mit den Menschen zu versöhnen, mit denen er in Zwistigkeiten gelebt hat, mit den Ahnen und Geistern, die er nicht gewürdigt hat, mit Gott, weil er unrecht gehandelt oder gedacht hat. Aus diesem Grunde legen die Menschen hier großen Wert auf ein harmonisches Zusammenleben.

Dieses Denken und seine Auswirkungen scheinen zu zeigen, wie stark jeder mit Willenskraft und seinen eigenen Gedanken, die positiv wie auch negativ angewandt werden können, auf sein Leben wirken kann. Demnach sind Gedanken Macht, mit denen auch andere beherrscht werden können.

Treten langwierige Krankheits- oder Problemfälle auf, liegt die Vermutung nahe, daß böse Wünsche die Ursache dafür sind. Jedenfalls bleibt keiner, der von einem schweren Los getroffen wird, auf sich allein gestellt. Die anderen seiner Gemeinschaft nehmen Anteil daran, wobei sie aber den Betroffenen nicht bemitleiden oder bedauern, sondern sich aktiv einsetzen, den unerfreulichen Zustand zu ändern.

Oft wird ein Fetischpriester oder Magier hinzugezogen, der die Fähigkeit hat herauszubekommen, ob nicht vielleicht dunkle Mächte im Spiel sind. Bestätigt sich der Verdacht, bricht der Magier den bösen Zauber, wodurch dem Verwünscher Schlimmes widerfährt. Die Kräfte, die der Fetischpriester geltend macht, werden als »schwarze« oder »weiße Magie« unterschieden. Der Weißmagier wendet sein Wissen und die konzentrierte Kraft seiner

Gedanken nicht aus eigennützigen Motiven an, der Schwarzmagier dagegen tut es zu seinem eigenen Vorteil oder aus Machtstreben. Doch so manches Mal arbeitet derselbe Magier aus hilfreichen wie auch aus schadenbringenden Beweggründen, je nachdem, welche Art von Auftrag er ausführt.

Ich frage Nana, wie sich der Glaube an magische Kräfte mit dem Christentum, zu dem er sich bekennt, vereinbaren läßt.

»Jesus war doch auch Magier«, ist seine Antwort, »ein weißer Magier: Er ist der größte und mächtigste Magier. Es gibt keine bösen Mächte, die er nicht vertreiben kann.«

Vielleicht zeigen die Menschen deshalb keine Furcht vor Dämonen und bösen Geistern, weil Jesus sie beschützt. Sie haben einen freien christlichen Glauben gefunden, den sie heiter mit animistischen Elementen vermischen. Dabei ist jeder einzelne sein eigener kreativer Schöpfer. Ihr Glaube scheint jedenfalls ihrer unverfälschten Lebensbejahung entgegenzukommen.

Ich sitze auf der Terrasse und schreibe die neuesten Eindrücke in mein Tagebuch, als ein schüchterner junger Mann auf mich zukommt. Er ist der Sekretär der katholischen Kirchenvorsitzenden. In seinen Händen hält er ein riesiges Netz, das schwer zu Boden hängt. Es ist prall gefüllt mit herrlich leuchtenden Orangen. Ich ahne, daß der ruhevolle Augenblick vorbei ist, und klappe das Tagebuch zu, um mich meinem Besucher zu widmen.

»Hallo, Sister.«

»Hallo, David.«

»Wie geht es dir, Schwester?«

»Danke, gut, und wie geht es dir, David?«

»Gut.« Verlegen sieht er mich an. »Magst du Orangen, Sister?« fragt er dann und streckt mir das Netz mit den Orangen entgegen.

Dankend nehme ich es an und häufe es zu den anderen Orangen, die mir so viele wohlgesonnene Geister bereits in früher Morgenstunde vor die Tür gelegt haben.

»Besitzt du eigene Orangenbäume?« frage ich.

»Ja, ich habe viele Orangen und viele Bäume.«

»Was machst du mit den vielen Orangen? Verkaufst du sie?«
»Einige verkaufe ich.«
»Und die anderen?«
»Die schenke ich her.«
»Wer pflückt deine Orangen? Macht das deine Frau?«
Verschämt schaut David zu Boden. »Ich bin noch sehr jung. Ich habe noch keine Frau.«
Er schaut mir voll und prüfend ins Gesicht. Und ich denke, o nein! und gehe sofort zur nächsten Frage über.
»Was machst du also mit all den Orangen auf deinen Bäumen?«
»Ich verkaufe die ganzen Bäume.«
»Du gibst doch nicht anderen Leuten deine Bäume?«
»Nein, nur die Orangen auf den Bäumen.«
»Wieviel Früchte hat ein Baum?«
Kurzes Überlegen, dann leichtes Abwägen mit dem Kopf, bevor er sich für 500 Stück entscheidet.
»Das ist nicht übel. Verdienst du viel Geld damit.«
»Nein, nur 40 Cedis für einen Baum.« Das ist allerdings kein Vermögen, wenn ich denke, daß auf dem Markt 2 Cedis pro Orange verlangt werden.
»Wer macht den ganzen übrigen Gewinn?«
»Die Frauen.«
»Welche Frauen?«
»Die die Früchte pflücken.«
»Dann hast du also jemanden, der die Orangen pflückt?«
»Es sind die Frauen, die die Bäume kaufen.«
»Du meinst die Früchte kaufen.«
»Ja, sie kaufen die Früchte.«
»Wenn du also die Orangen pflücken würdest, würdest du das ganze Geld für dich behalten können?«
Er nickt.
»Warum pflückst du dann deine Orangen nicht selber?«
»Das ist viel Arbeit, Sister. Ich habe andere Arbeit zu tun. Ich habe keine Zeit, um Orangen zu holen.«

»Was machst du denn, daß du so beschäftigt bist?«

»Ich unterrichte Frauen, die nicht gebildet sind.«

»Unterrichtest du heute?«

»Nein, heute nicht!«

»Also, was machst du heute?«

»Heute?« Große Verwunderung.

»Ja, heute. Jetzt ist Mittag vorbei. Gehst du auf deine Felder?«

»Nein, heute nicht.«

»Das heißt, daß du den ganzen Nachmittag frei hast?«

»Ich muß morgen wieder arbeiten.«

»Aber du könntest beispielsweise heute nachmittag deine Orangen selber pflücken.«

»Ich soll selber pflücken?« Neue Verwunderung.

»Oder bist du so reich, daß du das zusätzliche Geld nicht benötigst?

»Ich, reich? O nein, ich bin nicht reich.«

»Warum pflückst du dann deine Orangen nicht selbst und verdienst das ganze Geld für dich?«

»Das ist viel Arbeit, Sister.«

Aufgrund meiner westlichen Erziehung kommt mir unwillkürlich der Gedanke – dieser faule Kerl! Und gleichzeitig schäme ich mich für dieses Denken. Warum versuche ich eigentlich, diesen jungen Mann anzuspornen, mehr Geld aus seinen Orangen zu machen, als er selbst für nötig hält? Ist es nicht gerade ihre beneidenswerte Zufriedenheit, von der ich wie ein Magnet angezogen werde? Und besteht ihr Glücklichsein nicht darin, daß sie zufrieden sind mit dem, was sie gerade im Augenblick besitzen? Warum versuche ich ihn zu belehren? Ein alter Witz fällt mir ein: Ein europäischer Tourist fährt auf Urlaub nach Afrika. Am Strand sieht er einen Schwarzen genießerisch unter einer Palme liegen. Diesen Anblick kann der Weiße kaum ertragen. Er geht auf den Schwarzen zu, der so geruhsam in den Tag hineinlebt.

»Guter Mann, Sie verschwenden ganz schön Ihre Zeit.«

Der Schwarze blinzelt den Weißen überrascht an. »So, was soll ich sonst tun?«

»Sie könnten arbeiten, Felder bestellen, Gemüse und Obst anbauen.«

»Ich habe ein Feld. Ich habe Gemüse und Obst.«

»Aber Sie könnten doch mehr arbeiten.«

»Und was hätte ich davon?«

»Na, mehr Erträge. Diese könnten Sie verkaufen, und Sie könnten sich Geld auf die Seite legen.«

»Und was sollte ich damit?«

»Mehr Saatgut kaufen, und Sie hätten einen noch größeren Ertrag.«

»Und dann?«

»Verstehen Sie doch, Mann, Sie könnten Ihren Ertrag steigern und steigern, Sie könnten reich werden.«

»Und was hätte ich davon?«

»Sie hätten dann so viel Geld, daß Sie einen herrlichen Urlaub machen könnten. Sie könnten an einen fernen Strand fahren und sich unter eine Palme legen...«

Als ich Nana erzähle, daß ich daran denke weiterzureisen, fragt er mich, ob ich nicht bei ihnen bleiben möchte. Sie würden mir eine Hütte bauen und eine Kakaoplantage geben. Ich könnte aber auch einen Hain mit Kolanußbäumen bekommen, wenn ich es wünschte. Dieses Angebot schätze ich besonders, da ich weiß, wie wertvoll die stimulierend wirkenden Nüsse sind und welche große Bedeutung sie in wirtschaftlicher und sozialer Hinsicht für die Leute haben.

Ich gestehe, es wäre verlockend, in einer so glücklichen und fröhlichen Gemeinschaft mitzuwachsen, diese Nestwärme immer um mich zu fühlen. Fast lasse ich mich in diesen Zauber, endlich das Wahre gefunden zu haben, hineinfallen. Doch meine inneren Antennen sagen mir, daß ich nicht ihresgleichen bin und es niemals sein werde, auch wenn ich noch so gerne dazugehören möchte. Ich erinnere mich noch sehr gut an die Worte, die ich erst vor kurzem an Sarah gerichtet habe. Ich würde immer nur der Besucher bleiben, der sich von dieser anderen Welt inspirieren ließe, aber selbst nicht darin Wurzeln fassen könnte. Dann bin ich mir auch bewußt, daß die Leute, so sehr sie auch ihre Zuneigung und Sympathie zeigen, in mir doch immer die Europäerin sehen würden, und daran würde sich auch nichts ändern, nicht, solange ich eine andere Hautfarbe trage. Auch wäre ich auf Dauer nicht zufrieden damit, täglich am Lagerfeuer zu sitzen, alten Geschichten zu lauschen und Fu-Fu zuzubereiten. So sehr ich auch jetzt davon angetan bin, es ist wohl nur eine Frage der Zeit, bis ich den Gedankenaustausch mit meinesgleichen vermissen würde. Außerdem, scheint es mir, habe ich den Weg der unentwegten Wanderschaft gewählt. Kein bequemer Weg, der mich aber ständig neues Sehen und Verstehen lehrt. Alexandra David-Neel, die berühmte Abenteurerin und Forscherin, die sich fast ihr ganzes Leben der Veränderung ausgesetzt hat, sagte dazu: »Es ist ein Weg, der ohne Ziel erscheinen mag, doch denjenigen glücklich macht, der auf ihm wandelt.«

Nana liebt es, Überraschungen zu machen, und an meinem letzten Abend gibt es eine für mich. Ich denke, die Wände des Palastes müßten bersten, als bei Einbruch der Dämmerung von allen Seiten Gäste und Neugierige herbeiströmen, die sich in den inneren quadratischen Hof drängen.

Magdalena sucht mich in meinem Zimmer auf. Lächelnd drückt sie die rechte Hand auf ihr Herz. In der anderen Hand hält sie einen farbenprächtigen Ntoma, bemalt mit bunten Paradiesvögeln. Diesen kostbaren Stoff wickelt sie eng um meine Hüften, daß er wie ein langer Rock zu Boden fällt.

Auf der Terrasse haben sich, wie bei meinem Empfang, die Ehrenmitglieder der Gemeinde versammelt. Nana ist in einen prachtvollen, purpurroten Ntoma gehüllt.

Asomani empfängt mich mit seinem dröhnenden Organ, wobei leichter Morabageruch mich streift. »Chris, wie gefällt dir das? Nur dir zu Ehren! Ein großes Fest. Viel Musik und viel Tanz. Und du wirst tanzen. Viel tanzen!« Er führt mich zu einem Stuhl zur Rechten Nanas.

Der Chef von 33 Dörfern blickt mir strahlend entgegen. »Heute wollen wir alle fröhlich sein. Wir mit dir – und du mit uns.« Asomani posaunt mir ins Ohr, daß alle Trommler, Tänzer und Sänger, die nur aufzutreiben waren, heute ihr Bestes geben werden.

In dieser Nacht ist Europa unendlich weit entfernt. In dieser Nacht ist Afrika meine Heimat. In dieser Nacht schlägt mein Puls im Takt afrikanischer Lebensbejahung. In dieser Nacht bin ich eins mit Menschen, die mir fremd sein sollten. In dieser Nacht trete ich über die Grenzen der Realität in eine andere Sphäre, die weder Gewicht noch Schwere kennt. Das rauschende Pochen des Blutes beherrscht nur eine Welt, die ein Ganzes ist. Die alles ist. Sein und Nichtsein. Erfaßbares und Nichterfaßbares. In dieser Nacht bin ich glücklich – unsagbar glücklich.

Am nächsten Morgen nehme ich Abschied von den Orangendörfern. Abschied von den Lehrern, deren unendliche Fragen ich zu beantworten versuchte, von den unzähligen Kindern, die mit mir kommen möchten, von den Bewohnern, die meine Zuneigung gewonnen haben, von Felicitas und Magdalena. Der Abschied von Nana fällt mir besonders schwer.

»Nächstes Mal, wenn du kommst, werden wir ein großes Fest machen. Ein sehr großes Fest. Wir werden noch mehr Trommeln haben und noch mehr tanzen. Wir werden viele Schafe schlachten, und wir werden viel essen. Du wirst dieses Fest sehr mögen.« Mein Hals ist so trocken geworden, daß ich kein Wort herausbringe. Doch ich versuche, Nana über die Gedankenebene meine Abschiedsworte zu übermitteln: Ich mag euch auch so, ohne die vielen Schafe, die euch ein Vermögen kosten würden. Ich mag auch so euren Platz. Und ich mag auch so dein großes Herz, Nana, das mich immer berühren wird.

Der gute Geist von Asempanye

Josef bringt mich in sein Heimatdorf Asempanye. Im Palast sitzt der Chef – bejahrt und ergraut – auf seinem Thron. Ob vom langen Dasein müde oder von der Hitze, ungeachtet der ihn beobachtenden Untertanen und seiner Besucherin döst er vor sich hin. Nur eine Sekunde lang öffnet er die Augen. Reicht mir die schlaffe Hand, die keinen Druck erwidert. Dann entzieht er sich wieder seiner Umwelt. Ich nehme an, er hat genug vom Regieren.

Asempanye ist eine große Gemeinde, die zwei Schulen unterhält, eine Unter- und Oberklasse. Die Schule der Kleinen hat keine beengenden Wände, sondern nur bauchhohe Lehmbrüstungen. Von der Schulbank aus blicken die Schüler auf grüne Bananenstauden und können Vögel im Flug oder Schmetterlinge bei ihren Lufttänzen betrachten.

Alex, der Schulleiter, unterbricht die Volkszählung, mit der er wegen der bevorstehenden Wahlen beschäftigt ist, und nimmt mich in seine Obhut. Er begleitet mich durch den Ort, zeigt mir, wie auf traditionelle Weise Häuser gebaut werden, und stellt mich den Vorsitzenden der christlichen Kirchen, dem Schneidermeister, dem Schmied, den Lehrern und einigen Alten aus dem Gemeinderat vor. Wieder schüttele ich unzählige Hände, werde herzlich in die Arme genommen und liebevoll an weibliche Brüste gedrückt.

Alex bringt mich im Haus seiner Familie unter. Aus großen, schwarzen Töpfen gibt es gekochte Yamswurzeln, dazu Kochbananen und ein Gemüse aus den Blättern der Wurzeln. Geräucherte Fische ergänzen das Mahl, das hier »Ampesi« genannt wird.

Die meisten Frauen sind neben ihrer Hausarbeit mit Garten- und Feldarbeit ausgelastet, und auch das Sortieren der Kolanüsse erfordert viel Zeit. Aber der Aufwand lohnt sich und bringt viel Geld. Was aber vor allem mein Interesse für Asempanye geweckt hat, ist ein hier lebender und praktizierender Naturheiler. Kofi Osei ist ein Fetischpriester, der, obwohl noch sehr jung, schon großes Ansehen erlangt hat.

Die erste Begegnung mit einem solchen Priester hatte ich mir allerdings geheimnisvoller vorgestellt. Doch dieser junge Mann in rotem T-Shirt und khakifarbenen Shorts wirkt unkompliziert und ganz »normal«. Aber wie erkennt man schon als Außenstehender auf den ersten Blick, ob einer regelmäßig in Geisterwelten verkehrt oder nicht? Allerdings geht etwas von diesem jungen Mann aus, das mit Worten nicht einfach zu beschreiben ist, etwas, das ihn von anderen Menschen unterscheidet. Vielleicht läßt es sich am besten als ungetrübte, reine Kraft ausdrücken.

Kofi Osei empfängt Alex und mich mit großer Freundlichkeit in einer Mauernische seines Innenhofes. Alex kam mit, um zu übersetzen. Die Hocker, auf denen wir Platz nehmen, sind aus massivem Holz und kunstvoll geschnitzt. Der Unterbau hat die Form einer Trommel oder eines Elefanten. Das eine gilt als Symbol der Verständigung, das andere steht für Stärke. Darüber liegen, leicht geschwungen, die schalenähnlichen Sitze.

Der junge Fetischpriester fragt mich nach dem Grund meines Kommens. Ich bin ehrlich und antworte, pure Neugierde habe mich hergetrieben. Kofi lächelt liebenswürdig und ist bereit und offen für meine Fragen. Ich möchte wissen, wie er Fetischpriester geworden ist, und ohne Umschweife erzählt er mir seine Geschichte: »Es war im Jahr 1965. Ich war damals sechzehn Jahre alt und Schüler in einer Secondary School. Ich war ein guter Schüler und stamme aus einer strenggläubigen, katholischen Familie. Ich glaube noch immer an Jesus und werde mich auch in Zukunft nicht von der Bibel trennen. Bei einem Schulfest hat alles angefangen. Während ein großes Feuer entzündet wurde, fühlte ich plötzlich eine seltsame innere Beklemmung. Dann kroch eine lähmende Schwere in meinen Gliedern und Muskeln hoch, bis sie meinen Kopf erreichte. Ich verlor das Bewußtsein. Nachdem ich zwei Wochen keine Nahrung und Flüssigkeit zu mir genommen hatte, brachte mich meine Familie in ein Spital, doch dort konnte mir niemand helfen. Daraufhin suchten meine verzweifelten Eltern einen Naturheiler auf, der sofort erkannte, daß ich nicht organisch erkrankt, sondern von einem Geist besessen war. Als er prophezeite, auch ich würde ein Heiler werden, brachte mich meine Familie zu einem berühmten Fetischpriester.

Der nahm mich in seinem Haus auf und begann, mich auszubilden. Um mein Bewußtsein zurückzuholen, behandelte er mich mit belebenden Kräutern und übermittelte mir eine innere Botschaft, die besagte, daß ich Befehle empfangen würde und diese auszuführen hätte. Durch diese geistige Konfrontation erhielt ich mein vollständiges Bewußtsein zurück. Ich erfuhr, daß ich mich vier Jahre lang einer harten Ausbildung zu unterwerfen habe. Und eine der mir auferlegten Bestimmungen lautete, daß ich mich in diesen Jahren nicht sexuell betätigen dürfe. Das würde von meiner Kraft zehren.

Mein Lehrer gab mir einen Ring und sagte mir, daß ich diesen immer tragen müsse. Da bekam ich plötzlich große Angst vor dieser unheimlichen Macht, die mich vollkommen zu beherrschen versuchte. Ich wollte mich von dem Unbekannten befreien, riß den Ring vom Finger und schleuderte ihn weit fort. Doch kaum hatte ich mich des Ringes entledigt, erbebte und erzitterte mein ganzer Körper, und ich bekam entsetzliche Angst. Wieder erfaßte mich eine tiefe Bewußtlosigkeit, und diesmal hielt sie einige Monate an. Bis mich ein neuer Befehl weckte und mir mitteilte, daß ich auserwählt sei, Menschen zu heilen. Das würde geschehen, wenn dreimal wöchentlich der Geist in mich käme. Selbst die Tage wurden festgelegt. Sonntag, Mittwoch und Freitag. Vier Jahre lang wurde ich für diese Aufgabe vorbereitet. Dann übernahm ich hier meine Arbeit.«

Jeden Sonntag, Mittwoch und Freitag pilgern Kranke und Menschen mit ihren Problemen nach Asempanye, um den erfolgreichen Heiler um Hilfe zu bitten. Kofi Osei verrichtet an diesen Tagen, wie an den anderen Tagen, frühmorgens seine Feldarbeit, kehrt danach in sein Haus zurück und bereitet sich auf die Heimsuchung des Geistes vor. Dabei versucht er nicht, sich selbst in

Trance zu versetzen. Den Trancezustand bewirkt eine geheimnisvolle Macht, die ihn als Medium ausgewählt hat. Dreimal wöchentlich, für jeweils acht Stunden, verleiht ihm dieser Geist ungewöhnliche Fähigkeiten. Außerhalb dieser Zeit ist er ein Mensch wie jeder andere, ein Bauer und Familienvater. Nur in diesen vorgeschriebenen Stunden wird ihm die Gabe des Heilens zuteil. Nicht er entscheidet, sondern das Wesen, das seinen Körper als äußere Hülle benützt. Dieses teilt ihm mit, wie und mit welchen Mitteln Kranken und Hilfesuchenden geholfen werden kann. Kofi Oseis Mund spricht nur aus, was die innere Stimme ihm eingibt, ohne daß er es selbst mit seinem Verstand zu erfassen vermag. Seine Mitarbeiter notieren jedes Wort seiner Aussage, die er im Trancezustand kundgibt.

Während der Zeit, in der Kofi seines eigenen Bewußtseins enthoben ist, haben rachesüchtige oder machtbesessene Zauberer und Hexen ein offenes Angriffsfeld. Da er in diesem Stadium keine Kontrolle über sich selber hat, ist er fremden, vor allem schlecht gesinnten Einflüssen wehrlos ausgesetzt.

Kofi Osei erzählt dazu folgendes Beispiel: »Eine Frau kam mit ihrem Kind zu mir, während ich in Trance praktizierte. Die Frau gab an, ihr Kind sei krank. Doch der Geist, der in diesen Stunden für mich denkt und sorgt, sprach aus meinem Mund, daß das Kind vollkommen gesund sei, aber eine böse Macht das Kind für schlechte Zwecke mißbrauche. Der Frau teilte ich mit, daß ihr Kind von diesem schädlichen Einfluß befreit werde.

Am nächsten Tag fand man die Mutter des Kindes tot auf. Sie war eine Hexe gewesen und wollte ihre Stärke mit der Stärke meines Geistes messen. Ihr Kind sollte dabei als Mittel zum Zweck dienen. Da erkannte ich, unter welch mächtigem Schutz ich stehe, während ich selber unfähig bin, Verantwortung für mich zu übernehmen.«

Ich frage, ob ich ihm bei seiner morgigen Arbeit zusehen dürfe. Alex wendet sich in der Twi-Sprache nicht nur an Kofi, sondern auch an die älteren Herren, die Repräsentanten der Gemeinde, die sich inzwischen zu uns gesellt haben. Es gibt keinen Ein-

Ein Haus entsteht in der herkömmlichen Bauweise

wand, übersetzt Alex, allerdings sei es für eine Frau verboten, während der Menstruation das Haus eines Fetischpriesters zu betreten. Da ich meine Tage hinter mir habe, steht mir demnach nichts im Wege, morgen Kofis Geist zu besuchen.

Es ist Mittwoch früh. Als Alex und ich Kofi Oseis Haus erreichen, ist es bereits von einer ansehnlichen Menschenmasse umringt. Auch der Innenhof ist überfüllt von Wartenden, die all ihr Vertrauen in die heilende Kraft des jungen Fetischmannes setzen. Alex und ich werden gebeten, unsere Schuhe auszuziehen, bevor wir einen kleinen Vorraum betreten, in dem zwei Männer vor einem Tisch sitzen und in ein großes Buch Namen und Daten aller Hilfesuchenden eintragen. Auch ich werde aufgeschrieben. Dann öffnet einer der beiden Männer den Vorhang, hinter dem der Meister praktiziert. Wir tun einen Schritt in eine andere Welt. Räucherduft umflutet uns.

Kofi Osei ist nicht derselbe, mit dem ich gestern abend sprach.

Mit untereinandergeschlagenen Beinen sitzt er auf einem niedrigen, tischähnlichen Gestell. Er ist in ein weißes Kleid gehüllt, das lose von seinen Schultern fällt und seinen Körper umfließt. Auf seinem Kopf sitzt schräg eine Zipfelmütze. Unter anderen Umständen hätte das belustigend auf mich wirken können. Aber dieser Augenblick hat keinen Raum für solche Gedanken. Kofi Osei sieht uns entgegen – und sieht uns doch nicht. Gestern waren seine Augen offen und lebendig. Jetzt sind die Lider halb geschlossen, als döse er vor sich hin.

Doch er döst nicht.

Zu beiden Seiten ist er von einem Mitarbeiter flankiert, der jedes Wort, das aus Kofis Mund kommt, niederschreibt. Auch die Heilmittelchen und die Art der Behandlung werden genau vermerkt. Vor dem Priester sind Fläschchen und Döschen aufgereiht, die verschiedene Kräutermischungen oder Tinkturen enthalten.

Alex und ich werden aufgefordert, die Anwesenden mit Handschlag zu begrüßen. Als ich die Hände Kofis berühre, die zusammengefaltet in seinem Schoß ruhen, hebt er diese ein wenig und erfaßt meine Rechte. Dabei fühle ich einen warmen Strom, der von meinen Fingerspitzen durch meinen Arm läuft und mein Herz erreicht. Hier teilt er sich, fließt nach oben dem Kopf zu und nach unten, wo die Wärme bis in die Fußspitzen dringt.

Obwohl dieses warme Fließen äußerst angenehm ist, erschrecke ich darüber. Vor Aufregung halte ich einige Sekunden den Atem an, ich warte auf eine Erklärung. Doch alles, was mir zuteil wird, ist Kofis großes, weiches Lächeln, und ich habe das Gefühl, er erkennt mich, auch wenn seine Augen mich nicht sehen.

Plötzlich fällt sein Kopf leicht zur Seite, sein ganzer Oberkörper geht mit, als habe er keine Knochen, keine Muskeln, nichts, was Halt gibt, eine flexible Masse, die den kleinsten Bewegungen folgt.

Alex und ich werden gebeten, Kofi gegenüber Platz zu nehmen. Die Sekretäre fragen freundlich nach meinem Anliegen. Der

Mann mit der Zipfelhaube neigt sich mir mit einem gütigen, aufmunternden Ausdruck entgegen, als wolle er mir jede Hemmung nehmen. Mir ist, als könnte ich Kofis Herz berühren, so offen liegt es vor mir.

»Eigentlich fühle ich mich völlig gesund, und ich bin auch nicht in Not, es geht mir wirklich gut«, antworte ich. »Doch ich habe gehört, daß Kofis Geist sehr mächtig ist. Das einzige, was ich mir wünschen könnte, wäre, mir so viel Kraft und Ausdauer zu geben, daß mir innere Konflikte erspart bleiben. Und vielleicht könnte er mir helfen, in uneingeschränkter Harmonie mit mir selbst und mit anderen Menschen zu leben.«

In der Turbulenz der mich umfließenden Energieströme weiß ich nicht mehr, was mein anderes Ich, das mit dem nüchternen Verstand, von dieser Szene hier halten soll. Aber alle Menschen in diesem Raum lächeln mir zu. Obwohl sie so ganz andere Wurzeln haben als ich, fühle ich mich in diesem Moment so stark zu ihnen hingezogen, daß ich eins mit ihnen werde.

Beinahe fühle ich mich selbst wie in Trance, als ich die Welt der exotischen Düfte verlasse. Ein junger Helfer reicht uns Gläser mit Palmschnaps. Während mir das starke Getränk prickelnd durch die Kehle läuft, bin ich mir nicht mehr sicher, ob ich Kofis Geist wirklich so klar empfunden habe. Ob es nicht nur Einbildung war.

Doch dann werde ich wieder hinter den Vorhang zu Kofi gebracht, ein alter Mann verläßt gerade den Fetischpriester, der inzwischen einen müden, abgespannten Eindruck macht. Die Begrüßungszeremonie wird wiederholt. Und da geschieht es noch einmal: Das Feuer fließt erneut durch meinen ganzen Körper.

Als Kofi mit leiser Stimme zu mir spricht, vernehme ich zwischen den einzelnen Wörtern quälende, röchelnde Geräusche. Eine Sekunde lang glaube ich, er kämpfe gegen einen Erstickungsanfall wie bei einem schweren Husten. Irgend etwas scheint in seiner Brust zu sitzen, ihn zu bedrücken bis zur Erschöpfung. Ist es Energie, die er abgibt? Oder innere Abwehr gegen das Besitzergreifen seines Bewußtseins durch eine fremde Macht? Gleich

darauf ist sein Atem wieder frei. Alex übersetzt, was die Sekretäre inzwischen aus Kofis Mund erfahren haben: »Der Geist wird in
Zukunft mit dir sein und dir besonders in schwierigen Situationen beistehen.«

Leicht und beschwingt wie ein tanzender Schmetterling trete
ich hinaus in den sonnigen Tag.

Der Norden von Ghana

Auf dem Weg zum Voltasee muß ich in dem kleinen Ort So-
manya das Fahrzeug wechseln. Während heftige Tropenschauer
niederprasseln, warte ich in einem engen Bretterverschlag, eingekeilt zwischen schwitzenden, dampfenden Menschen, auf das
nächste Transportmittel nach Akosombo. Seit heute morgen habe ich starke Kopf- und Gliederschmerzen. Der Druck in meinem
Kopf nimmt zu. Wird fast unerträglich. Trotz Schwüle und Hitze
friere und zittere ich am ganzen Körper. In solch einem Zustand
hätte ich heute nicht weiterreisen dürfen, aber ich wollte das
Boot, das morgen von Akosombo nach Kete-Krachi abfahren
wird, erreichen, um den Norden Ghanas kennenzulernen. Allerdings empfinde ich in diesem Moment kaum noch Reiselust.
Elende Schwäche kriecht meine Beine hoch. Meine Ausdauer, auf
den Bus zu warten, der vielleicht kommt oder auch nicht, nimmt
ständig ab. Vor dem Bretterverschlag steht schon seit einer Stunde ein Taxi, dessen Fahrer nur darauf hofft, daß jemandem das
Warten verleidet wird. Er hat diesen Jemand gefunden. Mit letzter
Kraft handle ich einen Preis für die Fahrt nach Akosombo aus.

In einer Ortschaft kurz vor Odumasi wird das Fahrzeug von
einer phantasievoll geschmückten und bemalten Menschenmenge
aufgehalten. Es wird ein örtliches Fest gefeiert, und die Einheimischen aus der Umgebung und aus allen Richtungen strömen zusammen. Bizarre Bilder gaukeln vor meinen Augen hin und her,
die einem früheren Jahrhundert entsprungen sein könnten. Bilder, die sich den ersten eindringenden Forschern und Missionaren gezeigt haben müssen, aber heute unwirklich erscheinen. Die
dunklen Körper der Fetischmänner und Fetischfrauen sind mit
hellen Farben bemalt, die im leicht anhaltenden Regen ineinan-
derlaufen. Ein junger Mann mit wirrem Blick und filzigen Haaren
streckt mir seine Zunge entgegen. Vor meinen Augen demonstriert er seine Gewalt über seinen physischen Körper: Er durch-

sticht die Spitze der Zunge mit der Spitze eines Dolches. Sein gespenstisches Grinsen verfolgt mich noch lange.

Ich sehe Männer in tiefer Trance, leere Hüllen von unsichtbarer Hand gelenkt. Eines der Medien stürzt plötzlich auf ein am Boden hockendes Huhn. Es gackert laut auf und will davonflattern, doch ungerührt wird es von der zugreifenden Hand gepackt. Unter ekstatischen Zuckungen reißt der Mann seinen Mund weit auf, schiebt den Kopf des lebenden Huhnes zwischen seine kräftigen Zähne – und beißt zu. Wie aus einem Springbrunnen schießt das Blut aus dem zuckenden Federkörper. Es läuft über Gesicht und Oberkörper des Mannes, tropft auf sein umgeschlungenes Hüfttuch, bespritzt die ihn Umstehenden, die ihn wie gebannt anstarren. Ein kalter Schauer läuft mir über den Rücken, und meine Kopfschmerzen nehmen höllische Formen an. Ich will raus aus diesem Hexenkessel! Doch wir stecken fest inmitten Entfesselter und Hemmungsloser, die der Beschränktheit irdischer Formen entwichen sind und die aus anderen Energiebereichen Bewegung und Ausdruck geliehen bekommen. Ich sehne mich nach einem großen Bett und viel Ruhe.

Von Joseph habe ich die Adresse eines Missionars bei Akosombo erhalten. Father David soll eine Seele von Mensch sein, und das ist sicher nicht übertrieben. Doch im ersten Moment unserer Begegnung in der rotglühenden Abenddämmerung am Pfingstsonntag, als ich ihm so plötzlich gegenüberstehe, verwirren mich seine Willkommensworte: »Bist du der Heilige Geist? – Aber egal, wer du auch bist, ich habe dich erwartet und ein paar Flaschen Bier kaltgestellt.« Die Augen des Mannes, der schwarzes und weißes Blut in sich vereint, glänzen auffällig. Es ist schon eine Weile her, daß ich Bier überhaupt gesehen habe, und ich nehme den Willkommenstrunk gerne an. Allerdings bekommt es mir nicht. Ein neues Schütteln packt meinen Körper, und mit beiden Händen fasse ich nach meinem Kopf, der zu zerplatzen droht. Father David mag zwar ein klein wenig betrunken sein, aber seine einfühlende Beobachtungsgabe leidet nicht darunter. Augenblicklich läßt er mir von seinem Houseboy das Gästezimmer richten. Dann bringt er mir ein Fieberthermometer, das Geschenk eines österreichischen Ordens. Die Temperatur springt auf 39,9 Grad Celsius. Mir ist so elend zumute, und ich glaube, sterben zu müssen. Doch bevor es soweit kommt, ist ein Arzt an meinem Bett. Ein Freund von Father David.

Seine Diagnose: Malaria. Und das, obwohl ich regelmäßig die vorgeschriebene Prophylaxe eingenommen habe. Jede Woche zweimal 250 Milligramm Resochin. Vielleicht ist die Dosis zu gering gewesen, vielleicht war aber auch der Moskitostamm resistent dagegen. Wie auch immer, die afrikanischen Mücken spotten meiner Vorsichtsmaßnahme.

Der Arzt gibt mir eine hohe Dosis Malariapillen zu schlucken, die ich innerhalb einiger Tage langsam reduzieren soll. Drei Tage

Mit der »Akosombo Queen« nach Kete-Krachi

später geht es mir wieder gut genug, um mit dem Boot auf dem Voltasee in den Norden zu fahren.

An Bord der rostigen *Akosombo Queen* treffe ich Fred, einen jungen amerikanischen Studenten, ebenfalls mit Rucksack unterwegs. Ich setze mich zu ihm auf das luftige Dach. Der blonde 21-jährige Riese will bis Yeyi mitfahren und von dort auf der guten Straße weiter nach Tamale reisen. Begeisterungsfähig, wie er ist, brennt er darauf, »richtige« Abenteuer zu erleben. Die hofft er im Mole-Wildreservat zu finden, wo es noch viele wilde Tiere geben soll: Elefanten, Leoparden, Löwen, wilde Büffel, Krokodile, Wildschweine, Schakale, Wildhunde, Hyänen, unzählige Affen- und Vogelarten, viele Gazellen und Antilopen. Das hört sich aufregend an, aber soviel ich weiß, ist es in Afrika nur möglich, die Wildgebiete mit Fahrzeugen zu besuchen. In Asien habe ich öfter zu Fuß wildreiche Regionen durchlaufen. Es war absolut phantastisch, frei lebende Tiere in ihrer natürlichen Umgebung zu beobachten, aber es ist sicherlich kein atemberaubendes Erlebnis, dies aus einem geschlossenen Fahrzeug zu tun.

Fred weiß jedoch, daß man im Mole-Reservat die Wildnis zu Fuß erkunden kann, denn es gibt Schwierigkeiten mit der Benzinversorgung. Aus diesem Grunde können die Landrover kaum noch ins Gelände fahren. Somit wäre die Gelegenheit zu richtigen Abenteuern gegeben.

»Warum willst du ausgerechnet in Kete-Krachi aussteigen?« fragt mich Fred verwundert. »Da fährt doch kein normaler Mensch hin. Von dort aus gibt es nicht einmal eine richtige Straße. Du wirst Probleme haben mit dem Weiterkommen.«

»Na ja«, antworte ich, »ich bin eigentlich genauso auf der Suche nach dem ursprünglichen Afrika wie du. Während du es in der Wildnis finden willst, suche ich es auf abgelegenen Routen. Ich glaube nicht, daß ich große Schwierigkeiten haben werde, vorwärtszukommen. Auch wenn diese Region wenig befahren ist, gibt es doch Dörfer auf der Strecke. Und ich denke, wo es Dörfer gibt, gibt es Menschen. Und wo es Menschen gibt, finden sich immer Transporte irgendwelcher Art. Ich glaube auch nicht, daß ich mir Sorgen machen muß wegen der Verpflegung. Wo Menschen leben, gibt es auch irgend etwas zu essen. Jedenfalls bekomme ich auf abseits liegenden Wegen ein besseres Gefühl für ein Land als auf ausgebauten Straßen, auf denen zu schnell gefahren wird und nicht viel Zeit zum Schauen bleibt. Außerdem interessieren mich Yendi und seine Umgebung. Dort sollen die Dörfer noch nach traditioneller Weise gebaut werden.«

Ein junger Ghanaer spricht uns in fließendem Englisch an: »Entschuldigen Sie, daß ich Ihr Gespräch mitangehört habe, aber ich möchte Ihnen nicht raten, von Kete-Krachi aus nach Yendi zu reisen, denn in Bimbilla, das auf dem Weg liegt, gibt es zur Zeit heftige Stammesfehden.«

»Was ist denn da los?« fragt Fred neugierig.

»Die Konkumbas verlangen von den Nanumbas besseres und mehr Land. Der Vorteil der Nanumbas ist, daß der Regionalchef ein Nanumba ist. Dadurch fühlen sich die Konkumbas benachteiligt und fordern gerechtere Landaufteilung. Und beide Stämme bekämpfen sich auf recht kriegerische Weise. Sie zünden sich gegenseitig die Hütten und die Ernte an. Ich würde Ihnen wirklich abraten.«

Als Fred das hört, wittert seine Abenteurerseele ein aufregendes Erlebnis, das ganz nach seinem Geschmack sein dürfte. Sofort ist er nun bereit, mit mir in Kete-Krachi von Bord zu klettern. Ich selber habe mich selten von derartigen Warnungen abhalten lassen. Nicht um unbedingt das Gegenteil zu tun oder um zu beweisen, was ich nicht alles »schaffe«. Aber ich vertraue am liebsten auf mein eigenes Gespür. Erfahrungsgemäß hatte ich gerade dort die wertvollsten und schönsten Eindrücke gesammelt, wo ich eigentlich nicht hätte hingehen sollen, aus welchen Gründen auch immer mir abgeraten worden war. Und Hauptstraßen mit rasenden Autos erscheinen mir nicht ungefährlicher als Völkerfehden in Bimbilla.

Heftiges Gemurmel und Aufregung entsteht an Bord. Ein einheimischer Junge hat Marihuana geraucht. Darauf steht Gefängnis. Ein Polizist hält den Missetäter fest. Es wird geflüstert, das Boot müsse nun nach Akosombo zurückkehren. Doch der Kapitän ist anderer Meinung. Wir fahren auf eine kleine Bucht zu, und der Junge bekommt seine Freiheit. Genauer gesagt, der Polizist befördert ihn mit einem gezielten Tritt ins Hinterteil dorthin. Die aufgerissenen Augen des Jungen rollen in tausend Ängsten hin und her. Er läuft und stolpert über felsiges Geröll. Und er wird noch weit zu laufen haben, denn das Gebiet ist unbesiedelt.

Ich halte gerade einen Teller mit Reis und scharfer Chilisoße auf den Knien, als ein großes Holzboot angefahren kommt und neben der *Queen* anlegt. Die Passagiere aus dem Boot erstürmen im Nu den alten Dampfer. Es ist unglaublich, wie viele Menschen in dieser Holzbarke gesteckt haben. Die Akosombo Queen ist jetzt völlig überladen und kriegt gefährliche Schlagseite, je nachdem, wie sich die Menschenmasse vorwärts schiebt. Ich bekomme spitze Ellbogen, kräftige Knie und Fußspitzen in den Rücken gebohrt. Die Platzkämpfe halten bis in die Dämmerung hinein an.

Kurz nach Mitternacht erreichen wir Kete-Krachi, das behaupten wenigstens die Mitreisenden. Ich selber kann nichts anderes erkennen als die Dunkelheit rund um uns. Selbst die Sterne und der Mond haben sich hinter einen Wolkenteppich verzogen. Kein Licht, kein Zeichen einer nahen Ansiedlung. Nicht einmal ein Schimmer davon. Es ist beinahe unheimlich. Unter unserem Dach entsteht Bewegung, als würden Menschen das Boot verlassen. Ich frage mich nur, wohin sie gehen in dieser Finsternis. Ich höre dumpfes Fallen und das Anschlagen der Wellen. Fred findet raus, daß eine Barke die Aussteigenden aufnimmt.

Wir versuchen, uns einen Weg über die Schlafenden zu bahnen. Aber ich habe etwas dagegen, ständig jemandem auf den Bauch oder ins Gesicht zu steigen. So versuchen wir, vom Dach auf das Deck zu klettern. Fred ist bereits unten, und ich werfe das Gepäck nach. Dann komme ich dran. Ich hänge wie ein schwerer Sack in der Luft und kann nichts sehen. Ich spüre meine Arme länger und länger werden. Mein Gott, die Malaria steckt mir noch in den Knochen – und was tu ich? Ich übe mich in Akrobatik!

»So spring doch!« schreit Fred aus dem Nichts.

»Wohin?« ist meine sicher nicht sehr gescheite, ängstliche Frage.

»Spring, und ich fang dich auf!«

Ich lasse los und gehe beinahe mit Fred gemeinsam über Bord. Der Aufprall war härter als erwartet.

Man ruft uns zu, wir sollen uns beeilen, und wir tasten uns vorwärts, bis wir die große Barke silhouettenhaft unter uns schwanken sehen.

»Springt!«

Wieder geht Fred vor mir in die Tiefe. Ich werfe die Rucksäcke nach – worauf ich ein plätscherndes Geräusch vernehme.

»Ist das Gepäck im Boot?« frage ich besorgt.

»Alles in Ordnung!« schreit Fred mir zu. »Nur die Barke steht dreißig Zentimeter unter Wasser.«

Ich klettere über die Reling und versuche, den Rand und die Höhe der Barke in der Dunkelheit abzuschätzen. Unzählige Arme strecken sich mir helfend entgegen, trotzdem verstauche ich mir meine rechte große Zehe.

Das ganze Manöver kommt mir vor wie ein Spuk. Die Barke löst sich von der rostigen Seite der Queen. Sanft gleiten wir durch einen dunklen, unsichtbaren Raum. Ich höre Freds Stimme neben mir: »Das Reisen mit dir scheint ja recht abenteuerlich zu werden.«

Auch die Barke kann nicht direkt am Ufer anlegen. Die restlichen zehn Meter müssen wir zu Fuß durch das Wasser, Bilharziose hin oder her. Wir sind zum Umfallen müde. Es ist ein gutes Stück zu Fuß in das Städtchen, und da wir um diese Zeit kaum ein Zimmer finden würden, breiten wir am Sandstrand unsere Schlafsäcke aus. Eine frische Brise streicht über unsere Köpfe hinweg. Es ist einfach ein herrliches Gefühl, im Freien zu schlafen. Nach der Platznot auf dem Boot tut es gut, sich wieder nach Belieben strecken und dehnen zu können, die Müdigkeit und seinen Körper zu fühlen. Sternschnuppen fallen vom Himmel.

Ich erinnere mich wieder der Warnungen, nie unter freiem Himmel, nie an einem Strand in Afrika zu schlafen. Ich weiß, es ist ein Risiko, wir sollten wirklich vorsichtig sein. Aber jedesmal, wenn ich darüber nachdenken soll, bin ich so schrecklich müde. Und mir fallen die Augen zu, bevor noch ernstliche Bedenken kommen.

Ein Hahn kräht mir ins Ohr. Seine Hennen gackern hinter ihm her. Blökende Schafe ziehen an uns vorüber. Die Dämmerung geht in hellen Morgen über. Fischerleute kommen zum Strand. Und wir haben gedacht, die Einsamkeit für uns allein gepachtet zu haben!

Plötzlich kommen zwei Männer auf uns zugerannt, packen unsere Rucksäcke und rennen davon. Ich denke wütend: Was soll denn das! Da deuten die Männer hinter mir zum Himmel. Du liebe Zeit! Kohlschwarz kommt es auf uns zu. Tiefhängende Regenwolken haben uns schon fast erreicht. Ich rüttele Fred wach, der noch immer in seinem Schlafsack steckt. In fliegendem Tempo klauben wir die restlichen Sachen zusammen und eilen hinter den Leuten her, die unsere Rucksäcke bereits unter ein schützendes Dach gebracht haben. Ich schäme mich meines Argwohnes.

Einige Kinder nutzen den Regenschauer als lustige Morgendusche. Sie seifen ihre Körper ein und bürsten die Haut mit Kokosfasern ab. Dabei lachen sie quietschvergnügt und werfen sich gegenseitig Schaum ins Gesicht.

Wir erkundigen uns nach Transportmöglichkeiten in den Norden. Als Antwort erhalten wir nur bedauerndes Kopfschütteln. Nein, heute fahre niemand, weder nach Kpandai noch nach Yendi. Vielleicht morgen oder übermorgen. Vielleicht aber erst in einer Woche. Doch als optimistische Globetrotter setzen wir uns an den Fahrweg, der nach Yendi führt. Und wir haben tatsächlich Glück. Drei Stunden später hält ein sandfarbener Toyota-Landrover mit einem graubärtigen Italiener am Steuer. Er ist auf dem Weg nach Yendi. Ob wir mitwollen?

Father Emanuel lebt seit fünfzehn Jahren in dieser Gegend. Sein Wagen ist voll beladen mit Getreidesäcken für die Bevölkerung bei Bimbilla, die sich gegenseitig die Ernte zerstört. Er wird dort eine Weile zu tun haben. Die Sache sieht im Moment nicht sehr gut aus.

Der Weg durch die dürre Buschsavanne ist gespickt mit Schlaglöchern, und wir jagen in heiterem Slalom dahin. In Bimbilla will der Missionar mit Leuten sprechen, die mit der Verteilung von Feldprodukten zu tun haben. Er arbeitet an einem Projekt mit, das verhindern soll, daß die Erträge vom Schwarzmarkthandel aufgefressen werden. Diese Zeit nützen Fred und ich, um den Ort kennenzulernen. Wir begegnen nur ernsten, verschlossenen und auch finsteren Mienen. Jeder Mann läuft bis an die Zähne bewaffnet herum. Riesige Buschmesser stecken in den Gürteln, Pfeilköcher und Bogen hängen über den Schultern. Die Pfeilspitzen sind vergiftet. Einige Männer tragen alte Vorderlader. Frauen und Kinder sitzen freudlos in Gruppen zusammen. Kein lustiges Schwätzchen, kein Kichern. Hoffnungslosigkeit ist mit ihnen. War ich bis jetzt in Ghana an fröhliche Zurufe gewöhnt, folgt uns hier auf Schritt und Tritt Trübsinn und tödliches Schweigen.

Der italienische Pater nimmt uns auf eine Rundfahrt durch die umliegenden Dörfer von Bimbilla mit. Überall erblicken wir verkohlte Überreste von Hütten. Auch Fred starrt bedrückt auf Rauchschwaden und Zerstörung. Der Geschmack an kriegerischen Abenteuern scheint ihm vergangen zu sein. Kämpfe haben immer eines gemeinsam: trauriges Elend und Verzweiflung.

Wir helfen mit, Lebensmittel zu verteilen. Auf der Weiterfahrt nach Yendi ist keinem von uns nach Reden zumute. Jeder hängt seinen eigenen Gedanken nach. Mit den letzten Tropfen des Reservebenzins erreichen wir die Mission in Yendi, auf der Pater Emanuel mit vier anderen Missionaren stationiert ist. Die großen, grauen Steinhäuser sind voller Studenten und Flüchtlinge aus der Bimbilla-Gegend. Trotzdem finden sich noch zwei Schlafplätze für Fred und mich.

Im Unterschied zu anderen Missionsstationen fehlt hier der paradiesische, gepflegte Garten. Die Missionare haben keine Zeit dazu. Von früh am Morgen bis spät in die Nacht sind sie für hilfsbedürftige Menschen im Einsatz. Sie praktizieren Nächstenliebe im wahrsten Sinn des Wortes, ohne nach dem Glaubensbekenntnis zu fragen. Der größte Teil der Bevölkerung gehört dem Islam an, trotz der christlichen Mission. Und auch der Animismus liegt noch tief verwurzelt in der einheimischen Denkweise. Das Arbeitsfeld der Missionare ist riesig, und die angenommenen Aufgaben sind vielschichtig. Im Moment jedoch ist die Versorgung der Flüchtlinge, von denen viele obdachlos geworden sind, vorrangig.

Nachts habe ich wieder Fieber. Ich fühle mich jämmerlich, und es kostet mich große Mühe, meine Beine aus dem Bett zu kriegen, eine Kerze anzuzünden und nach den Malariapillen zu suchen. Danach krieche ich matt wie eine Eintagsfliege am Ende ihres kurzen Daseins zurück ins Bett. Da habe ich plötzlich Sehnsucht nach Österreich, nach seinen Bergen und der kühlen Luft. Am Morgen ist das Fieber weg, und die Schmerzen sind im Abklingen. So wird der Besuch in den österreichischen Bergen aufgeschoben.

Yendi ist ein zeitloses Städtchen, das sich eine gemächliche Lebensweise bewahrt hat. Die freundlichen Menschen kennen keine Hetze. Sie sind voll stiller Lebensfreude und haben nichts von dem Übermut und der Ausgelassenheit der Bevölkerung des fruchtbaren Südens. Das Leben hier im Norden fordert unvergleichlich mehr Kraft von seinen Bewohnern. Männer wie Frauen schreiten mit gemessenen Schritten, aufrecht, stolz und ungebeugt über sandige Wege.

Wo immer ich auftauche, sind Kinder an meiner Seite. Sie rufen mich »Father«, denn die einzigen ihnen vertrauten Weißen sind Missionare, die *fathers*. Sanft, doch bestimmt, greifen sie nach meinen Händen und lassen diese nicht mehr los, während sie mit ihren kurzen Beinchen neben mir Schritt zu halten versuchen. Sie drängen sich nicht, sie streiten nicht. In völliger Eintracht laufen sie nebeneinander her, überglücklich, wenn sie die

Hochzeitszeremonie in Yendi

Hand des »Fathers« halten dürfen. Dabei sehen mich ihre dunklen, großen Augen so innig an, daß ich am liebsten jedes einzelne der Kinder für immer behalten möchte.

Aus Cher-Nüssen läßt sich Fett zum Kochen wie auch zur Körperpflege gewinnen

Pater Alfredo, der jüngste der Missionare, läuft gerne in Jeans und karierter Sportkappe herum. Mit Leib und Seele kämpft er gegen jede Art von Not und Armut. Er nimmt Fred und mich auf seine täglichen Rundfahrten durch die umliegenden Dörfer mit. Mit einem alten VW-Kombi husten und rattern wir kreuz und quer durchs Gelände. In einige Ansiedlungen bringen wir Säcke mit Zement, in andere Säcke voll Humus, die wir vorher von einer landwirtschaftlichen Versuchsstation abgeholt haben.

Die Hütten der Dörfer einer Großfamilie sind in herkömmlicher Weise in Kreisform aneinandergereiht. Baumaterial ist die lehmhaltige Erde, die, mit etwas Wasser vermischt, in handgroßen Klumpen kreisförmig aneinandergedrückt wird. Die untere Schicht muß trocken sein, bevor mit der nächsten begonnen wird. Abgedeckt werden die Hütten mit geflochtenen, trockenen Grasbüscheln. Dazu wird das mannshohe Gras kurz vor den Buschbränden geschnitten. Für das Dach wird ein Gerüst aus starken Ästen aufgestellt, auf das die Grasbüschel übereinandergeschichtet werden. Innerhalb der Runddörfer sind um den kleinen Innenhof separate Frauen- und Männerunterkünfte angeordnet. In einigen Hütten sehe ich vom Dachgebälk getrocknete Mäuse hängen. Sie gelten als Glücksbringer.

Auf offenen Feuerstellen kochen in großen Töpfen dicke, grünliche Cher-Buttermassen. Die äußere Schale der Cher-Nüsse wird gegessen, die ölhaltigen Kerne aber werden getrocknet, zerkleinert und mit Wasser zu einem dicken Brei zerkocht. Das so gewonnene Fett ist in erster Linie Kochfett, doch es eignet sich auch vorzüglich zur Körperpflege. Es hält die Haut weich und geschmeidig – nur den Geruch muß man aushalten können.

In den Dörfern begrüßen wir zuerst den Stellvertreter des Chefs, dann den Chef selbst. Viele Fragen lassen sich mit »na« beantworten, das soviel bedeutet wie »gut« oder »fein«. Hängt man noch ein extra »a« an, das kräftig betont wird, entsteht ein freundlicher, singender Klang, der allgemein mit Wohlwollen und zufriedenem Kopfnicken aufgenommen wird. Als liebenswerte

Geste empfinde ich, daß nach dem abschiednehmenden Hände-
schütteln die rechte Hand auf das Herz gelegt wird.

Die Aufgaben der Frauen sind mit dem Haushalt und dem
Garten verbunden. Sie sammeln Feuerholz, holen Wasser und
verkaufen die Ernteerträge. Die Männer dagegen verrichten die
meiste Feldarbeit. In einem Dorf, das wir besuchen, ist der Chef
ein Moslem. Sein Stellvertreter ist Christ. Zwischen ihnen gibt es
keine Machtkämpfe. No problem.

In einem anderen Dorf werden wir von einem lustigen, alten
Chef begrüßt, der mir fortwährend zuzwinkert. Bei unserem Erscheinen muß ihm sofort sein Holzthron gebracht werden. Das
Festhalten an alten Sitten und ehrwürdigen Zeremonien steht im
krassen Kontrast zur erbarmungswürdigen Dürftigkeit, die über
den Dörfern wie eine dunkle Wolke lastet. Der Boden ist un-
fruchtbar, und die Felderträge sind mager. Sie reichen kaum aus,
um das Leben zu fristen, dabei könnte der Norden leicht Anteil
haben an der reichen Ernte des Südens. Doch die Warenvertei-
lung wird durch Straßenblockaden, an denen Polizisten von den
Händlern unverschämte Beteiligung an deren Gewinn fordern,
behindert oder zunichte gemacht. Denn diese abschreckenden
Machtdemonstrationen haben zur Folge, daß die Versorgungsfahrten täglich unrentabler werden und immer weniger Händler
Lust verspüren, diese fortzusetzen.

Dazu kommt noch, daß das Wasser von unzähligen Parasiten
verseucht und Lepra die Geißel der Region ist. Doch Tradition,
Moral und persönliche Würde sind es, die dem Leben der Leute
Halt, Festigkeit und Form geben. Darin finden sie Sicherheit und
unbeirrbaren Glauben an ihr Dasein.

Das Lepradorf, das von Pater Alfredo betreut wird, beherbergt
zur Zeit etwa dreißig Leprakranke. Von ihren Familien und ihren
Dörfern ausgestoßen, ziehen die Aussätzigen, obdachlos geworden, durch die Gegend, überall aufs neue vertrieben. Nur wenige,
die von diesem furchtbaren Aussatz befallen sind, wissen von der
Lepra-Station, auf der die Kranken ein Dach über dem Kopf,
Nahrung und fachgerechte Behandlung finden. Lepra-Kranke,

von niemandem geliebt, für immer gezeichnet, werden oft von schweren Depressionen heimgesucht. Ein Leuchten geht über das Antlitz der Kranken, als Pater Alfredo sie besucht. Sie verehren diesen jungen, schlaksigen Mann mit seiner frechen Kappe auf dem Kopf. Besonders kümmert er sich um ihr niedergeschlagenes Gemüt. Einmal wöchentlich veranstaltet er auf ihrer Station einen geselligen Gemeinschaftsabend. Er spielt Gitarre und fordert die Kranken zum Singen und Tanzen auf. Und es gelingt ihm, die Menschen, die das Schweigen gelernt haben, nicht nur wieder zum Reden, sondern auch zum Lachen zu bringen.

Eine Engländerin mittleren Alters kommt zu Besuch auf die Mission. Kathy ist für hiesige Verhältnisse ungewöhnlich elegant gekleidet. Auf den ersten Blick könnte man glauben, daß sie ihre Nachmittage ausschließlich bei Kuchen und Tee verbringt. Doch was sie wirklich leistet, erfahre ich aus ihren bescheidenen Worten. Sie ist Orthopädin, die mit Polio-Geschädigten und Lepra-Invaliden arbeitet. Deren verstümmelte Füße benötigen passendes Schuhwerk, das in Spezialanfertigung hergestellt werden muß.

Ich habe wirklich Mühe, mir diese hübsche Frau mit einem Haarschnitt, als wäre sie gerade vom Friseursalon gekommen, und in ihrem modischen Sommerkleid bei der Arbeit mit Geächteten und Verzweifelten vorzustellen. Doch ich glaube zu ahnen, was hinter der korrekten, gepflegten Aufmachung steckt: eine selbstauferlegte Disziplin, um selber stark zu bleiben, ein Selbstschutz, um nicht von Leid, Elend und Trostlosigkeit mitgerissen zu werden.

Kathy erzählt mir, daß es in Ghana keinen Impfschutz gegen Polio gibt. Ein Hindernis ist die Hitze, in der sich das Serum nicht hält. Und Kühlmöglichkeiten sind selten. Es gab einmal ein kanadisches Team auf Rädern, das mit dem Wagen die Dörfer besuchte, um deren Bewohnern die Möglichkeit einer Schutzimpfung zu geben. Aber das war eine Einzelaktion. Bemühungen dieser Art gibt es schon lange keine mehr. Die Sorgen gehen andere Wege. Der nackte Existenzkampf steht jetzt im Mittelpunkt, der ebenso die medizinische Versorgung in seinen Sog zieht.

Kathy berichtet von ihren haarsträubenden Erfahrungen mit einheimischen Ärzten und Krankenschwestern und daß diese Berufe immer seltener der Nächstenliebe und Barmherzigkeit gewidmet sind. Daß persönliche Vorteile in den heutigen Krisenzeiten schamlos, oft sogar auf kriminelle Weise ausgenützt werden.

In Ghana wird es zur Gewohnheit, daß nur noch den Kranken geholfen wird, die dafür bezahlen können und die nicht nur den offiziellen Krankenhauskosten, sondern auch unter der Hand den Forderungen der Ärzte und des Pflegepersonals nachkommen. Können die Angehörigen die verlangte Summe nicht aufbringen, werden die Patienten rücksichtslos zur Seite geschoben, und Ärzte verweigern sogar immer öfter lebensrettende Operationen. Gespendete Medikamente ausländischer Organisationen werden für horrende Beträge an die Patienten verkauft. Die setzen sich dann, da sie vorbehaltlos westliche Medizin und chemische Produkte konsumieren, mitunter Gefahren aus, deren Ausmaße noch gar nicht abzuschätzen sind. Medikamente werden wie Zuckerwürfel geschluckt und Einnahmevorschriften auf gefährliche Weise nicht eingehalten.

Als beliebtes Vertilgungsmittel gegen Ungeziefer gilt DDT, das bei uns wegen seiner schädlichen Nebenwirkungen schon längst verboten ist. Selbst verlauste Köpfe werden damit eingepudert. Wenig Beachtung finden auch die Ablaufdaten oder die gewährleistete Wirkungsdauer der Medikamente, wobei Pharmazie-Vertreter in Entwicklungsländern oft alte Präparate, die im Westen nicht mehr abzusetzen wären, ohne Skrupel verkaufen.

Kathy weiß auch, daß früher die Heilkunst in Afrika mehr in den Händen der Frauen gelegen hat, denn ihnen wurde eine größere Macht im Bereich der Magie zugeschrieben, und das Umgehen mit magischen Kräften ist in der traditionellen Medizin ein wichtiges Element. Mich interessiert, ob noch viele Einheimische zu den traditionellen Heilkundigen gehen oder ob sie nicht bereits lieber der modernen Medizin vertrauen. Kathy meint, daß es einmal eine Zeit gegeben habe, in der die Leute kritiklos zur

Wasser ist im regenarmen Norden das kostbarste Gut

Medizin des weißen Mannes übergelaufen seien. Doch inzwischen greifen sie wieder in großem Maße auf ihre herkömmliche Heilkunst zurück. Das liegt daran, daß die modernen Ärzte selten Lust verspüren, sich mit ihrem gehobenen Image, das ihren Beruf umgibt, in primitive, rückständige Buschdörfer zurückzuziehen, und außerdem konzentrieren sich die Spitäler vorwiegend auf die Stadtgebiete und sind für die Landbevölkerung oft unerreichbar. Und selbst diejenigen, die nahe genug an den Krankenhäusern wohnen, fühlen sich nicht besonders wohl in ihrer Haut, wenn sie mehrere Tage oder gar Wochen dort stationiert werden. Die Menschen aus den Dörfern, die mit ihrer kleinen Umwelt tief verwurzelt sind, vermissen bald ihre Familien und ihre vertraute Umgebung und leiden stark unter der Trennung. Auch erkannten sie bald, daß die westlichen Heilmethoden nicht nur menschliche Lebenswerte zuwenig berücksichtigen, sondern daß dabei vor allem ihre innere Einstellung zum Kranksein, der Fingerzeig einer seelischen Ursache, unbeachtet bleibt.

Afrikaner sind der Meinung, daß eine Krankheit sie nur dann heimzusuchen vermag, wenn die Harmonie innerhalb des zirkulierenden Kreislaufes zwischen Körper, Geist und Seele gestört ist oder wenn eine dunkle Macht sich in diesen Kreislauf eingeschaltet hat. Die kann aber nur dann erfolgreich nach seinem Opfer greifen, wenn wie bei der Sagengestalt Siegfried eine verwundbare Stelle vorhanden ist. Um diese ausfindig zu machen, wurde nach herkömmlicher Weise ein Naturheiler zu Rate gezogen, der meist gleichzeitig der Vertraute, der Arzt und Psychologe der Gemeinschaft war. Dieser wurde jedoch von den Kolonialisten und Missionaren zum Betrüger, zum Feind der Bevölkerung und deren Gesundheit, zum Antichristen gestempelt. Erst jetzt lernt der Westen, die afrikanische Heilkunst mit anderen Augen zu sehen. Vor allem Psychiater und Psychotherapeuten interessieren sich plötzlich recht intensiv für die alten afrikanischen Heilverfahren, in denen sie wichtige Elemente der Gruppendynamik und psychosomatischer Behandlungstheorien wiedererkennen.

Wildnis – hautnah

In Tamale, einer größeren Stadt westlich von Yendi, kaufen Fred und ich Vorräte ein. Reis, Margarine, Fischkonserven, Erdnüsse, Kaffee, auch Kerzen, Zündhölzer und Batterien für die Taschenlampe. Wir wollen weiter nach Damango, dem Ausgangsort zum Mole-Nationalpark. Seit drei Tagen warten wir auf eine Mitfahrgelegenheit. Endlich taucht ein Lastwagen auf, der ausreichend mit Benzin versorgt ist und uns zusammen mit anderen wartenden Passagieren nach Damango mitnimmt. Die Fahrbahn ist voller Unebenheiten. Jede Bodenwelle stößt uns erbarmungslos in den Rücken, und manchmal fliegt mein Körper hoch wie ein Tennisball. Doch bald finde ich heraus, wie ich den Stößen am besten begegnen kann. Ich muß nur ganz locker bleiben und die harten Schläge mit Knien und Zehenspitzen abfedern. Die mitreisenden Hühner und Ziegen haben es schwerer, weil sie angebunden sind und daher kräftig durchgerüttelt werden. Kein Wunder, daß sie so griesgrämig dreinschauen!

Im Hauptcamp der Mole-Parkverwaltung suchen wir den Parkmanager auf und bitten um Erlaubnis, zu Fuß das Wildreservat zu erkunden. »Es tut mir leid, daß ich Ihnen keinen Landrover zur Verfügung stellen kann, aber im Augenblick haben wir nicht genügend Benzin. Unsere Vorräte reichen kaum für wichtige Versorgungsfahrten.« Mit prüfenden Blicken sieht uns der Manager an. »Ich hoffe, Sie wissen, welches Risiko und welche Strapazen Sie auf sich nehmen.« Nun wirft er einen besonders skeptischen Blick auf mich. Weil ich eine Frau bin?

Gerne hätte ich ihm von meinen aufregenden Expeditionen und Abenteuern in Asien erzählt. Von Fußmärschen durch die Mangrovensümpfe in den Sundarbans von Bangladesch, menschenfressenden Tigern auf der Fährte. Oder wie ich auf Bauch und Knien durch dichtes Dschungelgestrüpp in Ujung-Kulon gekrochen bin, um die letzten weißen Nashörner Javas aufzuspüren. Aber ich lasse es lieber bleiben. Meine einzigen Bedenken betreffen die Wasserversorgung. Doch, es gibt eine Quelle, erfahren wir, ungefähr dreißig Kilometer vom Hauptcamp entfernt.

Kurz vor Sonnenaufgang brechen wir auf. Zwei einheimische Wildhüter begleiten uns – das ist Bedingung. Einer ist mit einer riesigen Machete, der andere mit einem vorsintflutlichen Gewehr bewaffnet. Allerdings sehe ich in einer Waffe nur eine Scheinsicherheit, da man sich durch das »Sicherfühlen« zu nahe an wilde Tiere heranwagt, man nicht mehr im selben Maße ihren Lebensraum respektiert, als wäre man unbewaffnet, und dadurch die Tiere eher zum Angriff herausfordert.

Anfangs begegnen wir auf unserem Weg Antilopen, Affen und Wildschweinen, dann, mit zunehmender Marschzeit, kreuzen wir auch die Pfade von Elefanten und wilden Büffeln, und bald entdecken wir Spuren von Löwen und Leoparden.

Die unbarmherzigen Strahlen der Sonne machen uns durstig, und ich bin froh, auf mehr Wasservorrat bestanden zu haben, als Fred es für nötig gehalten hatte. Tsetsefliegen mit ihren langen, schlanken, graubraunen Körpern umkreisen uns. Meist unbemerkt lassen sie sich auf uns nieder, falten niedlich ihre zarten Flügel übereinander, als wollten sie sich nur ein wenig von einem langen Flug ausrasten. Doch es sind aggressive Biester, deren Stiche sich wie brennende Nadeln durch die Haut bohren. Auch die dünnen Kleiderstoffe können die gemeinen Attacken nicht abwehren.

Trotzdem lassen wir uns die Freude an unserem Abenteuer nicht rauben. Wie herrlich ist es, die Luft der Wildnis zu atmen! Die faszinierende Atmosphäre der friedlichen, ruhevollen Einsamkeit und der gleichzeitigen prickelnden Spannung ist nicht leicht zu beschreiben. Doch sie packt einen hautnah und läßt nicht mehr los. Die übergroße Lebenslust, die mich erfaßt, schenkt mir schier unerschöpfliche Kraftreserven, denn erst nach sehr heißen zweiunddreißig Kilometern erreichen wir unseren Lagerplatz. Wir schlagen das Zelt auf, das wir geliehen bekamen, und unsere ghanaischen Begleiter ziehen sich in ihre Hütten zurück, die etwa dreihundert Meter entfernt stehen. In diesem trockenen Klima verlangt der Körper Unmengen von Flüssigkeit, doch als ein Wildhüter den ersten Eimer des angekündigten »Quellwassers« bringt, erschrecke ich wirklich. Entsetzt starre ich auf die dunkle, schmutzige Brühe. Unzählige kleine Lebewesen, Würmer, Larven, Schnecken, Fliegen tummeln sich darin. Ich versuche, aufsteigende Tränen zu unterdrücken, und verlange mit etwas wackeliger Stimme, die Quelle zu sehen. Der Mann bringt mich zu einer Tränkstelle für durstiges Wild – ein Tümpel, in dem Krokodile hausen!

»Ist das der einzige Wasserplatz?«

Der Mann im zerschlissenen Buschhemd, sein altes Gewehr wie ein Kind im Arm haltend, nickt zu meiner Frage. »Yes, Missis.«

»Stell dich doch nicht so an,« meint Fred, »das ist doch kein Grund zur Aufregung. Wir sind nun einmal mitten in der Wildnis und müssen uns eben den Verhältnissen anpassen.«

Seine Naivität ärgert mich, und ich antworte wieder mit kräftiger Stimme: »Ja, fürs Anpassen bin ich auch. Aber das Wasser wird sich an mich anpassen! Wir werden diese Brühe durch ein Stück Stoff durchfiltern und anschließend mindestens eine halbe Stunde lang abkochen.«

Fred grinst zu meinen Worten und ist überzeugt, daß ich mit meinen Bedenken übertreibe. »Wenn es sein muß, würde ich direkt aus dem Loch trinken.«

Da erzähle ich auch ihm die Geschichte mit den Medinawürmern, und von einer Minute auf die andere wird Fred zahm und still. Im Camp bringt er mir sofort ein Baumwollhemd, durch dessen Stoff wir erst einmal den ärgsten Dreck ausfiltern. Gleich darauf geht er Brennholz sammeln und kümmert sich mit großem Eifer um ein Feuer. Trotzdem verändert sich die Farbe des Wassers natürlich nicht. So gewöhnen wir uns an, die dampfende Flüssigkeit augenblicklich in Kaffee oder Tee zu verwandeln, um ohne Ekel trinken zu können.

Unsere täglichen Erkundungsausflüge führen uns durch mannshohes Gras oder dichtes Unterholz. Weiße und schwarze Colo-

busaffen turnen über uns im Geäst, und Paviane treiben an allen
Ecken ihren Schabernack. Antilopen, die keine Gefahr wittern,
gewähren uns nahes Herankommen. Seelenruhig äsen sie auf
freundlichen Lichtungen. An den späten Nachmittagen ist der
Busch vom goldenen Hauch der Sonne überzogen. Wir fühlen
uns so reich und erfüllt durch die Berührung mit einer Natur, die
wie durch ein Wunder noch ungestört geblieben ist. In diesen Tagen pumpen wir uns voll mit neuen Eindrücken, die unsere Seelen nähren und stärken. Technische Entwicklung und all das, was
man bei uns Fortschritt nennt, ist unendlich weit entrückt. Wir
wandern über strahlende Märchenwiesen und durch verzauberte
Wälder. Sind wir Träumer? Oder sind wir der Realität näher als
die Leute, die behaupten, Realisten zu sein?

Daß Märchen auch bedrohliche Seiten haben, erfahre ich durch
eine Herde aufgeschreckter, wilder Büffel, die mich in eine nicht
ungefährliche Situation bringt: Wir durchqueren ein breites,
trockenes Flußbett und müssen auf der anderen Seite eine Gruppe
eng stehender Bäume umgehen. Die Zweige hängen tief bis zum
Boden herab und verwehren uns den Einblick hinter die Blätter-
vorhänge. Als eine Tsetsefliege unvermittelt ihren Stachel hinterhäl-
tig in meinen Hals bohrt, stoße ich einen kleinen Schrei aus. Da
entsteht plötzlich heftige Bewegung im Buschwerk. Noch während
sich die Zweige auseinanderschieben, folge ich blitzschnell meinem
Instinkt, und mit einem heftigen Satz springe ich hinter einen
dicken Baum – keine Sekunde zu früh! Eng presse ich meinen
Körper an die rauhe Rinde des breiten Stammes, während fünfzig
bis sechzig aufgescheuchte Büffel an mir vorüberdonnern und
aufgestampfte Erdbrocken auf mich niederhageln. Die in der dichten Baumgruppe ruhende Herde war durch meinen Ausruf in wilde Panik versetzt worden. Blind vor Schreck jagt nun ein Büffel
dem anderen nach, eine riesige Staubwolke nach sich ziehend.
Nichts vermag sie in ihrer rasenden Flucht aufzuhalten.

Weil ich einige seltsame Käfer beobachtet hatte, war ich unbemerkt hinter Fred und den Wildhütern zurückgeblieben. Die drei
sind gut vierhundert Meter entfernt und außerhalb der Gefahren-

zone. Doch die schlagenden Hufe, das Beben der Erde in weitem Umkreis jagen Fred einen gewaltigen Schreck ein. Ohne Rücksicht auf die Gefahr kommt er auf mich zugerannt. In ihm steckt also nicht nur Abenteuerdrang, sondern auch ein mutiges Herz. Das läßt mich nicht ohne Rührung. Allerdings bringt uns kurze Zeit darauf sein Eigensinn in eine bedrohliche Situation.

Die Begegnung mit freilebenden Elefanten inmitten ihres ursprünglichen Elementes ist ein überwältigendes Erlebnis. Dieses vor Kraft strotzende Vermächtnis urweltlicher Zeiten läßt nur ahnen, was einmal Natur gewesen sein muß. Stehe ich ihrer mächtigen Erscheinung ganz nahe gegenüber, begreife ich, daß die Vergangenheit nicht erloschen ist. Sie lebt, ist mit der Gegenwart vereint – wie die Ahnen der Afrikaner, so auch die Ahnen dieser Kolosse.

Wir kreuzen den Weg eines alten, riesigen Elefantenbullen mit langen, leicht geschwungenen Stoßzähnen, ein wahrhaft stattliches Exemplar von einem Elefanten. Ich kann Freds Wunsch verstehen, dieses herrliche Bild mit seiner Kamera einzufangen und festzuhalten. Zwischen Zweigen hindurch können wir ihn gut beobachten, jedoch auf dem Foto würden diese den Vordergrund beherrschen. Deshalb pirscht Fred näher an den Bullen heran, um einen günstigeren Blickwinkel zu bekommen.

Da unterbricht der graue Riese seine hingebungsvolle Blätterfresserei und richtet argwöhnisch seinen Blick auf den Eindringling, der den Respektabstand nicht wahrt. Es ist sein erster Hinweis, daß er sich in seinem Frieden gestört fühlt. »Sei nicht leichtsinnig, komm zurück!« rufe ich Fred leise zu.

»Hör zu, das ist meine Sache – und mein Risiko! Kümmere dich nicht um mich wie um ein Baby!« ist Freds schnippische Antwort.

Zwar mache ich mir Sorgen um diesen Verrückten, aber ich werde mich hüten, dies auch nur mit einem Wort zu erwähnen. Große Bedenken habe ich aber auch um das Leben dieses außergewöhnlich schönen und stolzen Tieres. Ich habe Angst, daß es durch unsere Neugierde in sinnlose Gefahr gebracht wird.

Ich schiebe mich dicht hinter Fred durch die Äste und zische ihm ins Ohr: »Wenn du mit deinem Starrsinn dein Leben riskieren willst, dann tu es! Es ist wirklich deine Sache. Aber es geht nicht nur um dich, wir anderen sind genauso in Gefahr. Und denk doch an den Elefanten, der ist am meisten gefährdet! Sobald der Bulle dich oder einen von uns ernstlich bedroht, muß der Mann mit der Flinte auf den Bullen schießen.«

Freds Finger halten die Kamera fest umklammert. Dabei läßt er keinen Blick von dem Elefanten, der etwa zehn Meter vor uns wie eine graue Mauer aufragt.

»Mit dem alten Gewehr kann doch niemand einen Elefanten umbringen.«

»Schon möglich, aber verwunden wird er ihn. Und das wäre noch schlimmer. Für alle Beteiligten. Und wozu? Für ein ehrgeiziges Foto! Um zu Hause damit vor deinen Freunden anzugeben! Und du behauptest, daß du Tiere ehrlich magst.« Ich bin wütend und traurig zugleich.

Der Bulle beginnt, die Geduld zu verlieren. Seine Starrheit löst sich, und er wird von sichtbarer Unruhe erfaßt. Es sieht aus, als wolle er einen Anlauf nehmen, um die taktlosen Wesen, die ihm so nahe auf seine Dickhaut rücken, über den Haufen zu rennen. Seine Ohren blähen sich zu voller Spannweite auf, dann läuft ein heftiger Ruck durch den schweren Körper, und die Muskeln straffen sich.

Ich habe Angst. Als das graue Urtier seinen ersten Schritt auf uns zu macht, denke ich: Jetzt passiert es! Doch dann überlegt es sich der Bulle noch einmal und hält ein. Eigentlich will er uns nichts Böses antun, er will nur seine Ruhe haben. Erneut nimmt er eine warnende Haltung ein. Eine stille Aufforderung, uns zu distanzieren. Jetzt würde er eine phantastische Aufnahme abgeben, doch da läßt Fred die Kamera sinken und weicht Schritt für Schritt zurück.

Als wir wieder den beiden Wildhütern, die emotionslos die Reaktion des Elefanten beobachtet haben, nachmarschieren, gesteht Fred mit großem Ernst in der Stimme:

Elefanten in freier Wildbahn zu begegnen ist immer ein überwältigendes Erlebnis

»Ich habe das nicht bedacht. Ich meine, daß ich den Elefanten in größere Gefahr hätte bringen können als mich selbst. Ich habe mich selbst zu wichtig genommen. Es tut mir leid, daß ich die Sache nicht gleich so gesehen habe.« Kein weiteres Wort fällt mehr zwischen uns über diesen Vorfall.

Unser letzter Abend im Busch. Mit überkreuzten Beinen sitzen wir vor dem Feuer und warten, daß der Reis gar wird. Zwischendurch schauen wir hinauf zur runden Vollmondscheibe. Tausende von Geräuschen sind um uns. Ein undefinierbares Singen, Zirpen, Kreischen und Johlen tönt uns aus der Nacht entgegen. Dann hören wir das Trompeten eines nahen Elefanten und das alberne Gelächter einer Hyäne. Nach dem Essen freuen wir uns auf einen heißen Kaffee. Doch erst muß das Krokodilwasser wieder eine gute halbe Stunde kochen. Endlich ist es soweit. Voller Vorgenuß rühre ich ein paar Löffel der groben, dunklen Körner, die zumindest nach Kaffee riechen, in das sprudelnde Wasser. Fred nimmt den dampfenden Topf vom Feuer und stellt ihn auf unseren Tisch, den wir aus Ästen aufgebaut haben. Plötzlich ein fürchterlicher Krach! Der Tisch ist unter der Last des Topfes zusammengebrochen. Schuld haben Termiten, die eines der Tischbeine angefressen haben. Uns kommen beinahe die Tränen, als wir unseren Kaffee dahinschwimmen sehen. Der nächste Kaffee wird seine Zeit dauern, wie so vieles in Afrika.

Grelle Blitze flammen auf und zeichnen gespenstische Netze auf den zunehmend bewölkten Himmel. In der Luft herrscht keine Bewegung, und im Dickicht ist es unheimlich ruhig. Nicht einmal die Paviane streiten sich.

Kurz nach Mitternacht werde ich von einem tiefen Knurren aus dem Schlaf gerissen. Rund um unser Zelt schleicht etwas durchs Gestrüpp. Fred fährt aus seinem Schlafsack hoch.

»That's a cat!« stellt er fest, noch bevor er ganz wach ist. »Und keine kleine«, bestätige ich seinen Verdacht.

»Glaubst du, daß wir im Zelt sicher sind?«

»Ich weiß nicht.« Ich fühle mich jedenfalls nicht kompetent, eine beruhigende Antwort zu geben.

Die verdächtigen Geräusche verstummen. Doch wir spüren es, wir werden belagert. Wir halten es im engen Zelt nicht mehr aus, denn hier kommen wir uns vor wie Blinde, die sehen wollen. Wir hoffen, daß ein Feuer uns die Riesenkatze vom Leibe halten wird. Die gewiß noch nicht abgestorbene Feuerstelle müßte schnell wieder ins flackernde Leben zu rufen sein.

Wir zünden die Petroleumlampe an, dann öffnen wir vorsichtig den Reißverschluß der vorderen Zeltwand. Dabei schlagen unsere Herzen immer schneller. – Nichts passiert. Beide greifen wir nach einem der Äste, die zuvor als Tischbeine gedient haben. Angespannt lauschen wir nach allen Seiten. Wir halten die Lampe höher. Doch alles, was wir ausmachen können, sind Silhouetten von Gräsern und Büschen. Aber da sehen wir noch etwas anderes. Die beiden leuchtenden Punkte dort drüben sind die Reflexion eines Augenpaares.

Nun, da wir die Position des Löwen kennen, ist uns wesentlich leichter zumute. Jetzt wagen wir es, hinüber zu dem nahen Feuerplatz zu gehen. Fred legt Zweige und Äste in die noch glosende Glut. Bald lodert ein helles Feuer auf, das hoffentlich den Löwen und dessen Neugierde auf uns im Zaume halten wird. Wir setzen uns so, daß wir das Zelt als Schutz im Rücken haben und das Feuer vor uns einen weiten Lichtkegel wirft. So warten wir ab. Und so wartet der Löwe ab.

Erst zwei Stunden später ändert sich die Szene. Die dunklen Wolken fließen auseinander, und der Vollmond drängt erneut mit seinen silbrigen Strahlen hervor. Nun entsteht Unruhe und Bewegung im hohen Gras, denn die Raubkatze erkennt die Gefahr, der sie sich mit zunehmender Helligkeit aussetzt. In der nun wolkenlosen Vollmondnacht hebt sich plötzlich ein großer Katzenkopf aus der Gräserwand, und für ein paar kurze Sekunden taucht wie ein schwarzer Schatten ein kräftiger Rücken auf, der sich gleich darauf im dunklen Gebüsch verliert. Die leisen, knackenden Geräusche entfernen sich immer weiter von unserem Lager. Noch lange konzentrieren wir uns auf jeden kleinsten Laut, der aus der Dunkelheit zu uns dringt. Dann ein Schrei, der uns durch Mark und Bein geht. Der Löwe hat sein Opfer gefunden. Es ist drei Uhr morgens. Wir löschen das Feuer und kriechen zurück in unsere Schlafsäcke, wo uns sofort die Müdigkeit mit bleierner Schwere überfällt.

Doch im allerersten Morgengrauen werden wir schon wieder von schwatzenden Stimmen geweckt. Es hört sich an wie auf dem Jahrmarkt. Nur leben hier keine Menschen, die diesen Lärm verursachen könnten. Die einzigen Leute außer uns sind die beiden Wildhüter. Und diese wollten uns erst gegen acht Uhr für den Rückweg abholen. Wir treten vor das Zelt. Weit und breit nichts zu sehen. Doch bald erraten wir, wer diesen ohrenbetäubenden Spektakel veranstaltet. Es sind Hyänen, die sich den Rest der Beute holen.

In der Abenddämmerung nähern wir uns dem Hauptcamp. Die Sonne neigt sich der Erde entgegen. Ein Teppich aus glühendem Purpur breitet sich über den Busch und fließt in endlose Breite. Ich habe das Gefühl, die letzten Meter durch ein blutrotes Bad zu schwimmen. Trotz des langen, anstrengenden Marsches, der hinter uns liegt, spüre ich keine Müdigkeit. Doch meine Gedanken sind durchtränkt von den Erlebnissen der letzten fünf Tage, Erlebnisse, die tief unter die Haut gedrungen sind, die mich in den Zyklus und Rhythmus der Natur mit eingeflochten haben.

Durch Togo, Benin und Nigeria nach Kamerun

Wir kehren zurück nach Accra. Ich habe das Verlangen nach einem friedlichen Sonnenbad und fahre mit dem Bus zum Strand hinaus. Doch von der ersehnten Ruhe keine Spur. Die Mittelschicht der Stadt ist an diesem Sonntag mit Picknickkörben und plärrenden Kofferradios in Scharen unterwegs. Schwarze Mädchen präsentieren sich in bunten Bikinis. Behäbige Männer sitzen unter großen Sonnenschirmen und studieren die Tageszeitung. Dicke Mammis essen Berge von Pommes frites und Hot dogs. Junges Volk diskutiert lautstark die neuesten Hits und Popstars. Kinder wünschen sich Coca-Cola oder Fanta. Und auch der Eismann macht sein Geschäft. Jung und alt stellt sich in Pose und knipst sich gegenseitig.

Wohin ich auch blicke, bemerke ich das übernommene Gehabe der Weißen, nur wird es hier schauspielernd übertrieben. Ich denke an die Orangendörfer, an Nana, an Dokyi und an die vielen anderen, die mich mit ihrer Natürlichkeit glücklich gemacht haben.

Fred ist in seiner temperamentvollen, ehrlichen Art ein unterhaltsamer und auch liebenswerter Wegbegleiter, und so ist es mir recht, daß er noch ein Stück mit mir zusammen reisen will. Mit etwas unguten Gefühlen fahren wir an die Grenze nach Togo, denn wir haben beide unsere Visa überzogen. Der Aufenthalt in der Wildnis erschien uns wichtiger, als uns an strikte Formalitäten zu halten.

Der Beamte, der zuerst meinen Paß durchblättert, hält kurz die Luft an. Ja, ja, ich weiß schon, ich war zehn Tage illegal im Lande. Ich erzähle von einer fiebrigen Krankheit, die mich ans Bett gefesselt hat. Die Miene des Mannes bleibt ungerührt.

»Wo ist die Bestätigung des Arztes, der Sie behandelt hat?«

»In dieser Gegend gab es keinen Arzt – ich war mitten im Busch. An einem ganz abgelegenen Ort.«

Der Beamte schielt mich mißtrauisch an. Dann entdeckt er Freds abgelaufenes Visum. Ob auch ihn ein heimtückisches Fieber befallen habe? Er nimmt uns die Pässe weg. Und wir sehen uns bereits hinter Schloß und Riegel schmoren.

»Wo sind Ihre Rapporte von der Polizei?« fragt ein anderer Beamter.

Wir wissen, daß wir uns bei der Polizei hätten melden müssen und daß wir in den Augen der streng denkenden Bürokraten in Uniform ein ganz fürchterliches Vergehen begangen haben. Wir versuchen, unser Problem so klein wie möglich zu machen.

»Es handelt sich doch bloß um ein paar Tage. Aber es hat uns in Ghana so unwahrscheinlich gut gefallen. Es ist ein so schönes Land, und seine Menschen sind wirklich reizend.«

Mit vorgeschobenen Lippen und einem Blick, der weder Humor noch Einsicht zeigt, werden wir angefunkelt, als hätten wir eine Revolution angezettelt. Wir werden in einen kleinen, kahlen Raum geführt und dort allein gelassen.

Zwei Stunden brüten wir vor uns hin, bevor ein dritter Beamter sich uns Sündern annimmt. Während er uns freundlich die Pässe aushändigt, meint er: »Es freut mich zu hören, daß Ihnen unser Land so gut gefallen hat. Aber sollten Sie es noch einmal besuchen, denken Sie bitte daran, sich um ein gültiges Ausreisedokument zu kümmern.«

Lomé hat zwei Gesichter. Das neuzeitliche mit seinen modernen Bankgebäuden, Hotels und Souvenirständen für Touristen und jenes, das seinen afrikanischen, dörflichen Charakter bewahrt hat. Dort stehen noch alte Häuser und Hütten in engen Lehmstraßen, die jetzt in der uns einholenden Regenzeit oft überflutet sind. Im Vergleich zu Accra ist Togos Hauptstadt ruhig und erholsam. Und wir können wieder Vorräte einkaufen, die in Ghana nicht zu bekommen waren.

Der breite Sandstrand ist von hohen Palmen umsäumt. Einige Kilometer außerhalb der Stadt finden wir Unterkunft bei Fischerleuten. Wann immer wir Lust verspüren, nehmen sie uns in ihren

Booten mit hinaus aufs Meer. Manchmal ist der Fang reich, manchmal sehr mager. Aber wie immer er auch ausfällt, die Männer bewahren ihren Gleichmut. Sie akzeptieren die Gunst des Meeresgottes genauso wie seine Ungnade. Nichts vermag die alten Fischer aus dem Gleichgewicht zu werfen. Auch der Sturm nicht, der den dunklen, auf uns zufliegenden Wolken folgt. Wie in einer winzigen Nußschale werden wir vom Kamm mächtiger Wellen in tiefe Wassertäler gestoßen und von der nächsten Woge wieder hinaufgetragen. Mit fester Hand und Gelassenheit lenken die Männer ihr Boot, und die Wellen tragen es wie ihren Schaum. Nicht weit von unserem Fischerdorf entfernt treffen sich auf einem Campingplatz motorisierte Afrikareisende und Rucksacktouristen. Sie tauschen Erfahrungen aus, geben einander Tips. Mit einigen kommen wir ins Gespräch. Jutta und Bert, ein Lehrerehepaar aus Holland, erzählen von den Eindrücken ihrer Saharadurchquerung. Sand war überall, nicht nur in der Wüste, auch im Auto, in den Kleidern, im Essen, zwischen den Zähnen, in den Ohren ... Jetzt reicht es ihnen. Auch die Schwarzen, die immer nur klauen, einen belügen oder betrügen. Hermann und Theo, Studenten aus Süddeutschland, berichten, wie sie von einer Bande Jugendlicher an der Küste Ghanas überfallen wurden. Hermann hatte mit dem Stock einen Schlag auf den Kopf bekommen, während ein anderer der Bande ihm den umgehängten Geldbeutel entriß. Als Theo seinem Freund zu Hilfe eilen wollte, wurde er von einem dritten Jungen in den Daumen gebissen. Der schwoll zur dreifachen Größe an, und wegen der sich entwickelnden Infektion mußte er sich zwei Wochen lang in ein stinkendes Spital legen. Der Daumen zeigt noch heute alle Farben. Walter, ein Automechaniker aus der Schweiz, wartet seit zwei Monaten auf eine Geldsendung von zu Hause. Der Bankauftrag wurde ordnungsgemäß abgeschickt. Jetzt versucht er rauszufinden, wo das Geld versickert ist. Wir hören nur von bösen Erfahrungen und würden sie gerne rausreißen aus ihrer düsteren Welt. Wir fragen sie, ob sie abends mit uns zu einem Dorffest ganz in der Nähe kommen wollen. Wir haben schon einige Abende mit den

Einheimischen verbracht und die fröhliche Atmosphäre genossen. Es handelte sich um keine groß angekündigten Feste, die Menschen kommen einfach gerne zusammen, machen Musik und tanzen. Mit fliegenden Fingern schlugen vom Rhythmus gepackte Männer die großen Trommeln. Nackte Frauen- und Männerfüße wirbelten, von den Umsitzenden angefeuert, über den sandigen Dorfplatz, daß uns schon vom Zuschauen schwindlig wurde. Wir sangen und lachten mit ihnen, hielten den Atem an, wenn einer von ihnen in Trance fiel und sich auf Reisen in andere Dimensionen begab, die unsere Phantasie nur erahnen konnte.

Unser Vorschlag stößt auf einheitliche Ablehnung. »Nein, eigentlich haben wir genug von Afrika.«

Ob sie überhaupt schon da gewesen sind? Ich habe eher das Gefühl, daß sie Europa noch gar nicht verlassen haben. Ihre Gedanken drehen sich nur um zu Hause oder um Werte und Daseinsformen, die ihnen vertraut sind. Sie werfen den Afrikanern Engstirnigkeit und Begrenztheit vor und bleiben selbst auf dem Trampelpfad eigener Gewohnheiten.

Fred spricht mir aus der Seele, als er ihnen antwortet: »Ich muß euch ehrlich sagen, wenn ich euch so reden höre, habe ich den Eindruck, ihr seid noch gar nicht mit Afrika in Berührung gekommen. Alles, was euch interessiert, sind günstige Unterkunftsmöglichkeiten und wo ihr um Souvenirs feilschen könnt. Ihr diskutiert über eure Politik und Wirtschaft und über euren Arbeitsmarkt, aber ich habe von euch noch kein Wort über die afrikanische Kultur gehört.«

»Was für eine Kultur?« fragt Walter. »Den Zauber, den sie mit ihrem Voodoo veranstalten, kann doch keiner ernst nehmen. Aber die Leute hier müssen wohl in so einer Spukwelt leben, damit sie nicht merken, wie einfallslos, derb und armselig ihr Leben ist.«

Gegenseitig heizen sie sich weiter auf mit ihrer Sehnsucht nach der Heimat. Auf was sie sich nicht alles freuen, wenn sie wieder daheim sind! Sie vermissen Galerien, Ausstellungen, Theater oder ein ordentliches Fußballspiel. Und ein Klima, das ein

Mensch aushalten kann. Bert möchte wieder einmal auf einer ordentlichen Straße fahren. Theo hat Appetit auf Bratwurst oder eine saftige Kalbshaxe, dazu Sauerkraut und dunkles Brot. Jutta schwelgt in einem süßen Traum von Käsekuchen und Schlagsahne, und die Männer dürstet es nach richtigem Bier.

Die ersten Sterne funkeln über uns. Wir hören das Schlagen der Wellen am Strand. Warmer Holzkohlegeruch kribbelt in der Nase. Die ersten Trommeln sprechen zu denjenigen, die ihre Sprache verstehen. Fred und ich sind uns diesmal völlig einig. Wir haben genug von den Klagen und lassen die anderen in ihrer unveränderbaren Welt zurück. Wir folgen Jack Londons Ausruf: »Der Sinn des Menschen ist zu leben und nicht zu existieren!« Der Schein der Kerosinlampen, die vor einigen Hütten hängen, zeigt uns den Weg über sandigen Boden. Durch die Öffnung einer hohen Graswand, die das Dorf beschützend umgibt, treten wir ein in ein Afrika, das für die draußen nicht existiert, das aber Afrika am Leben erhält.

*

Benin durchqueren wir in drei Tagen. Es macht keinen Spaß, sich jede Nacht bei der Polizei zu melden.

Lagos, die Hauptstadt Nigerias, ist ein brodelnder Hexenkessel. Kaum bin ich in dieser Stadt, möchte ich auch schon wieder weg. Rund um uns nur ungeduldige Menschen, abgehetzte Gesichter, lautes, unbeherrschtes Gehupe, Wolkenkratzer und schnittige Straßenkreuzer. Westlicher Lebensstil auf der einen Seite, ausgedehnte Slums und erschütterndes Elend auf der anderen. Komfortable Luxusbusse richten sich ganz unafrikanisch nach strikten Fahrplänen. Die männlichen Fahrgäste werfen ständig einen nervösen Blick auf ihre funkelnden Armbanduhren. Seltsam für Afrika, das sich bisher eher zeitlos zeigte.

Wir wählen die südliche Route, die durch Mangrovenwälder und Sumpfgebiete führt. Die gut ausgebaute Straße verleitet zu schnellem Fahren. Die Resultate liegen an beiden Seiten im

Ein Café am Wegesrand

Straßengraben – umgestürzte Lastwagen, ausgebrannte Personenwagen.

Wir bleiben zwei Tage in Benin-City, in der die Straßen, selbst die Hauptstraßen, im Schlamm versinken. Viele junge Leute zieht es in diese große Stadt, die etwa auf halber Strecke zwischen Lagos und Calabar liegt, um hier zu studieren. Die Menschen hier sind sehr kontaktfreudig und selbstbewußt. Ihr sicheres, offenes Auftreten wurzelt wahrscheinlich in ihrer Vergangenheit, die von den Obas, den berühmten Königen des Benin-Reiches, geprägt wurde. Bis ins 18. Jahrhundert war die Stadt Benin eine riesige, gut organisierte und wohlhabende Metropole gewesen, und die Obas waren weit über die Grenzen hinaus für ihre unumschränkte Macht und ihren ausgeprägten Gerechtigkeitssinn bekannt. Fünfhundert Jahre lang herrschten sie als Gottmenschen, von ihren Untertanen verehrt. Die Geschichte erzählt, daß nach jedem Tod eines Obas dessen gesamter Vertrautenstab Selbstmord zu begehen hatte, um nicht die nachfolgende Regierung zu beeinflussen. Eine grausame, doch auch starke Philosophie.

Der weiter in den Osten fahrende Expreßbus erreicht nicht so schnell sein Ziel Onitsha, wie nach Fahrplan angekündigt worden war. Eine enge Brücke vor der Stadt verursacht einen Verkehrsstau, der sich dreißig Kilometer hinzieht. Schon drei Tage lang stecken die Fahrzeuge vor uns fest. Uns wird prophezeit, daß es noch einmal so lange dauern kann, bevor unser Bus die Brücke überqueren wird. Wir sind zwar langes Warten gewöhnt, doch haben wir keine Essensvorräte bei uns. In diesem zivilisierten Nigeria mit seinen schnellen Städteverbindungen war uns das nicht notwendig erschienen. Nun sitzen wir fest, und weit und breit ist keine Ansiedlung, in der wir Lebensmittel bekommen könnten. Die einzige Lösung, die wir sehen, ist, den Weg zu Fuß fortzusetzen. Dabei haben wir zwei Möglichkeiten, diesen Marsch nicht zu überleben. Die eine ist, von den nervösen, mit Aggressionen aufgestauten Fahrzeuglenkern über den Haufen gefahren zu werden, die andere, an den intensiven Auspuffgasen zu ersticken. Es wird ein gefährliches Zickzacklaufen zwischen dicht auffahrenden Fahrzeugkolonnen in beiden Richtungen. Busse, Lastwagen, Motorroller, Landrover und Personenwagen versuchen, sich aneinander vorbeizudrängen, wodurch ein noch größeres Chaos entsteht und der Stau noch unübersichtlicher wird. Querstehende Fahrzeuge, die andere austricksen wollten, blockieren das Vorwärtskommen. Dabei denkt niemand daran, den Motor abzustellen. Im Gegenteil, pausenlos wird aufs Gas gestiegen, und das aufheulende Motorengeräusch spiegelt die Ungeduld der Eingepferchten wider.

Zwischen dieser gefährlichen Unruhe, die die Menschen an den Rand des Wahnsinns bringt, suchen sich Massen schwer beladener Fußgänger ihren Weg. Manche werden rücksichtslos angefahren, und niemand kümmert es, wenn sie zu Boden stürzen. Der Inhalt ihrer Körbe rollt unter die Räder.

Mit von Blei vollgepumpten Lungen erreichen wir nach sieben mühsamen Stunden die Brücke. Die lange, graue Schlange, die sich weiterhin durch Staub und Abgaswolken wälzt, liegt hinter uns.

Während wir die Brücke überqueren, muß ich daran denken, daß ich vor meiner Abreise nach Afrika vor allem vor Schlangen und wilden Tieren gewarnt worden war, aber keiner dachte daran, daß mir der Umgang mit der Technik gefährlich werden könnte.

In Calabar werden wir von einem nigerianischen Arzt, der in Deutschland studiert hatte, und seiner Familie mit großer Gastfreundschaft in ihr Haus einquartiert. Daniela, die siebzehnjährige Tochter, wirft sehnsüchtige Blicke aus dunklen, großen Augen auf Fred. Sie vertraut mir an, in ihn verliebt zu sein. Doch die romantische Zuneigung zu ihrem blonden, strahlenden Helden bleibt einseitig. Fred hat in Lomé Post von seiner Freundin aus San Francisco erhalten und trägt ihren Brief Tag und Nacht an seiner Brust.

Ich frage Danielas Vater, wie er als Afrikaner Deutschland gesehen hat.

126

»Gleich am Anfang fiel mir auf, daß die Weißen keine Dienstboten hatten wie in Afrika, daß die meisten Frauen, wie bei uns, selbst den Haushalt erledigten«, bekam ich zu hören. »Dann merkte ich, daß ihre Kinder nicht im Haushalt mithalfen, weil das als Lieblosigkeit angesehen wurde. Doch ich fand ihre Kinder sehr ungezogen und respektlos ihren Eltern und älteren Menschen gegenüber. Besonders fremd war mir das Verhalten der Frauen, die lieber Männerarbeit verrichten wollten, als den Haushalt und ihre Kinder zu betreuen. Ich vermißte die Warmherzigkeit und Fürsorge, wie ich es von unseren Frauen gewohnt war. Dann berührte es mich sehr unangenehm, daß die Menschen in Deutschland sich hauptsächlich nur um sich selbst kümmerten, höchstens noch um ihre kleine Familie. Hier ist es üblich, daß die Menschen auch in einem größeren Rahmen füreinander da sind – zumindest in meiner Familie ist es noch so. Das heißt, daß wir uns auch in materieller Hinsicht um die alten Leute, um Witwen, verwaiste Kinder oder um arbeitslose Brüder kümmern.« Der ruhige Mann mit den sensiblen, schlanken Händen macht eine kurze Pause. Seine Gedanken schweifen in die Vergangenheit.

»Ich hätte in Europa bleiben können«, fährt er fort. »Sie haben mir eine interessante Arbeit in einem Forschungslabor angeboten. Ich hätte gewiß ein besseres Einkommen gehabt als hier im Krankenhaus. Ich hatte mich auch an den westlichen Komfort gewöhnt, aber der Aufenthalt in Deutschland machte mich traurig. Das Essen war kaum gewürzt, in den Straßen sah ich nur selten fröhliche Kinder spielen, die Frauen hatten Hosen an wie die Männer, und die Blumen hatten nicht den starken, süßen Duft wie bei uns. Die Menschen in Deutschland konnten auch sehr verletzend sein. Am stärksten hat es mich getroffen, als ich von der Mutter einer Studienkollegin ›Heide‹ genannt wurde und sie den Afrikanern Vielgötterei vorwarf. Ich sagte ihr, daß das ein Irrtum sei, daß wir Afrikaner auch nur an einen Gott glauben und nicht an viele Götter, wie sie im Westen zu denken scheinen. Ich habe versucht zu erklären, daß diese ›Götter‹ und die von uns geachteten Ahnen mit ihren Heiligen und Schutzpatronen zu

127

vergleichen seien. Aber das wollte die Frau nicht zulassen, ihre Vorurteile saßen zu tief.

Eigentlich hat mich diese Meinung sehr verwundert, denn ich denke, daß Afrikaner viel stärker und emotionaler Anteil am spirituellen Erleben nehmen als die Menschen in Deutschland, die ganz nüchtern in ihren Kirchen sitzen können, ohne dabei etwas zu empfinden. Ich behaupte sogar, daß unser Bezug zu Gott viel komplexer ist, weil wir Gott nicht als ein vom Menschen getrenntes Wesen betrachten und wir uns mit dem gesamten Schöpfungsablauf vollkommen verkettet sehen. Das bedeutet, daß wir uns nicht der Verantwortung für unsere Taten und ihre Auswirkungen entziehen können. Dagegen vertreten die Menschen in Deutschland die Meinung, Gott allein sei für alles verantwortlich.«

»Hat der Aufenthalt in Deutschland Sie verändert?« möchte ich wissen.

»Natürlich, die fünf Jahre sind nicht spurlos an mir vorbeigegangen. Ich bin selbstsüchtiger geworden, und ich denke heute ökonomischer. Wäre ich hier geblieben, hätte ich sicher eine zweite Ehefrau genommen. Aber jetzt bin ich für die Monogamie. Nicht aus moralischen Gründen – über Moral und Gott denke ich heute nicht mehr so viel nach –, sondern weil ich eine zweite Frau als eine größere finanzielle und psychische Belastung sehe. Es ist einfacher und bequemer, nur eine offizielle Frau zu haben. Um die inoffiziellen Frauen braucht man sich nicht zu kümmern, man hat ihnen gegenüber keine Verantwortung. Sie sind schnell mit Geldbeträgen und kleinen Geschenken abzufinden. Das ist natürlich wenig ehrenhaft und egoistisch, aber das habe ich von Europa gelernt. Es ist nicht schwer, so zu werden.« Das war eine ehrliche Antwort.

»Glauben Sie, daß das ursprüngliche Wesen Afrikas den modernen Gedankenströmen unterliegen wird?« ist meine nächste Frage.

»Zumindest haben sie bereits deutliche Spuren hinterlassen und belasten damit die zwischenmenschlichen Beziehungen«, ist die Ansicht des Arztes. »Sie bringen Zwiespalt und Unsicherheiten. Mit ihnen entstehen Konflikte zwischen Gebildeten und Nichtgebildeten. Wir, die nach westlicher Methode geschult wurden, denken, daß wir alles besser wissen als die traditionellen Menschen mit ihren alten Überlieferungen. Immer größere Unterschiede entstehen zwischen den einfachen Bauern und den Städtern. Auch zwischen den Geschlechtern kommt es zu Schwierigkeiten. Es kriselt zwischen Ehepaaren, weil der Mann meist bessere Fortbildungsmöglichkeiten hat. Und natürlich gibt es Spannungen zwischen den Alten, die noch mit ihrem herkömmlichen System verwurzelt sind, und den Jungen, die sich kritiklos der westlichen Wohlstandsmystik ausliefern. Haus- und Feldarbeit wird bereits von vielen Jungen als schmutzige und unwürdige Arbeit betrachtet. Sie ordnen sich lieber einem Werkstatt- oder Bürochef unter, als daß sie als Bauer ein zwar einfaches, aber unabhängiges Dasein führen. Für Armbanduhren, Transistorgeräte, Stöckelschuhe und Krawatten sind sie bereit, sich einem Leistungsdruck auszusetzen, der ihr Selbstbewußtsein schwächt. Die Tendenz zur Leichtgläubigkeit macht viele junge Menschen unfähig, sich eine objektive Meinung zu bilden. Sie sind leicht zu beeinflussen, lehnen das Alte trotzig ab und nehmen begeistert und kritiklos das Neue auf. So verlieren sie ihre Eigenständigkeit und Kreativität.«

»Aber hat nicht die traditionelle Erziehung Anteil an dieser Leichtgläubigkeit und Kritiklosigkeit, weil sie absoluten Gehorsam und Respekt erfahrenen und älteren Menschen gegenüber verlangt?« frage ich.

»Ja, das stimmt. Die alte Erziehung kommt mit der neuen Welt in Konflikt. Auch das anerzogene Vertrauen schadet in einer Umwelt, wo jeder nur Vorteile für sich selber sucht. Lebenswerte und Lebensziele haben sich in der neuen Welt verschoben. Die Menschen wissen nicht mehr, was recht und was unrecht ist. Am schlimmsten ist es für die Bildungslosen, die in den neuen Ballungszentren und Städten keinen Halt mehr finden. Das komfortable Stadtleben, von dem sie geträumt haben, wird für die meisten Illusion bleiben. Sie finden keine Möglichkeit, ihr Leben lebenswert zu gestalten. Die alten Werte zählen an diesen Orten nicht mehr, und die neuen bleiben ihnen aufgrund ihres Bildungsmangels verschlossen. Auch die Unterhaltskosten sind in den Städten viel höher als auf dem Land. Der Überlebenskampf wird härter, als ein Bauer es jemals erfährt. Unter diesem Druck zerbrechen ihre letzten Skrupel. Kriminalität und Prostitution scheinen dann ihr einziger Ausweg zu sein.

Paradox an der ganzen Sache ist, daß die Landflüchtigen nun von der standhaften Dorfbevölkerung erwarten, daß sie mehr produzieren sollen, damit auch sie in den Städten mitversorgt werden können. Die Bauern, die wie eh und je in aller Einfachheit als Selbstversorger leben möchten, werden nun als unsozial bezeichnet und müssen hören, daß sie dem Staat gegenüber unverantwortlich handeln, wenn sie nicht mehr arbeiten.«

Eine Zeitlang hängen wir beide unseren Gedanken nach, dann nehme ich das Gespräch wieder auf. »Viele Leute sagen bei uns, daß es für Afrika keine Hoffnung mehr gibt, weil es sich total dem weißen Mann ausliefert. Wie denken Sie darüber?«

»Wir Afrikaner müssen uns erst einmal klarwerden, was wir wirklich wollen«, antwortet mein Gastgeber. »Dem Ruf der Ahnen folgen – oder der Abklatsch des weißen Mannes werden. Wollen wir wie der Weiße leben, werden wir ihn noch lange als Lehrer brauchen. Wollen wir uns seinen Einwirkungen entziehen, müßten wir jeden Weißen aussperren, alle seine gedruckten Worte verbrennen und uns einer Gehirnwäsche unterziehen. Doch dazu ist es zu spät, da es den alleinigen afrikanischen Weg nicht mehr gibt. Die Welt des Coca-Cola und der Musikboxen ist nicht mehr zu verbannen. Aber es bleibt uns der Weg der gegenseitigen Achtung und die Bereitschaft, voneinander zu lernen. So wie wir Ärzte und die traditionellen Naturheilkundigen langsam bereit sind, gegenseitige Erfahrungen auszutauschen, um uns zu ergänzen.«

Fred, Daniela und ich besuchen einen amerikanischen Action-Film. Als wir die Vorstellung mit benommenen Köpfen verlassen, ergießt sich vor uns plötzlich ein sprühender Funkenregen. In bizarren Lichtformationen zischt und blitzt es unaufhörlich um uns herum. Fred reagiert sofort. Er drängt Daniela und mich zur Seite und stürzt sich in den aufgeregten Menschenhaufen. Er treibt die Leute auseinander und versucht, mit weit ausgestreckten Armen das Zulaufen weiterer Neugieriger zu verhindern: Ein hochbeladener Lastwagen hatte die Hochspannungsleitung zerrissen, und die losen, noch unter Spannung stehenden Enden führen nun einen spektakulären Hexentanz auf. Als ich sehe, was Fred für Mühe hat, die unvernünftigen Schaulustigen von der Gefahrenstelle fernzuhalten, renne ich zu ihm hinüber, um ihm zu helfen. Wir müssen achtgeben, nicht selbst von den zuckenden Drähten getroffen zu werden.

Inzwischen haben auch andere die lebensgefährliche Situation erfaßt, und gemeinsam gelingt es uns, die Straßenszene unter Kontrolle zu bringen. Wie durch ein Wunder ist niemand verletzt worden. Als die Gefahr gebannt ist, schütteln umstehende Männer anerkennend Freds Hand, und ich werde von herbeilaufenden Frauen spontan umarmt und gedrückt. Ich denke wieder – nein, es sind wirklich nicht die Schlangen, die man in Afrika zu fürchten hat.

Fred will mich noch bis Douala, die Hafenstadt Kameruns, begleiten. Wir fahren nach Norden, weil wir bei Ekok über die Grenze wollen. Unterwegs gibt es viele Polizeikontrollen. Man sagt uns, es sei wegen der Schießereien, die erst kürzlich in diesem Gebiet zwischen Nigeria und Kamerun stattgefunden haben. Daß aber diese Auseinandersetzungen nicht allein der Grund für die Blockaden sind, sondern hier das übliche Machtspiel Uniformierter ausgetragen wird, wird uns schnell klar.

Ein neuer Kontrollposten. Ein junger Beamter schreitet mit gebieterischer Miene auf unser vollgepferchtes Vehikel zu. Erst zeigt er sich von seiner wohlwollenden Seite. Doch unser Fahrer geht nicht darauf ein. Er will nicht schmieren.

Die Stimme des Beamten bekommt eine schneidende Schärfe. »Wie viele Personen sind für dieses Fahrzeug zugelassen?«

»Achtzehn«, sagt der Fahrer, ohne dabei den Fragenden anzusehen.

»Und wie viele sind in dem Fahrzeug?«

»Achtzehn«, erwidert der Fahrer tonlos, obwohl jeder dreiundzwanzig zählen kann. Fünf zuviel, und er weiß, daß er dafür zahlen muß, wenn er keine ernstlichen Schwierigkeiten bekommen will. Wütend schiebt er dem Beamten einen Schein zu.

Der Polizist sieht noch einmal wie überprüfend durch das Wagenfenster und sagt bestätigend: »Ganz recht, es sind achtzehn«, und winkt dem Chauffeur zur Weiterfahrt.

Am Grenzübergang, dem Endziel unserer Fahrt, stehen nur wenige Grenzgänger müde vor ihren offenen Blechkoffern oder Kisten. Bepackte Fahrräder werden abgeladen, Schubkarren geleert und durchsucht. Für uns gibt es keine Schwierigkeiten bei der Ausreise. Über eine Brücke und durch dichten Urwald führt der Weg zum Kamerunposten. Es ist stockfinster. Meine Taschenlampe muß irrtümlicherweise einen neuen Besitzer gefunden haben, und Fred verschwendet seine Gedanken nicht an solch belastende Utensilien. So tasten wir uns langsam vorwärts. Jeden Augenblick rechnen wir damit, in irgendein Loch zu stürzen.

Aus einem kleinen Barackenfenster sieht uns der breitschultrige Posten stockbesoffen entgegen. Der Mann ist in einer Laune, die Schwierigkeiten verspricht. Er erklärt, mein Visum sei ungültig. Ich deute auf die Eintragung, die ganz deutlich »30 Tage« sagt. Es hilft nichts. Der Mann, dessen Hirn kräftig umnebelt ist, vertritt das Gesetz, und demnach muß er im Recht sein. Fred kriegt größeren Ärger. Seine Barschaft ist auf 400 US-Dollar zusammengeschmolzen, und davon muß er noch ein Ausreiseticket besorgen. Seine Nerven möchte ich wirklich haben! Wir müssen unsere Reisepässe dem Posten überlassen, und uns leuchtet ein, daß der Mann erst wieder mit sich reden läßt, wenn sein Alkoholspiegel gesunken ist.

Ein weiteres Problem taucht auf. Wir finden keine Möglichkeit, unsere CFA (Communité Financielle Africaine), die in Senegal, Burkina Faso, Elfenbeinküste, Togo und Benin Gültigkeit hatten,

in Kamerun-CFAs zu wechseln. Das Geld hat zwar auch hier denselben Wert, es sieht aber anders aus.

Ekok ist ein kleines Nest aus wenigen Hütten, das jetzt in der
Regenzeit im Schlamm versinkt. Seine Bewohner sind nett. Sie
kennen bereits unsere Schwierigkeiten, als wir uns unter sie mischen. Wir bekommen Reis und ein Stück gebratenes Stachel-
schwein. Die Frau, die uns zu essen gibt, bietet uns zwei Holz-
bänke als Schlafstelle an.

Am nächsten Morgen erwarten wir alles mögliche, aber nicht,
daß wir unsere Reisepässe anstandslos zurückbekommen. Abge-
stempelt und signiert.

Der Fahrer eines VW-Busses, der Passagiere nach Mamfe auf-
sammelt, nimmt unsere CFAs der westlichen Länder und gibt
uns das Wechselgeld in Landeswährung. Dafür können wir uns
ein paar graue Kekse und jeder ein großes, undefinierbares Vo-
gelei zum Frühstück leisten.

In der Regenzeit durch Kamerun zu reisen, ist sicher nicht der
genialste Einfall. Doch das ist jetzt nicht zu ändern. Vom abenteuerlichen Aspekt her kommen wir dabei jedenfalls voll auf unsere Kosten. Wir wissen nie, wann und wo wir landen. Die
Straßen haben sich in Flüsse verwandelt, Brücken wurden weg-
geschwemmt, abgerutschte Berghänge blockieren den Fahrweg.
Die rote Erde dampft, und Nebelschwaden steigen von den
moosgrünen in die smaragdgrünen Regionen hinauf.

In Doualas feuchter Schwüle meine ich, in einem Dampfbad
zu stecken. Nur Amphibien können sich in diesem Klima wohl
fühlen! Fred findet ein Schiff, das ihn nach Europa mitnehmen
wird. Die große Reise ist für den jungen Abenteurer vorbei. Die
Suche nach einfacher, unverfälschter Lebensweise hat uns verbunden. Eine herzliche Freundschaft war zwischen uns entstanden. Wir umarmen uns, wünschen uns gegenseitig Glück, bitten
einander, gut auf sich aufzupassen.

Wir »Zugvögel« wissen, daß der Abschied nur ein Augenblick
ist, der vorübergeht und andere lebenswerte Augenblicke folgen

läßt. Auf langen Reisen begreift man schnell, daß nichts von Dauer ist. Ob wir uns freuen oder traurig sind, wir wollen das Leben hinnehmen wie die Fischer, mit denen wir aufs Meer hinausgefahren sind.

Mit Pygmäen auf Jagd

In den dichten, schwer zugänglichen Urwäldern im Süden von Kamerun soll es Pygmäen geben, die noch als Jäger und Sammler ihrem alten Lebensstil nachgehen. Auch Gorillas, Elefanten, Panther und Schimpansen sollen in dieser Wildnis leben. Ich spüre, wie es in meinen Adern zu kribbeln beginnt. Ich möchte dieses »Urafrika« hautnah erleben! Es ist ein Abenteuer, das ich bewußt suche und von dem ich mir wünsche, daß es mir Einblick in eine noch ungezähmte, ungezügelte Natur gewährt. Und wie kann ich denn Afrika wirklich erleben, ohne Pygmäen und Gorillas auf die Spur gekommen zu sein? Es wäre eine halbe Sache, wie ein Apfel, dem das Kerngehäuse fehlt. Doch niemand konnte mir bisher sagen, wo genau ich sie finden kann. Es wird mir nur immer wieder bestätigt, daß es sie noch im tiefen Süden, im Grenzbereich zum Kongo, geben soll.

*

Ab Yaounde, der zweitgrößten Stadt Kameruns, die östlich von Douala liegt, hat sich alles nach dem strikten Tagesablauf gläubiger Moslems zu richten. Das bekommt man vor allem zu spüren, wenn die Busfahrer und ihre Helfer Mohammedaner sind. Die Moslems beten immer dann, wenn die anderen Hunger haben, oder speisen lange und ausgiebig, wenn jeder andere müde ist und weiterfahren möchte.

Die Busfahrten gleichen reinsten Himmelfahrtskommandos, bei denen sich die Fahrer wie Kamikazeflieger aufführen. Anstelle von Fenstern gibt es Öffnungen mit Eisenstäben, zwischen denen alle Fahrgäste um die Wette hinausspucken, wenn ihnen bei dieser Raserei schlecht wird. Auf den vier schmalen Längsbänken werden ständig neu dazukommende Passagiere nachgeschoben. Auf der einen Seite preßt sich eine resolute Bantudame an mich

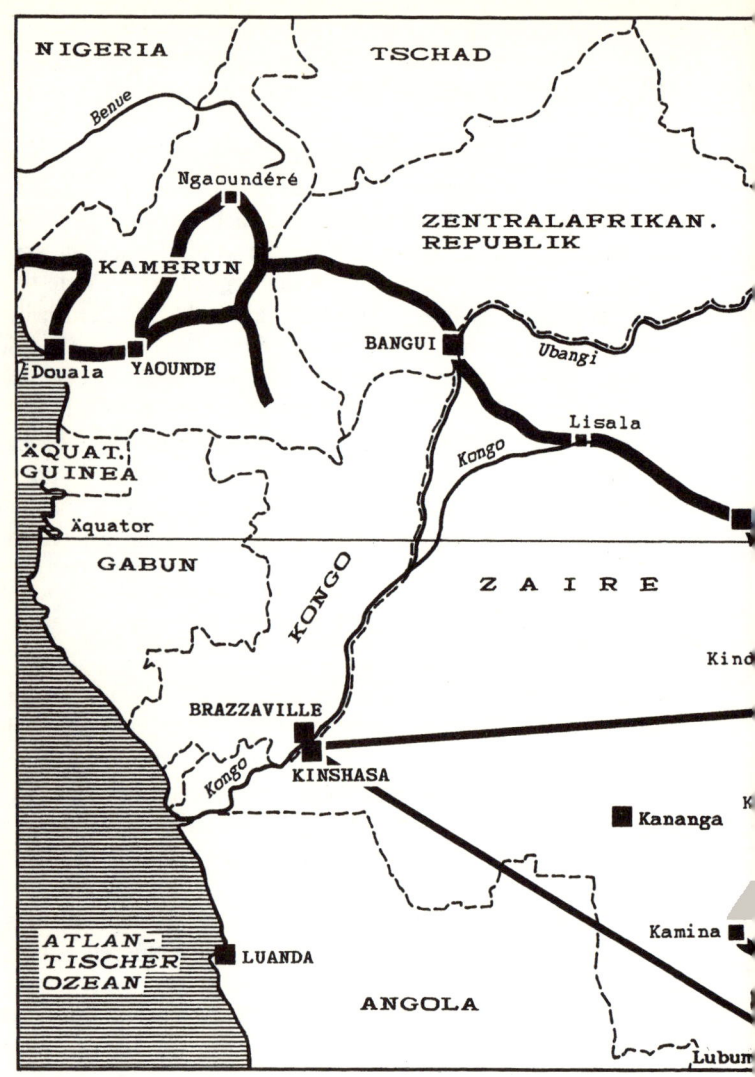

136

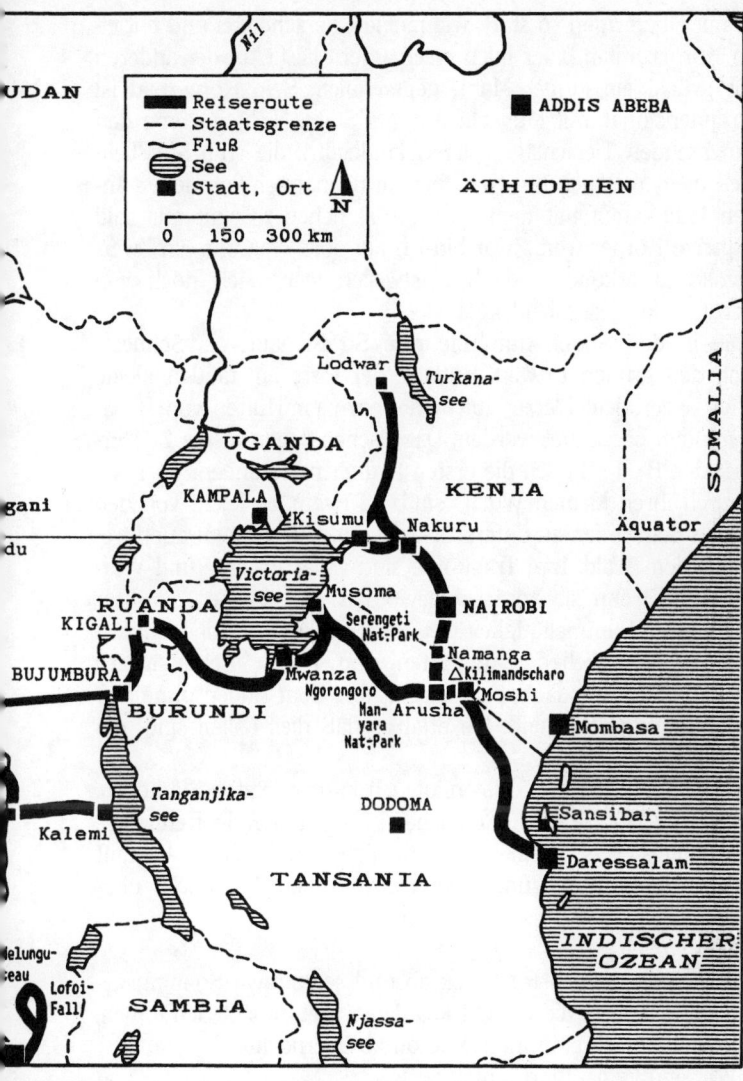

ran, mit Oberarmen so stark wie meine Oberschenkel und mit einem Körperumfang, der mich erschaudern läßt. Auf der anderen Seite drückt ein junger Mann gegen mich. Sein Körperbau ist überdimensional, mit Muskeln wie aus Stahl. Nicht nur von den schmerzenden Tiefschlägen der Geländefahrt, die vom Steißbein durch meinen Bauch bis ins Gehirn dringen, auch von dem ständigen Platzkampf mit dem Stahlgerüst neben mir tut mir bald der ganze Körper weh. Zwar bin ich auf dem Weg, um ein Zwergenvolk zu erkunden, doch einstweilen werde ich noch von bärenstarken Riesen begleitet.

Die in den Süden führende rote Straße läuft als Schneise durch den grünen Urwald. Entlang der Piste entstanden kleine Dörfer – gerodete Plätze, auf denen ein paar Hütten von Bananenstauden beschattet werden. Dazwischen liegen kleine Zuckerrohrfelder. Bald sehe ich die ersten Pygmäensiedlungen.

Durch ihren kleinen Wuchs sind die Pygmäen leicht von den anderen Schwarzen zu unterscheiden. Einige Pygmäenfrauen treten aus dem Wald. Ihre Tragkörbe sind voller Früchte und Wurzeln. Auch wenn sie ansässig geworden sind, bleiben sie ihrer traditionellen Sammeltätigkeit treu. In ihren Dörfern sehe ich zwischen herkömmlichen Laubhütten und neuen Lehmhäusern langgestreckte Grasdächer, die direkt über dem Boden ohne Seitenwände aufgestellt sind. Ich erfahre, daß dies Fallen sind, um böse Geister zu irritieren.

Der Empfang in der Mission, die ich in dem letzten Städtchen, das an der Straße liegt, aufsuche, ist nicht gerade freundlich. Breitbeinig stellt sich eine belgische Schwester meiner Ankunft entgegen. Mißtrauisch und kritisch schwenken ihre Blicke über meine nicht ganz taufrische Erscheinung.

»Was wollen Sie?«

Ich nehme meinen Rucksack ab und setze mein Sonntagsgesicht auf. »Da es in diesem Ort kein Hotel gibt, möchte ich fragen, ob es möglich wäre, in Ihrer Mission zu übernachten?«

»Wir sind keine Touristenherberge!«

»Da würden Sie in dieser Gegend gewiß ein schlechtes Ge-

Straße im Süden von Kamerun

schäft machen.« Mein Anflug von Humor bleibt von der Schwester unbeachtet. Trotzdem versuche ich, weiter für mich zu werben.

»Ich nehme an, daß sich nicht viele Weiße in diese Ecke verirren.«

»Nein, und wenn, sind sie hier nicht willkommen.«

Ihr aggressives Verhalten erstaunt mich.

»Wieso sind Sie hierher gekommen?«

»Ich möchte Elefanten und Gorillas sehen.«

»Da sollten Sie lieber in einen Zoo gehen!«

»Ich möchte auch Pygmäen kennenlernen.«

»Da brauchen Sie nicht weit zu laufen. Im Ort sind bereits einige ansässig geworden. Wenn Sie diese dann genügend bestaunt haben, würden Sie allerdings sich selbst und uns einen Gefallen tun, mit dem nächsten Fahrzeug wieder abzureisen!« Welch fröhlicher Willkommensgruß!

»Möchten Sie etwas kühle Limonade?« höre ich eine Stimme hinter meinem von Müdigkeit gebeugten Rücken. Ich drehe mich um. Ein schlanker Mann um die Fünfzig tritt lächelnd auf mich zu. Er steckt in bequemen Tropenhosen und einem grauen Buschhemd. »Ich bin Bruder Gérard.«

»Sehr gern. Ich bin wirklich sehr durstig.«

Die Lippen der hageren Frau ziehen sich zu einem schmalen Strich zusammen.

Drei andere Schwestern kommen heran. Sie zeigen Interesse an meiner Person, lassen mich aber zugleich ihre Überlegenheit spüren. Schließlich sind sie schon länger hier als ich.

»Warum besuchen Sie nicht den Wasa-Nationalpark? Dort können Sie genug wilde Tiere sehen.«

»Sicher, aber keine Gorillas.«

»Aber es gibt dort immerhin touristische Einrichtungen und ortskundige Führer.«

»Ich weiß, manche mögen das vielleicht. Aber ich will diesen Urwald hier kennenlernen – einen unberührten Wald.«

»Haben Sie überhaupt eine Waffe bei sich?«

140

»Nein ich will ja niemand erschießen, sondern Tiere beobachten.«

Jetzt versuchen sie alle auf einmal, auf mich einzureden.

»Wie stellen Sie sich das bloß vor? Sie können doch nicht so einfach durch diesen Wald hier spazieren. Es gibt da keine Wege.«

»Es ist wirklich viel zu gefährlich. Hier gibt es Wildkatzen, Krokodile und wilde Büffel – und eine Menge giftiger Schlangen.«

Ich weiß schon, was die Leute denken. Was kann jemand an einem Urwald schon attraktiv finden? Ich versuche nicht, es zu erklären. Sie würden mich doch nicht verstehen. Ich sehe es den Menschen sofort an, ob sie meine Suche nach Ursprünglichkeit nachempfinden können oder nicht.

»Wie wollen Sie eigentlich an die Gorillas rankommen?«

»Mit den Pygmäen. Die leben doch noch hier in den Wäldern, oder nicht?«

»Das schon. Aber wie wollen Sie denn die dazu überreden, Sie zu den Gorillas zu bringen?«

Ich grinse. »Das wollte ich eigentlich Sie fragen.«

Einstimmiges Schweigen.

»Ich bin einen weiten Weg gekommen«, sage ich dann, »um Gorillas und Pygmäen in ihrem ureigenen Element zu sehen. Und ich gehe nicht früher von hier weg, bevor ich nicht wenigstens versucht habe, sie zu finden.«

»Nun ja, dann wollen wir sehen, was sich tun läßt, damit die junge Dame ihren Seelenfrieden findet.« Bruder Gérard lacht vergnügt. Ein Lichtblick in dieser Enge. Er springt hinter das Lenkrad seines Landrovers und sagt: »Ich habe auf meiner Station genügend Platz für Gäste, die sich leider nur selten in diese Gegend verlaufen. – Wollen Sie mitkommen?«

Sofort werfe ich meinen Rucksack auf die hintere Bank und mich selber auf den Beifahrersitz.

Ohne mich eines weiteren Blickes zu würdigen, ruft die hagere Schwester dem Missionar nach: »Bruder Gérard, vergessen Sie nicht, sie muß sich bei der Polizei melden!«

Auf dem Weg zur Mission begegnet uns wie gerufen der Polizeikommandant. Sein Fahrzeug hält neben dem unseren. Höflich begrüßen sich die beiden Männer.

»Die junge Frau ist mein Gast. Sie wird für ein paar Tage lang die Gegend unsicher machen.«

In das Gesicht des Polizisten zieht ein breites Lachen ein. »Dann viel Spaß!« So einfach kann es sein.

Die Mission liegt abgelegen an einem idyllischen Plätzchen. Kirche und Wohnhäuser sind aus selbstgebranntem rotbraunem Lehm erbaut. Gleich dahinter streckt sich der Urwald in seiner ganzen Größe aus.

»Sie müssen Schwester Angélique verzeihen. Sie mag keine Veränderungen. Sie denkt, daß alles Fremde nur stört. Sie hat etwas dagegen, wenn die kleinen Leute wie seltsame Tiere im Zoo bestaunt werden. Es gab Zeiten, da kamen Ethnologen hierher, die ganz wild auf die Erforschung der kleinwüchsigen Völker waren. Sie drangen in die Wälder ein, um die Pygmäen zu messen und zu studieren. Sie wurden nur noch als Forschungsobjekte betrachtet und nicht mehr als eigenständige Menschen.«

Diese Einstellung respektiere ich sehr, und ich leiste Schwester Angélique nachträglich Abbitte.

»Ja, ich muß schon zugeben, daß mich ihre Feindseligkeit recht getroffen hat, aber ich kann jetzt ihre Reaktion besser verstehen. Nur, Sie sind doch auch einmal Fremde gewesen, als Sie mit Ihrer Arbeit hier angefangen haben. Und ich glaube, daß nichts eine größere Veränderung in Afrika herbeigeführt hat als die Missionierung. Sie haben doch erst mit Ihrer Überzeugung und Ihren Aktivitäten das Wesen Afrikas auf den Kopf gestellt.«

Ich denke, jetzt wird auch Bruder Gérard mich vor die christliche Tür setzen. Doch ich höre zu meiner Verwunderung: »Wir alle glauben, das Richtige zu tun, und werden alle schuldig dadurch.«

Von ihm erfahre ich, daß Regierungsvertreter sich darum bemühen, die Pygmäen aus ihren verborgenen Schlupfwinkeln herauszulocken, damit sie sich an den Ortsrändern ansiedeln und in das allgemeine Gesellschaftsleben integrieren lassen. Erst seit den letzten fünf Jahren kommen sie nach und nach in kleinen Gruppen aus ihren entlegenen Verstecken hervor und üben sich im Seßhaftwerden. Sie versuchen, Land zu roden und Felder zu bestellen, doch für die freiheitsgewohnten Urwaldbewohner ist es gar nicht leicht, sich der neuen Lebensweise anzupassen. Auch ihre eigene Sprache und die anderen Sitten tragen zu großen Kommunikationsbarrieren bei. Dazu kommt noch, daß die Pygmäen sehr scheu im Umgang mit fremden Menschen sind. Leider werden sie oft von den anderen, den größeren Afrikanern als minderwertige Rasse betrachtet und entsprechend behandelt. Ihre Unerfahrenheit wird häufig ausgenützt, sie werden gedemütigt oder gar als Haussklaven gehalten.

Bruder Gérard gesteht, daß sich die Missionsaufgaben zu wandeln beginnen. In den heutigen Tagen werden die Missionare mehr als früher mit alten afrikanischen Überlieferungen konfrontiert. Sie müssen erkennen, daß die afrikanische Seele sich nicht vergewaltigen läßt. Sie hat einen langen, inneren Kampf gefochten und hat sich nun zur vollen Blüte und neu gestärkt aufgerichtet. Die bekehrten Christen werden in zunehmender Zahl zu »Christen auf dem Papier«, denn viele Afrikaner bekennen sich wieder zu ihrer eigenen Geisteswelt, die ihnen und ihren Ahnen gehört. Die Gotteshäuser der Missionen werden immer leerer, und die Missionare finden mehr Aufgaben in weltlichen wie auch in sozialen oder medizinischen Bereichen, um nicht tatenlos herumzusitzen.

Die Nacht ist angenehm. Der nahe Wald bringt erfrischende Kühle. Geruhsamkeit ist um mich. Und Stille. Doch mein innerstes Empfinden ist aufgewühlt durch das Gefühl, dem Herzen Afrikas so nahe zu sein. Am nächsten Vormittag fahren wir durch das malerische, zwischen Palmen und bewaldeten Hügeln liegende Städtchen. Unzählige Webervögelkolonien hängen wie flaumige Bälle in hohen Ästen. Wir lassen die Ortschaft hinter uns und biegen nach etlichen Kilometern in einen schmalen Seitenweg ein. Bruder Gérard will mir helfen, erste Kontakte zu den Pygmäen zu knüpfen. Nach wenigen Minuten hält er den Wagen an, und ich folge ihm auf einem kaum erkennbaren Pfad durch feuchtes Gestrüpp. Wir sind noch nicht weit gekommen, als kleine, gnomenhafte Buschbewohner mit verschmitzten Gesichtern aus den Blätterwänden neben uns auftauchen und gleich wieder wie im Spuk darin verschwinden. Doch wenn sie auch unseren Blicken entschwunden sind, so wissen wir doch, daß sie uns ungesehen begleiten.

Bruder Gérard kennt den Chef und einige Männer des Pygmäendorfes, das wir besuchen. Der Chef trägt als einziger zivilisierte Kleidung. Ein für ihn übergroßer Tropenanzug schlottert ihm in vielen Falten um den Körper. Seine Füße sind jedoch nackt wie die der anderen Pygmäen.

Wir hocken uns auf den sandigen Boden und bilden einen Kreis vor den halbrunden Laubhütten. Ich verstehe kein Wort von dem Gespräch, das zwischen den Männern entsteht. Doch die Pygmäen sehen mich unverwandt an. Erst mit scheuer Verwunderung, dann mit einem Lächeln, das an Vertrauen gewinnt.

Was ich im Sinn habe, ist für sie gar nichts Außergewöhnliches. Ich spreche etwas an, das vor noch gar nicht langer Zeit auch für sie gewohnter Alltag gewesen ist. Obwohl sie bereits den ersten Schritt in Richtung Zivilisation gewagt haben, ist ihnen das Gefühl des absoluten Freiseins noch nicht verlorengegangen. Und so habe ich es leicht, Zutritt zu ihren noch immer schlagenden Nomaden- und Jägerherzen zu gewinnen. Vielleicht sagt ihnen auch ihr Instinkt, daß ich ihnen nicht schaden möchte, sondern nur wilde Tiere mit ihnen aufspüren und sie als Begleiter und Kumpane gewinnen möchte.

Der Pygmäenchef läßt mir durch Bruder Gérard mitteilen, daß er bis morgen früh zwei vertrauenswürdige Männer auswählen wird, die mich zu anderen Pygmäendörfern begleiten werden. Zu Pygmäen, die noch tief in den Wäldern wohnen. Wenn ich Glück habe, werde ich erfahrene Fährtenkenner oder Jäger treffen, denen die Aufenthaltsorte von Gorillas bekannt sind.

Nach alter Tradition sammelt diese Pygmäenfrau Wurzeln und Früchte des Waldes

Mein Rucksack ist nur halb vollgepackt. Gerade das Allernotwendigste nehme ich mit. Bruder Gérard bittet mich, bei diesem Abenteuer vorsichtig zu sein, damit ich heil und gesund aus der grünen Hölle zurückkehre. Die beiden zwergwüchsigen Männer, die mit mir kommen, hören beide auf den Namen »Klein-Klein«. Der einzige Ballast, den die Klein-Kleins bei sich tragen, sind eine Machete und je ein kleines, ledernes Täschchen, das um ihren Hals hängt. Einer von den beiden spricht ein paar Brocken Französisch, so können wir uns, das Wesentliche betreffend, verständlich machen.

Wir kommen immer wieder an Pygmäensiedlungen vorbei. Da ich von ihresgleichen begleitet werde, gibt es keine Kontaktschwierigkeiten. Wohlgesinnt treten mir erst die Männer aus ihren Laubhütten entgegen, dann werde ich auch von den Frauen mit freundlichen Mienen umringt. Nur die Kinder suchen bei meinem Auftauchen fluchtartig nach einem sicheren Versteck und schlagen sich mit großen Sprüngen ins nahe Gebüsch. Doch ihre kleinen Näschen lugen bald aus jeder Ecke neugierig hervor. Als sie sich dann scheu, doch auch vorwitzig mir nähern, brechen die Erwachsenen in gutmütiges, breites Lachen aus. Dabei entblößen sie zwischen ihren runden Lippen dolchförmig zugespitzte Zähne, und ihr Lachen erinnert an ein dämonenhaftes Haifischgrinsen. Ob das Schönheitsmerkmale sein sollen? Später erfahre ich, daß die Zähne beim Reiferitual zugefeilt werden.

Besonderen Wert legen die Frauen auf kurzgeschorene Haare. Mit platten, rasierklingenscharfen Metallstücken schaben sie sich gegenseitig die Köpfe kahl. Putzwütige Hausfrauen scheinen sie nicht gerade zu sein. Aus dem Inneren ihrer Laubiglus strömt modernder, verrotteter Geruch. Essensabfälle, abgenagte Knochen und faulende Mangos liegen verstreut am Boden. Darauf laben sich Schwärme von Fliegen. Was mir besonders auffällt, ist die ausgeglichene Art, in der die Pygmäen, Männer wie Frauen, miteinander umgehen. Ich höre niemanden zanken oder streiten. In ihren Mienen sehe ich keinen Unmut, keinen Ärger. Ihr Leben läuft in einem geordneten Gleichmaß ab. Jeder von ihnen kennt seine Funktion, die der Erhaltung ihrer kleinen Gemeinschaft nützlich ist. Besonders geschickt sind sie mit ihren Händen. Schon die jüngsten Sprößlinge bauen mit ihren zarten, winzigen Fingerchen erstaunliche, phantasiereiche Spielsachen aus Hölzchen und Naturfasern. Ich beobachte in ihren Reihen eine unbeschränkte Solidarität und eine gerechte Verteilung von dem, was sie besitzen.

In diesen Wäldern haben sich auch Bantus angesiedelt. Während sie in der zivilisierten Welt die Pygmäen als minderwertige Rasse herabsetzen, leben sie inmitten des wilden Elementes in guter Nachbarschaft. Die Pygmäen sind die erfahrenen Jäger, und sie tauschen gerne ihre erlegte Beute gegen die Feldprodukte der Bantus, die mehr mit der Bodenbestellung vertraut sind. Obwohl die Pygmäenfrauen wegen ihrer Fruchtbarkeit hoch im Wert stehen, vermischen sie sich selten mit den großen Bantus.

Mit verblüffender Selbstverständlichkeit werde ich noch vor Einbruch der Dunkelheit von einer Bantufamilie in ihrem kleinen Kreis aufgenommen. Meine zwei Wegbegleiter suchen die Nähe ihrer eigenen Rasse auf und verbringen die Nacht im nahen Pygmäendorf. Die Bantufamilie lädt mich zum Essen ein. Es gibt geräucherte Affenbrust und Tapioka. Ich halte mich mehr an die Wurzelbeilage. Isaac, der Familienvater, spricht genauso schlecht Französisch wie ich, und so kommt eine höchst anregende Unterhaltung zustande, in der vor allem Arme und Hände, Gebärden und Mienenspiel dominieren.

Auf meinen Reisen hat mich schon immer die Verständigung mit Menschen fasziniert, mit denen ich mich kaum oder gar nicht mit Worten unterhalten konnte. Die Körpersprache, denke ich, ist ehrlicher als alle Worte, die oft zu Verschleierung neigen und unbemerkt von der eigentlichen Aussage ablenken. Doch die Signale des Körpers täuschen nicht. Es sind die sensitiven Schwingungen, die miteinander in Verbindung treten. Und gerade diese unverbildeten, geradlinigen Menschen tasten mich wie mit feinen, ausgestreckten Fühlern sofort ab und spüren, wie ich wirklich zu ihnen stehe. Ob ich sie akzeptiere, ob ich sie mag, ob ich gerne mit ihnen ihre einfache Hütte, ihr bescheidenes Leben zu teilen bereit bin oder nicht. Und sie reagieren in intuitiver Zu- oder Abneigung, je nachdem, ob sie mich als Freund oder als Kritiker erkennen.

Während ich esse, sehe ich, wie drei der Mädchen riesige Bananenblätter in die gegenüberliegende Hütte schleppen. Allerdings ist die Hütte noch nicht fertig gebaut, nur das Astgerüst steht, und darauf sitzt ein Blätterdach. Isaac und seine Töchter weisen auf die Dichte des Blättergewölbes hin, durch das kein Regen dringen wird. Diese halbfertige Hütte wird meine Unterkunft für die Nacht. Die Bananenblätter wurden hoch übereinandergeschichtet, so werde ich die Kälte oder Nässe des Bodens nicht spüren. Einladend streichen die Mädchen über die Blätter. Ich lege mich darauf und bestätige ihnen, wie komfortabel mein Bett ist. Und das ist keine Lüge.

Inzwischen bringt mir Helene, die hübsche Frau Isaacs, ihre einzige Petroleumlampe. Dann füllt sie abgekochtes, noch heißes Wasser in meine Trinkflasche.

Nachts liege ich unter der Geborgenheit meines feinmaschigen Moskitonetzes. Das gibt mir nicht nur das Gefühl, vor Insekten geschützt zu sein, sondern daß es mir auch Schlangen vom Leibe hält. Allerdings, Wildkatzen und Panther hätten leicht Zutritt zu der offenen Hütte. Doch daran Gedanken zu verschwenden, wäre nicht sehr gescheit. Musik und Gesang dringen aus dem Pygmäendorf herüber. Ich höre Flötentöne und das fröhliche Zupfen von Saiteninstrumenten.

Frühmorgendliches Papageiengekreisch und das Schnattern und Streiten einiger Schimpansen wecken mich auf. Der Rauch, der an meiner Nasenspitze kitzelt, bringt mich endgültig hoch. Die Familie sitzt bereits plaudernd am Feuer, und ich geselle mich noch ein wenig verschlafen zu ihnen. Die ersten Sonnenstrahlen werfen ihr mattes Licht auf die kleine Lichtung. Die Mädchen bringen ein abgegriffenes Buch herbei, damit ich es betrachte. Es ist eine bebilderte Bibel, die ein Missionar vor drei Jahren dagelassen hat. Nun huscht Isaac in seine Hütte, um mir

Isaacs Familie, die mich großherzig aufnimmt

auch etwas zu zeigen. Es ist das Prunkstück seiner Waffensammlung: eine hölzerne armbrustähnliche Waffe. Und gleich demonstriert er seine Treffsicherheit. Ein Papagei fällt wie ein Stein zu Boden. Der bunte, tote Vogel wird von Helene und den Kindern

149

mit freudigem Geschrei in Empfang genommen und für das Mittagessen vorbereitet. Pygmäenfrauen kommen vorbei und bleiben stehen, um uns wilde Mangos zu geben. Ihre Körbe sind voll davon. Sie schmecken im Gegensatz zu den veredelten Mangos herb und bitter.

Aus dem Bananenhain treten die beiden Klein-Kleins hervor und mit ihnen drei ältere Pygmäen. Unerschütterliche Ruhe geht von diesen Männern aus. Ihre Gesichter sind verwittert, Mut und Zähigkeit ist in ihnen zu lesen. Es sind Männer, die mir Vertrauen einflößen, Männer, auf die ich mich in gefährlichen Situationen verlassen könnte. Sie werden der »Schnelle«, der »Lange« und der »Starke« genannt. Diese drei wollen gerade zu einem mehrtägigen Jagdzug aufbrechen, der sie auch in das Territorium von

Stolz zeigt mir Isaac die armbrustähnliche Waffe, in die er einen vergifteten Pfeil einlegt

Gorillas bringen wird. Sie hätten nichts dagegen, wenn ich mich ihnen anschließen wollte. Auch mein kleiner Dolmetscher kommt mit, während der andere Klein-Klein in sein Dorf zurückkehrt.

Bisher war der Weg nicht extrem mühsam gewesen. Im Vergleich zu dem, was nun folgt, glich er eher einem gemütlichen Sonntagsspaziergang, auf dem ich Muße fand, Paradiesvögel und Orchideen zu betrachten. Doch das Abenteuer, in das ich mich jetzt stürze, verlangt äußerste Wachsamkeit. Jede kleinste Unaufmerksamkeit könnte gefährlich werden. Boden, Blätter, Stämme, Äste müssen vorab mit den Augen abgetastet werden. Auf alles Unsichtbare konzentrieren sich die anderen Sinnesorgane.

Ich folge den Jägern. Auf ihren Schultern liegen Speere und Äxte, auf dem Rücken hängen der Bogen und der Köcher mit vergifteten Pfeilen. In den Händen halten sie die lebensnotwendigste Waffe, die Machete, ohne die es kein Durchkommen gäbe. Ohne sie würde die Verstrickung von Palmen, Riesenfarnen und das dichte Netz der Luftwurzeln zum höllischen Gefängnis werden.

Wir tauchen hinein in das dunkle Grün, verschwinden wie kleine Insekten unter der gigantischen Höhe des vielstöckigen Pflanzenteppichs. Ein wirres Gewölbe aus Blättern, Zweigen und Kletterpflanzen schlägt über uns zusammen. Wir bewegen uns unter einer schummerigen Kuppel, die keine Helligkeit durchdringen läßt, die gerade noch dumpfes Dämmerlicht zubilligt, aber keine Beziehung zum Himmel erlaubt. Allein die Erde wird zum Bewußtsein. Und diese bloß auf kleinstem Raum. Nicht die geringste Luftbewegung kommt zustande, und die Luftfeuchtigkeit ist betäubend.

Die Dichte der Vegetation erlaubt nur langsames Vorwärtsdringen. Widerwillig geben die robusten, ineinander verketteten Pflanzengewächse den leise pfeifenden Hieben der Buschmesser nach. Wir sind Eindringlinge. Und das läßt der Wald uns fühlen. Er wird zum widerspenstigen Gegner, zu einem wilden Tier, das sein Territorium zu verteidigen sucht. Er wird zur aggressiven

Einheit, die angreift. Mit Dornen und Spießen. Mit langen Stacheln, die sich wie Nadeln tief ins Fleisch bohren. Jeder Tritt durch den Morast ist von schmatzenden, saugenden Geräuschen begleitet. Augenblicklich füllen sich die hinterlassenen Abdrücke im Boden wieder mit Wasser. Meine Tennisschuhe sind voll Schlamm, und der stehende Schweiß und die nasse Kleidung umklammern den Körper. Manchmal ist es unheimlich still. Nur die eigenen Schritte im Sumpfboden und die emsig schwingende Musik der Macheten sind zu hören.

Wir müssen auf der Hut sein vor den kleinen Feinden. Das sind die Armeen der Ameisen, die Zecken, Blutegel, Würmer und die summenden Moskitos. Selbst die lederhäutigen Pygmäen benehmen sich wie von Furien gehetzt, wenn sie von Ameisen attackiert werden. Haardünne Blutegel dringen durch jede kleinste Öffnung in der Kleidung, saugen sich voll mit Blut bis zu Fingerdicke. Durch das Berühren mancher Blätter sammelt man Viren auf, die unangenehme Hautinfektionen hervorrufen. An Flußläufen fällt das Gelände oft steil ab, und auf den Abhängen dieser nassen Schluchten rutsche ich ab wie auf Schmierseife. Ich suche Halt an Boden- oder Luftwurzeln. So früh wie möglich versuche ich zu erkennen, auf welchem Ast, welchem Stamm ich mich abstützen oder festhalten kann. An manchen haften feine Nadelkissen, an anderen hängen Ameisentrauben oder Spinnen. Viele Palmen strecken weit ihre Fangarme aus, die von Tausenden winzigen, haarigen Widerhäkchen übersät sind und mich unbarmherzig festhalten. Nur mit ruhigen Bewegungen vermag ich mich aus ihren schmerzenden Umarmungen zu befreien. Je wilder ich um mich schlage, desto unnachgiebiger halten sie mich gefangen.

Was mir jedesmal aufs neue den Schweiß aus allen Poren treibt, sind die glitschigen und morschen Baumstämme, auf denen wir die Flüsse überqueren müssen. Diese Hindernisse verlangen mir vollste Konzentration ab. Einmal verliere ich stark die Balance. Unter uns schäumt der Fluß. Krampfhaft versuche ich, mich an der Schulter des Starken festzuhalten. Aber der Mann ist so klein, daß ich keinen Ausgleich finde. Da schließe ich die Augen, um die Tiefe nicht mehr zu sehen, strecke meine Arme weit aus und versuche, ein inneres Bild von Ruhe und Gelassenheit herbeizuführen. Ich gewinne mein Gleichgewicht wieder, und wie durch ein Wunder gelange ich ans andere Ufer.

Jeder Bach ist eine Aufhellung im engen Pflanzenlabyrinth. Jedes Stein-zu-Stein-Springen wird dabei zur erfreulichen Abwechslung, weil es größere Bewegungsfreiheit zuläßt. Jetzt glaube ich auch zu wissen, warum die Pygmäen so klein sind. Um sich einen Weg unter Ästen, Zweigen und Luftwurzeln zu bahnen, müssen Menschen wie ich sich ständig bücken. Da ist die Natur ihnen entgegengekommen und hat sie klein gemacht.

Wenn meine Begleiter plötzlich hinter hohen Palmen oder Farnkräutern unsichtbar werden, überfällt mich das unheimliche Gefühl, ganz allein im Kampf gegen eine menschenfeindliche Natur zu sein. In diesen Augenblicken fühle ich eine starke Bedrohung, und ich frage mich, warum ich mich nur dieser grünen Hölle aussetze. Worin besteht deren Faszination? Dann wieder erlebe ich eine Zeitspanne, in der mir alles gleichgültig wird. Wassertümpeln weiche ich nicht mehr aus. Ich stapfe mechanisch wie ein Roboter mitten hindurch. Ich werde unempfindlich gegen bohrende Dornenstiche, juckende und beißende Insektenbisse und brennende Hautabschürfungen. Psyche und Körper erfahren einen Zustand, in dem ihnen nichts mehr etwas anhaben kann. Ich stumpfe ab gegen Schmutz und Schmerz.

Als ich mich bei einer längeren Marschpause der Länge nach auf den dumpf riechenden, feuchten Boden werfe, muß ich laut auflachen. Wie konnte ich auch nur für einen Augenblick die Natur fürchten? Wie belebend ist doch diese wilde Kraft um mich herum! Und tief sauge ich die saftige Üppigkeit ein, die mich umschließt, bis ich selbst ein Teil von ihr werde. Nur in tropischen Wäldern habe ich den vollständigen Lebenskreis gefunden mit seinem fortwährenden Gebären, Sein, Sterben und Wiedergebären. Und doch weiß ich, daß ich durch meine Erziehung und Herkunft nicht auf Dauer diese Wildnis ertragen könnte. Daß ich auch manche Erscheinungen der Zivilisation brauche, die mir anderen Nährstoff geben. Es sind die Gegensätze, die mich beweglich halten. Und nur die andauernde Veränderung ist es, die meine eigene Entwicklung fördert.

Ein seltsames Pfeifen ertönt hinter uns. Es ist eine Viper, die lockt, und die Pygmäen hätten sie gern gefangen, doch das Reptil ist schneller als ihre Hände. Der Lange macht mich auf eßbare Früchte und Wurzeln, auf junge Sprößlinge aufmerksam, die sich zum Verzehr eignen. Aus durchgeschnittenen, armstarken Lianen trinken wir eine erfrischende Flüssigkeit. Die Angst, im Regenwald zu verdursten, braucht keinen zu plagen.

Der Jagdinstinkt der Buschmänner ist erwacht, sie holen sich jedoch aus dem Wald nur das, was sie zum Überleben brauchen. Sie fügen sich Naturgesetzen, wie die Tiere des Dschungels es tun. Nur die Jagdmethoden muß ein europäischer, verweichlichter Magen erst aushalten.

Die Pygmäen riechen buchstäblich die Anwesenheit ihrer Opfer. Jedesmal, wenn sie ihre platten Nasen schnuppernd in die Höhe halten, erkenne ich, daß sie Magenfüllendes aufgestöbert haben.

Im Moment sind sie hinter einem Gürteltier her. Der Schnelle bindet aus starken Luftwurzeln einen Klettergurt, mit dessen Hilfe er mühelos am Stamm eines Urwaldriesen hinaufsteigt. Mit den nackten Füßen stemmt er sich dabei gegen die rauhe Rinde. Dann höre ich den Fall eines schweren Körpers. Der Lange und der Starke verschwinden spurlos im Dickicht und als der Schnelle wieder den Waldboden berührt, schleppen die anderen bereits das erschrockene Tier heran. Die vier grinsen in Vorfreude auf das zukünftige Mahl, doch noch lebt es. Ein Schlag mit der Machete ins Genick, und der Körper des Tieres rollt sich in Abwehr zusammen. Die gepanzerte Oberseite umhüllt es wie ein rundes Schild. Seelenruhig rollen die kleinen Leute den gekrümmten Körper wieder auf und verpassen ihm einen zweiten Hieb. Wieder rollt sich das Tier zusammen. Die harte, schuppige Oberfläche hebt und senkt sich im langsamen Todeskampf.

Ich kann das nicht mehr mit ansehen und frage Klein-Klein,

wenn er jetzt sterben müßte, ob er es lieber langsam oder schnell hinter sich bringen möchte. Ich bin mir seiner Reaktion nicht sicher, weil ich bei den Pygmäen nie erkennen kann, was sie wirklich denken und fühlen. So freundlich sie auch sind, in ihr Inneres lassen sie sich nicht hineinschauen. Immer zeigen sie ihr gleichbleibendes, fast stimmungsloses Koboldlachen.

Doch jetzt greift Klein-Klein nach einem Speer und sticht blitzschnell in die Augen des zuckenden Tieres. Sekunden darauf liegt es inmitten einer großen Blutlache ruhig am Boden. Die Pygmäen rollen den Kadaver fest in einen Blättermantel ein, damit die Ameisen ihn nicht fressen, und schnüren ihn mit Rindenfasern zu einem Paket zusammen. An einer langen Schlaufe wird er als bequeme Last über die Schulter geworfen.

Ein querliegender, morscher Baumstamm erregt die Gemüter der Jäger. Ein Loch wird hineingeschlagen, in das sie Zweige stecken. Damit sondieren sie die genaue Position des sich darin versteckt haltenden Tieres. Mit lang ausgestreckten Armen holt der Lange dann eine wütend fauchende Schildkröte heraus. Doch das vorgereckte Köpfchen und die Beine werden unter den Panzer gezwängt und die Öffnungen zugebunden. Wehrlos gemacht hängt es nun als tragbares Paket neben dem Gürteltier. Eine meterlange Echse und ein kleines, quietschendes Schwein werden auch noch mit Pfeil und Bogen und der Hilfe der Speere erlegt.

Kurz vor der Dämmerung erreichen wir einen schon länger nicht mehr benützten Lagerplatz der Jäger. Doch es dauert nur wenige Minuten, bis die Laubhütten wieder hergerichtet sind. Meine Zündhölzer sind durch die enorme Luftfeuchtigkeit unbrauchbar geworden, doch der Schnelle öffnet sein Felltäschchen, entnimmt diesem zwei kleine Steinchen, einen Metallsplitter und ein wenig Naturfaser. Mit dem Metall ritzt er eine winzige Kerbe in einen der Steine und stopft die wollige Faser hinein. Dann schlägt er mit dem anderen Stein dagegen – schon sprühen Funken. Die Faser entzündet sich, und bald darauf lodert ein helles Feuer, in welches das Schwein samt Haut und Haaren geschoben wird. Ich suche inzwischen meinen Körper nach Zecken, Würmern und Blutegeln ab und tupfe desinfizierende Lösung auf alle Einstiche und Schrammen.

Schlagartig wird es finster. Die dunklen Blättergebirge verschmelzen mit der schwarzen Nacht. Auf ein unmerkliches Kommando hin fängt ein ohrenbetäubender Spektakel an. Der riesige Chor der Zikaden beginnt in allen Tonhöhen zu sägen. Und die Frösche treten mit ihrer musikalischen Stärke und Einigkeit zum Konkurrenzkampf an. Vögel trällern oder bellen wie Hunde mit Halsschmerzen. Überall lacht und singt es. Millionen von Insekten stimmen mit ein. Dazwischen vernehme ich Geräusche, die wie ablaufende Wecker rasseln. Hohe, tiefe und helle Töne. Sie rufen und locken. Feuerfliegen flackern wie winzige Glühbirnchen über uns hinweg.

Wir hocken auf Wurzeln und abgebrochenen Baumstämmen und kauen am kaum gebratenen Schwein. Das Fleisch ist noch roh und zäh. Jetzt glaube ich zu wissen, wozu die Pygmäen ihre zugespitzten Zähne wirklich brauchen. Zum Dessert werden mir geröstete Raupen angeboten. Ich überwinde mein Grausen und probiere diese Leckerbissen. Dabei bin ich angenehm überrascht, wie zart und sämig sie schmecken, ähnlich wie das Fleisch von Meeresschalentieren.

Bevor ich mich zur Ruhe begebe, streue ich etwas Asche rund um unser Lager, sehr zur Verwunderung der Pygmäen, die wohl denken, ich gebe eine magische Vorstellung. Ich erkläre, daß die Asche die Ameisen abhalten wird. Die kleinen Wichte setzen ihr übliches Grinsen auf. Aber ich kriege nicht heraus, ob sie diesen Trick schon kennen oder mir nicht glauben.

In meiner Hütte steht der Geruch gärender Fäulnis. Und das Schwein liegt mir schwer im Magen. Obwohl die Temperatur an die 25° Celsius betragen muß, empfinde ich die Nacht als kalt. So kalt, daß mir die Zähne klappern. Es ist die beißende Nässe, die mich von allen Seiten umhüllt. Die Kleider sind klamm, und ich stecke im Schlafsack wie in einem vollgesogenen Schwamm.

Nachdem das Feuer erloschen ist, wird es so finster, daß ich die eigene Hand vor den Augen nicht mehr sehe, und ich frage mich, ob ich überhaupt noch existiere. Ich lausche in die pechschwarze Nacht hinein.

Schlag sechs Uhr erwacht der Tag. Gleichzeitig verstummen alle Geräusche, die noch eben so voll vitalen Lebens waren. Als ich aus meinem Laubloch hervorkrieche, erspähe ich zwei Affen in rotbraunem Fell, die leblos neben der anderen Jagdbeute liegen. Wann wurden sie erlegt? In der Nacht? Oder in der kurzen Dämmerung? Wieselflink scheinen die Pygmäen überall gleichzeitig zu sein. Sie hocken bereits vor ihrem Frühstück, einer kleinen Echse, der sie gerade die schuppige Haut abziehen.

Überhaupt nicht lustig stellt sich das Durchqueren eines großen Sumpfes heraus. Eigenwillig will ich meinen eigenen Weg finden, doch plötzlich wird der Grund unter mir zum leeren Loch, und ich werde in die Tiefe hinabgezogen. Ich rufe gar nicht mutig, dafür aber sehr laut um Hilfe. Sekundenschnell schneiden und knüpfen meine vier Begleiter aus strapazierfähiger Naturfaser eine Rettungsschlinge, die sie mir über die Schultern werfen. Sie schließt sich um meinen Brustkorb, der schon von der dunklen, schäumenden Erdbrühe umfaßt wird. Mit ihrem stets gleichbleibenden Lächeln ziehen mich meine Lebensretter aus dem Schlamm. Noch Stunden später schlottern mir die Knie.

Endlich! Am dritten Tag entdecken wir die ersten Gorillaspuren. Wo immer sie durchkommen, lassen sie geborstenes Holz, geknickte Äste, aufgewühlte Erde und abgenagte Wurzeln zurück. Ihre Aufenthaltsorte bieten im nachhinein den Anblick totaler Verwüstung. Die Fährten sind frisch, und wir rücken so nahe an sie heran, bis wir ihr dumpfes Grunzen vernehmen.

Plötzlich ertönt lautes Dröhnen, und im nächsten Augenblick bricht das gewaltige Trommeln des Regens über den Wald herein. Einer Sintflut gleich ergießen sich ungeheure Wassermassen über uns, stürzen mit mächtigem Rauschen durch die bis hundert Meter hohen Baumkronen herab, prasseln von Stockwerk

Einer der Jäger, die mich auf die Jagd mitnehmen

zu Stockwerk, von Blatt zu Blatt. Die vollgesogenen Kleider und der Rucksack hängen schwer wie Blei am Körper.

Mist! Jetzt sind die Affen natürlich weg! Der schwere Regenguß treibt alles Wild in die entlegensten Winkel, daß selbst den Pygmäen die Lust am weiteren Aufspüren vergeht. Noch vor Einbruch der Dunkelheit erreichen wir wieder das Dorf. Dort werden die Männer und ihre Beute von ihren vor Freude hüpfenden und tanzenden Frauen empfangen.

Wie verabschiede ich mich von den kleinen Buschmännern, mit denen ich Sümpfe, beißende Ameisen und ein rohes Wildschwein geteilt habe? Sie blicken mich an, stehen da in einer geschlossenen Einheit, die sie unter sich bilden. Sie erwarten keine Anhänglichkeit von mir. Und kein gefühlvolles Abschiednehmen. Noch einmal grinsen sie mir spaßig zu. Der Starke, der Schnelle, der Lange und Klein-Klein. Dann hat der Wald sie verschluckt.

Wie eine verloren geglaubte Tochter werde ich von Helene und Isaac aufgenommen. Wieder ist die ganze Familie am Werk, um es mir bequem zu machen. Nachts höre ich wohl schleichende Geräusche im angrenzenden Gebüsch, auch das nervöse Gackern des Huhns, das ich von Helene als Abschiedsgeschenk erhielt und das in meiner Nähe in einem Korb liegt. Doch ich bin zu müde, um diese Wahrnehmungen in mein Bewußtsein einzulassen. In der Frühe ist der Korb leer, das Huhn verschwunden. Isaac zeigt mir die großen Katzenspuren im Boden, die rund um meine Hütte führen. Er ist überzeugt, daß der Dieb ein Panther gewesen ist.

Ich will Isaac, der seit vielen Wochen Leibschmerzen hat, mit in das Städtchen nehmen, doch seine Frau sträubt sich dagegen. Sie war noch nie von ihm getrennt. Ich verspreche, die Kosten für den Arzt und die Medikamente zu übernehmen, und endlich fügt sich Helene in die kurze Trennung.

Isaac hat Würmer. Der britische Arzt gibt ihm Medikamente. Geld nimmt er keines von mir. Doch er würde sich freuen, sagt er, wenn ich ihm am nächsten Tag von meinen Erlebnissen im Dschungel erzähle.

Ängstliche Diebe und ein rasender Missionar

Die Räder des Zuges rollen in Richtung Norden. Spät nachts komme ich in Ngoundere an, das auf einem weiten Plateau im Savannengürtel Kameruns liegt. Meinen steifen und müden Knochen ist es recht, als der Besitzer eines billigen Straßenrestaurants mir einen Bretterverschlag als Unterkunft anbietet. Das dunkle Loch ist mir zwar nicht ganz geheuer, doch bin ich zu ausgepumpt, um nach einer anderen Unterkunft zu suchen.

Als mir der Mann heißen Kaffee anbietet, nehme ich ihn gerne an. Das hätte ich besser bleiben lassen sollen, denn am nächsten Morgen erwache ich mit einem dumpfen Druck im Kopf und Schwindelgefühlen. Vor meinen Augen tanzen Nebelschleier. Als ich endlich meine Lider offenhalten kann, entdecke ich die unerfreuliche Bescherung. In der Nacht ist in mein Zimmer eingebrochen worden, und jemand hat in sichtlich größter Seelenruhe maulwurfartig mein gesamtes Gepäck durchwühlt. Meine Sachen liegen in buntem Durcheinander über den ganzen Boden verstreut. Die Diebe konnten sich in völliger Sicherheit wiegen, denn sie kannten ja die Wirkung des Betäubungsmittels, das sie mir ins Getränk gemischt hatten.

Das ist immerhin mein vierter Zimmereinbruch auf meiner Reise durch Afrika. Zweimal bin ich dabei wach geworden und konnte die Diebe verjagen, ein anderes Mal war in meiner Abwesenheit der Raum auf den Kopf gestellt worden. Aber dieser Einbruch beängstigt mich, weil dabei mein Reaktionsvermögen völlig ausgeschaltet wurde und ich dadurch völlig wehrlos gemacht worden bin. Als ich mein Gepäck durchgehe, vermisse ich meine Kamera und das Bargeld aus meinem Geldbeutel. Doch ich hatte Glück, daß die Leute nicht unter meiner Bettdecke nachgesehen haben. Dort hätten sie nämlich meine Schecks gefunden. Eine Vorsichtsmaßnahme, die sich jetzt bezahlt gemacht hat.

Der Einbruch ist also noch glimpflich ausgegangen, und der

Inhaber dieses miesen Schuppens bejammert und bedauert das Unglück in allen Tönen. Ich gehe zur Polizeistation und melde den Schaden. Während ich noch auf einen zeitaufwendigen, mühsamen Papierkrieg gefaßt bin, zieht der Beamte eine Schublade auf und holt daraus meinen Fotoapparat hervor.

»Ist er das?« fragt der Mann und schüttelt sich vor Lachen. Ich kann es noch nicht glauben!

Die Diebe waren keine Profis gewesen. Im Besitz der teuren Kamera hatten sie wohl Angst bekommen, als Diebe entlarvt zu werden, und ließen sie einfach irgendwo liegen. Ein ehrlicher Finder hat das gute Stück dann zur Polizei gebracht. Aber auch die Ehrlichkeit der Beamten grenzt an ein kleines Wunder. Trotzdem habe ich das Bedürfnis, den Ort so schnell wie möglich zu verlassen.

Die Buschtaxis zur Grenze nach Zentralafrika sind mit großen Säcken beladen. Ihr Inhalt sind tote Affen, Antilopen und Stachelschweine. Mit nach Aas stinkenden Kleidern überquere ich die Grenze und stelle mich den italienischen Patres auf der katholischen Mission in Bouar vor. Sie bieten mir ein vom Hauptgebäude weit abgelegenes, dunkles Zimmer an. Da mir noch der Schock des nächtlichen Zimmereinbruchs in den Knochen steckt, ist mir in der abseits liegenden Unterkunft etwas bange. Ein Gefühl, das ich bisher in Afrika nicht gekannt hatte. Ich verbarrikadiere die Tür mit Tisch und Stühlen. Fenster gibt es keines in diesem Raum.

Am nächsten Morgen höre ich beim gemeinsamen Frühstück mit den Patres, daß einer von ihnen noch heute nach Bangui, der Hauptstadt Zentralafrikas, fahren will. Ich habe Glück. Ich darf mich dem großen, kräftigen Mann auf seiner Fahrt anschließen. Aber am Ende besteht das Glück eher darin, daß wir Bangui überhaupt lebend erreichen. Der Mann Gottes muß eine gehörige Portion Gottvertrauen besitzen, denn für den rasenden Patre existieren keine Hindernisse. Es gibt keine Unebenheiten, keine Rinnen und keine Furchen, die wir nicht mit Vollgas überfliegen. Dabei ist die butterweiche Erde gefährlich wie Glatteis. Doch wir jagen über Sprungschanzen und preschen durch wassergefüllte Löcher, als sei der Teufel persönlich hinter uns her.

Als ich in einer Ansiedlung mit Bedauern auf einige neuzeitliche Häuser hinweise, die gewaltig das Dorfbild stören, entgegnet der Mann mit Überzeugung, daß die moderne Bauweise, die sich langsam durchzusetzen beginnt, für die Leute hygienischer und gesünder sei. In den alten Strohdächern sammele sich doch viel zuviel Ungeziefer an. Gott erhalte ihm seinen Glauben, daß die Afrikaner über die von uns eingeführte Sauberkeit und Ordnung froh sein müssen. Kein Wunder, daß in den neuen Häusern weniger Ungeziefer aufkreuzt, denn die konnten sich wenigstens noch ihren angeborenen Instinkt bewahren. Hitzereflektierende Aludächer und luftundurchlässige Betonwände scheinen mir in den Tropen nicht die wahre Lösung zu sein.

Plötzlich ein knatterndes Geräusch, und wir sehen das linke Vorderrad in vollem Schuß davonfliegen. Erst bockt der Wagen auf seinen restlichen drei Rädern wie ein wild gewordenes Pferd, dann bohrt er sich mit seiner Schnauze tief in den Schlamm. Die Bewohner des nahen Dorfes kommen herbeigeeilt und helfen uns, das Rad und die verlorengegangenen Schrauben zu suchen. Der Reifen saß im Geäst eines Baumes, und die Schrauben fanden wir nach endlosem Wühlen im Schlammboden. Außer ein paar zusätzlichen Blechbeulen hat der Peugeot weiter nichts abbekommen, und somit können wir das Rennen fortsetzen. Auf die herrliche Fernsicht, die das Plateau bietet, vermag ich mich allerdings kaum zu konzentrieren.

An jeder Missionsstation halten wir an. Der fliegende Missionar gibt Post ab oder nimmt neue mit. Seine Hauptsorge gilt jedoch dem heutigen Unabhängigkeitstag, Anlaß für neue Unruhen, Revolten oder Anschläge.

»Man sitzt hier ständig wie auf einem Pulverfaß. Nie weiß man, was in der nächsten Sekunde passiert.« Wo immer es möglich ist, hören wir Funk oder Radio. Doch es kommen keine beunruhigenden Meldungen durch. Ich jedoch genieße die Limonade und Ruhepausen zwischen den aufregenden Straßenjagden.

Den Schwestern und Vätern sitzt die Angst im Genick. Erst vor einem Monat hat es einen Bombenanschlag in Bangui auf ein Kino gegeben. Drei französische Soldaten sind dabei ums Leben gekommen, viele andere wurden verletzt. Und es werden neue Attacken erwartet. Es brodelt und rumort im Untergrund. Das Schlimmste vor Augen, nähern wir uns Bangui. Doch die Stadt liegt in ihrer Feiertagsstimmung ruhig und friedlich vor uns. Ein paar Einheimische sitzen verträumt am Straßenrand und knabbern an gebratenem Maniok. Bangui bietet absolut kein Bild der Beunruhigung. Zumindest nicht an diesem Tag. Das einzig Lebensgefährliche, seit ich zentralafrikanischen Boden betreten habe, war die Autofahrt mit dem so um Gefahr besorgten Patre.

Bangui ist eine großzügig angelegte Stadt mit breiten Straßen und schattigen Alleen, großen Villen und riesigen Gärten, in denen die tropische Natur sprießt und gedeiht. Die Stadt wird im Norden eingegrenzt von bewaldeten Hügeln und im Süden vom Fluß Oubangui, der Zentralafrika von Zaire trennt. Nachts sind alle Straßen wie leer gefegt. Im europäischen Stadtteil ist an allen Ecken und Enden die Furcht vor neuen Anschlägen zu spüren.

Am Wochenende habe ich plötzlich heftige Zahnschmerzen. In der Nacht von Samstag auf Sonntag werden diese zur quälenden Pein. Wo kriege ich bloß um diese Zeit einen Zahnarzt her? Ich frage an der Rezeption des Hotels. Ein libanesischer Geschäftsmann wird Zeuge meiner Anfrage. Mitleidsvoll betrachtet er meine geschwollene Backe und bietet mir unverzüglich Hilfe an. Er hat einen Freund – einen Ägypter –, der sei Zahnarzt, und er will mich sofort hinfahren. Ich habe Vertrauen zu dem Mann. Der Zahnarzt bewohnt ein kleines Hotelzimmer zusammen mit drei siamesischen Katzen und zwei Papageien. Dumpfe, stickige Luft schlägt mir entgegen. Die Katzen streichen mir um die Beine. Der junge Ägypter behauptet, er könne die Behandlung gleich an Ort und Stelle, hier in diesem nach Zoo riechenden Zimmer vornehmen. No problem. Ich muß mich neben die drehbare Nachttischlampe setzen. Der junge Mann leuchtet damit die schmerzende Ursache meines Kommens an.

»Keine Angst«, meint er, »das ist eine einfache Sache. Aber der Zahn muß raus.«

»Jetzt gleich?« frage ich entsetzt. Der Zahnarzt, von dem ich nicht einmal weiß, ob er überhaupt einer ist, nickt, und ich befürchte das Schlimmste. Aber ich habe nicht viel Wahl. Mit einem Spray vereist er die Einstichstellen, dann bereitet er die Injektionen vor. Schnell fühle ich die betäubende Wirkung. Während die beiden Freunde zu einer Zigarettenpause zusammenhocken, siedet im Halbdunkel des Badezimmers der Wassertopf auf einem Spiritusbrenner, mit dem die Instrumente steril gemacht werden. Das hebt meine Zuversicht.

Auf einmal liegt die blutige Zahnruine vor mir auf dem Nachttisch, und ich schaue verdutzt drein, weil ich kaum etwas gespürt habe. Als ich frage, was ich schuldig bin, antwortet der junge Ägypter höflich: »Es war mir eine Ehre.«

Abenteuerliches Zaire

Jeden Tag gehe ich zum Fluß hinunter, setze mich ans Ufer und schaue hinüber auf die andere Seite. Zaire liegt vor mir. So nahe und doch so unbekannt, ungezähmt und abenteuerlich. Ich starre auf den braunen, träge dahinfließenden Oubangui-Strom, als könnte er mir Antwort geben auf die Frage: »Was wird mich erwarten da drüben im wildesten Land Afrikas mit seinen unendlichen Regenwäldern und Flußläufen im Norden und seinen ausgestreckten Savannen im Süden?«

Was ich bisher zu hören bekam, sind unwahrscheinliche Geschichten über die schlimmsten Überlandstraßen der Welt. Absolut nichts soll nach Zeit oder Plan laufen. Sollten irgendwo Fahrpläne hängen, dann nur zwecks Dekoration. Welches Verkehrsmittel man auch wählt, man wird mit blauen Flecken und Schrammen übersät aussteigen. Und jetzt in der Regensaison sollte man gut zu Fuß sein. Es ist nicht sicher, ob ich zu dieser Zeit überhaupt durchkomme. Ich habe gehört, daß an manchen Orten zivilisierte Schwarze aggressiv gegen Weiße vorgehen und bei Nia-Nia ein Pygmäenstamm alle Fremden mit Giftpfeilen verscheucht. Daß der Norden einer chronischen Nahrungsmittelknappheit ausgesetzt ist und daß es ständig Ärger gibt durch die Ausbeutermethoden, Inkompetenz und Tyrannei der Beamtenkreise. Auch daß die politische Stabilität nur durch rigoroses Ausschalten aller Opposition gehalten wird.

Doch hörte ich auch von phantastischen, eindrucksvollen Naturschönheiten, von märchenhaften Bergregionen und ihren darin thronenden Vulkanen. Und von einer schier unglaublichen Herzlichkeit und Gastfreundschaft der Bevölkerung, besonders an abgelegenen Orten.

Mit einer Piroge, einem Kanu, lasse ich mich über den Fluß setzen. In dem kleinen Zollhäuschen von Zongo, das nur ein paar Schritte vom Ufer entfernt steht, wacht Mobutu von der Höhe ei-

167

ner grauen Wand herab über sämtliche Amtshandlungen. Die Augen muß er wohl ab und zu geschlossen halten, um nicht die kleinen und größeren Verfehlungen seiner Leute wahrzunehmen.

Der behäbig wirkende Beamte nimmt auf einem mit dickem Plüsch gepolsterten Stuhl hinter einem schweren Holztisch Platz, während ich es mir auf einem rostigen Ölkanister ihm gegenüber bequem machen darf. In königlicher Haltung fegt der Mann die Staubschicht von dem großen, schwarzen Buch, in das meine Personalien und Daten mit ungelenker Handschrift eingetragen werden.

Die erste nicht ganz einwandfreie Amtshandlung widerfährt mir, als der Uniformierte mir weismachen will, daß ich für die Dauer meiner Visagültigkeit eine angeblich vorgeschriebene Tagespauschale in Zaire-Noten zu wechseln hätte. Ich versuche mich dagegen zu wehren, aber der Beamte hält meinen Paß in der Hand und wird diesen nicht zurückgeben, bevor ich nicht in das Wechselmanöver einwillige. Ich gebe ihm meine restlichen CFA. Damit verschwindet er und läßt mich allein mit Mobutu, dessen Augen in diesem Augenblick trübe werden. Als der Beamte zurückkommt, hat er einen riesigen Sack voller inflationsbehafteter Geldnoten bei sich. Er entnimmt etwa die Hälfte des Geldes und häuft einen Notenberg vor mir auf. Um der Sache einen sauberen Anschein zu geben, kritzelt er auf ein schon gebrauchtes Kuvert den offiziellen Umrechnungskurs, den er mir aushändigt. Die andere Hälfte des Geldes läßt er in der Schublade des Tisches verschwinden. Ich komme mir leicht überfahren vor.

Zwischen grasbedeckten Lehmhütten und Bananengärtchen glaube ich, eine nette Unterkunft gefunden zu haben. Genießerisch setze ich mich in einen einladenden Korbsessel, strecke meine Beine weit von mir und genieße die idyllische Ruhe, während die Dämmerung hereinbricht. Im gleichen Augenblick schaltet sich tief brummend der Hausgenerator ein. Bunte Neonröhrchen flackern auf, und aus einer Stereoanlage bellt mir betäubende Popmusik entgegen. Die schlechte Tonqualität ist schlimmer, als meine Ohren ertragen können. Ich ergreife die Flucht und gehe spazieren. Der Mond ist hell, und Leuchtkäferchen tanzen und gleiten über silbrige Büsche und Wiesen. Trommeln erklingen von irgendwoher und melancholisches Singen. Bloß ein paar Schritte, und ich bin wieder in Afrika!

Als ich zum Haus zurückkehre, scheint ganz Zongo davor versammelt zu sein. Nicht meinetwegen, sondern weil mein idyllischer Schlafplatz die gängigste Bar im Ort ist. Die erste Nacht in Zaire verläuft demnach anders, als ich es mir im friedlichen Busch vorgestellt hatte.

Zwölf Tage später reise ich auf einem zum Bersten überfüllten Lastwagen in Lisala ein. Mir tut jeder Knochen im Leib weh. Von den blauen Flecken und Schrammen will ich gar nicht reden. Was mir jedoch brennenden Schmerz bereitet, ist das Benzin, das sich durch meine Hosenbeine bis auf die Haut durchgefressen hat. Es war absolut kein Platz, den undichten, in meine Kniekehlen drückenden Kanister auch nur einen Millimeter zu verrücken. Oder ich hätte in ein riesiges Bündel voller Schnecken steigen müssen. Das ließ jedoch das dicke und gegen mich ankämpfende Hinterteil des Mädchens nicht zu, dem die Schnecken gehörten.

Auf der katholischen Mission stellt mir ein italienischer Patre einen fensterlosen, aber eigenen Raum zur Verfügung. Auch wenn dessen einziges Inventar eine harte Holzpritsche ist, so ist es doch das freundlichste Entgegenkommen eines Missionars im bisher durchreisten ehemaligen Belgisch-Kongo. Denn es gibt strikte Anweisungen vom zuständigen Departement und Touristenamt, Reisenden keine Unterkunft zu gewähren. Viele Missionare richten sich danach, weil sie keinen Ärger kriegen wollen. Gedrillte Kommissare und Staatsgetreue werden in alle Winkel und Ecken des Landes ausgesandt, die wie Spürhunde bei der Bevölkerung herumschnüffeln. Sie haben den Auftrag, dafür zu sorgen, daß alle Anordnungen des uneingeschränkt herrschenden Diktators Sese-Seko Mobutu im ganzen Lande verbreitet

Die Lastwagenfahrten im Norden von Zaire sind erlebnisreich

und befolgt werden. Aber wenn auch Mobutu selbst eingerahmt
von allen Zimmerecken und Wänden seine scharfen Blicke auf
Zaire wirft, so ist doch jede Neueinführung ein mühsamer Vor-
gang. Und erst recht in einem so riesigen Land wie Zaire, wo eine Ecke nicht weiß, was in der anderen geschieht, wo die Ansiedlungen schwer zugänglich sind, oft nur auf weitverzweigten
Wasserwegen oder einsamen Buschpfaden. Das Nachrichten-
system in dem 2,3 Millionen Quadratkilometer großen Land wird
noch immer zum überwiegenden Teil von der Trommelsprache
getragen. So geht die Ausbreitung von Neuigkeiten äußerst langsam ihren Weg.

Die Order von oben will, daß jeder Bewohner Zaires mit »Citoyen« – »Bürger« – angesprochen wird. Und daß die eingewur-
zelten Familien- und Clan-Gemeinschaften abgeschafft werden.
Die Bürger Zaires werden nachdrücklichst darauf aufmerksam

170

gemacht, sich in die neue Sozialstruktur einzufügen. Die Sache ist nur die, daß der Durchschnittsafrikaner nicht nur recht starrköpfig, sondern auch sehr anhänglich ist, was seine alten Überlieferungen und eingefleischten Gewohnheiten betrifft. Aus diesen Gründen haben es die »Offiziellen«, die bei der Bevölkerung auf inneren Widerstand stoßen, nicht leicht, die angeordnete, strenge Organisation durchzusetzen.

Zwei Tage lang liege ich so gut wie regungslos auf der Pritsche der italienischen Mission, um mich von den anstrengenden Überlandfahrten zu erholen. So habe ich Zeit, noch einmal die stärksten Reiseeindrücke, die der wilde Norden bei mir hinterlassen hat, in Gedanken zu durchleben.

Vor allem die Lastwagenfahrten waren erlebnisreich, aber auch schmerzhaft. Meine Hände, die sich an Eisenstäbe oder Holzlatten klammerten, um besser die harten Schläge der Bodenwellen abzufangen, schwollen an, und aufgeplatzte Wasserbläschen entzündeten sich. Sand und Staub panierten mich ein wie ein Wiener Schnitzel, und bei nächtlichen Fahrten fror ich fürchterlich.

Um im Schlaf nicht von den turmhoch beladenen Rücken der Transporter herunterzufallen, band ich mich an Reifen, Tonnen oder Stangen fest.

Einmal kippte ein Fahrzeug seitlich ins Dschungelgestrüpp. Außer einer wirren Verschlingung menschlicher Arme und Beine, gefesselter Affen und einem Schwung Trockenfische, die aus einem aufgeplatzten Sack fielen, verlief der Unfall harmlos. Glücklicherweise hatte die Verschnürung der Fässer und des sperrigen Frachtgutes gehalten. Doch der Wagen befand sich in einer schwierigen Lage. Nachdem sich daran zwei Stunden nichts geändert hatte, schloß ich mich einer kleinen Gruppe Einheimischer an, die aus einem angeblich nahen Dorf stammten. Es sei nicht weit, sagten sie. Doch das angekündigte Dorf erreichten wir erst spät nachts – nach einem achtstündigen Marsch. Dort war gerade ein Fest im Gange. Mit Farbe bemalte Gestalten tanzten im Schein eines hellodernden Feuers. Federgeschmückte Köpfe wippten wie närrisch auf und ab. In diesem Moment war mir jedoch nicht nach Unterhaltung zumute. Ich war so müde, daß ich gerade mit einigem Anstand die Begrüßung des Chefs und seiner Familie hinter mich brachte. In der Früh tauchte der Lastwagen wieder auf, der mich erneut mitnahm.

Zur großen Gefahr wurden tiefhängende Zweige. Da war ein Augenblick, der mich heute noch mit Schaudern erfüllt, wenn ich daran denke! Ich beschäftigte mich ganz oben auf den aufgestapelten Frachten mit zwei Kindern, als ein junger Mann sich plötzlich über mich warf und meinen Kopf und Oberkörper nach unten drückte. Mit Entsetzen starrte ich auf die dicke Astgabel, die mich todsicher, wäre ich in aufrechter Haltung geblieben, geköpft hätte.

Mein knapper Reiseproviant und der ständige Wassermangel wurden zum Problem. Meine Vorräte aus Bangui schmolzen

Gedörrte Affen – ihr Fleisch wird noch dort gegessen, wo die Menschen allein auf die Vorräte der Natur angewiesen sind

Eine Boa am Rost

schneller dahin als geplant, und oft hatte ich bohrenden Hunger. Die Märkte boten meist karge Anblicke. Nur selten fand ich mit etwas Glück Obst oder Erdnüsse. Dafür sah ich aufgehäufte Raupen, die, wie bei uns die Tomaten, von den einheimischen Hausfrauen auf ihre Frische abgedrückt wurden. In den Töpfen der Eingeborenen gab es Affenragout, gebratene Schlangen, Mu-

173

scheln, Schnecken, Termiten, stinkende Dörrfische – und überall das rote, schmierige Palmöl. Ab und zu erhielt ich ein Stück Zuckerrohr und gelegentlich altes Brot. Anfangs hatte ich auch noch die Margarine aus Bangui, bis zu dem Tag, an dem der Inhalt der Dose in meinem Rucksack auslief und alles von dem flüssig gewordenen Fett vollgesogen war.

In Akula hatte es den Anschein, als würde ich für eine Weile festsitzen. Dabei gefiel mir dieser Ort gar nicht. Wenig vertrauenswürdige Gestalten schlichen um mich herum. Ich hoffte zutiefst, daß sich irgendeine Gelegenheit bot, die mich noch am selben Tag von hier wegbringen würde. Zwei Jungs kamen auf mich zugeeilt und deuteten auf die andere Flußseite.

»Da drüben steht ein Auto«, richteten sie mir aus, »das in ein paar Minuten nach Binga abfahren will. Der Chauffeur läßt fragen, ob Sie mitfahren wollen?«

Ich wollte. Zwar war der Weg nach Binga nicht die kürzeste Strecke nach Lisala, aber mir war die Lösung recht, da ich bloß weiter wollte. Außerdem dachte ich, die fünfzig Kilometer Umweg müßten in längstens zwei bis drei Stunden zu schaffen sein. Die ersten paar Kilometer gingen auch recht zügig dahin, bis wir vor einer Dorfumfriedung hielten. Dahinter wurde gefeiert und getanzt, getrommelt und gesungen. Mit einem Wort, es war etwas los. Da der Chauffeur mit den Leuten verwandt war, konnte er nicht gut einfach daran vorbeifahren. Ich weiß nicht, wie sich die anderen Passagiere die Zeit vertrieben, aber ich machte es mir zwischen den Maniokwurzeln, die mit mir den Beifahrerraum teilten, so gemütlich wie möglich. Als der Chauffeur wieder erschien, war er in Begleitung einer ganzen Schar von Verwandten. Das überschwengliche Abschiednehmen wollte kein Ende finden. Dabei wurden auch mir kräftig die Hände geschüttelt, und ich wurde herzlich umarmt.

Wir fuhren noch keine halbe Stunde, als vor uns auf der Fahrbahn ein tiefes Loch gähnte. Ich war sicher, daß sich daran jedes Auto das Genick brechen müßte. Der Fahrer hielt auch mißtrauisch an und ließ einen seiner Jungs die Situation überprüfen.

Der sah sich das Hindernis gelangweilt an und winkte mit größter Zuversicht. Der Mann am Steuer gab Vollgas, und wir sprangen voll in das Loch hinein, wo wir auch für die nächsten paar Stunden blieben. Einer von der Crew schaufelte, die anderen schauten zu oder gaben gute Ratschläge. Sie hatten weder ausreichendes Werkzeug noch Seile oder eine Winde bei sich. Und das bei Straßenverhältnissen, die ja nicht von einem Tag auf den anderen entstanden sind. Der weitere Zustand der Straße ließ mich pausenlos den Mund vor Staunen offenhalten.

Der Zeitpunkt kam, an dem uns mitgeteilt wurde, daß das Benzin ausgegangen sei. Da leuchteten die Augen eines der Jungen spitzbübisch auf. Er griff hinter die Sitzlehne und fischte ein Ein-Liter-Fläschchen mit Benzin hervor. Na, wenn das nichts ist! Nichts wie rein damit in den leeren Tank! In überschwenglicher Fröhlichkeit, für den Augenblick eine Lösung gefunden zu haben, hüpften und schlitterten wir weiter, bis bald darauf auch dieser hoffnungsvolle Liter verbraucht war. Aber nun gesellte sich noch ein Platten zum fehlenden Benzin und verhinderte zusätzlich die Weiterfahrt. Zwar fand sich ein Reserverad, aber auch das war platt. Und Flickmaterial war natürlich nicht vorhanden.

Drei der Jungen liefen los, um irgendwo im Nichts Benzin und Flickzeug aufzutreiben. Und das mitten in der Nacht, mitten im schwarzen Urwald. Wir Passagiere kamen dadurch jedoch wieder zu etwas Ruhe. Diesmal konnten wir uns sogar sehr lange ausruhen. Erst am darauffolgenden Abend erreichten wir Binga, erstaunlicherweise zusammen mit dem Fahrzeug, dessen Motor zwischendurch auch noch gestreikt hatte.

Die Leute besitzen hier die unglaubliche Fähigkeit, ihre Blechkisten, in welch schaurigem Zustand die sich auch befinden mögen, immer wieder flottzukriegen, und mag es noch so sehr nach endgültigem Zusammenbruch aussehen. Sie sind ungeheuer geschickt im Reparieren und Improvisieren. Ihre Einfälle sind dabei unerschöpflich. Allerdings werden sie erst dann aktiv, wenn wir Weiße eine Situation bereits als hoffnungslos betrachten oder einem Nervenzusammenbruch nahe wären.

Im nächtlichen Binga nahm mich Citoyen Kiponga-Kanana, unser Chauffeur, mit zu seiner Familie. Wir kamen gerade rechtzeitig, um eine Boa am offenen Feuer brutzeln zu sehen. Herzlichst wurde ich aufgefordert, bei dem Mahl zuzugreifen.

Kiponga fährt nur an den Wochenenden mit seinem kleinen Lastwagen zwischen Akula und Binga hin und her, um sich mit Passagieren und deren Frachten zusätzlich etwas Geld zu verdienen. Während der Woche arbeitet er in der Kfz-Werkstätte der hiesigen Kautschukfabrik. Für einen Tageslohn von fünf Zaires, das ist nicht einmal ein ganzer Dollar. Kipongas Familie wollte mich ohne Umstände in ihrer Mitte behalten, bis ich einen weiteren Anschluß nach Lisala gefunden hatte.

Binga ist ein sauberer Ort, mit sauberen Hütten und großen Gärten. Überall begegneten mir Männer mit Speeren und Pfeil und Bogen. Über ihren Schultern baumelte die erlegte Beute. Ihre bevorzugten Opfer schienen Affen zu sein.

Ich kam mit einem Engländer ins Gespräch, der im Ort an einem Ölpalmenforschungsprojekt arbeitet. Ihm gegenüber erwähnte ich, wie schrecklich ich es fand, daß noch so viele Affen gejagt und gegessen wurden.

»Von irgend etwas müssen die Leute ja leben«, verteidigte der Engländer die Einheimischen. »Viele von ihnen können sich bei einem täglichen Verdienst von zwei Zaires vielleicht einmal im Jahr reguläres Fleisch leisten. Es ist daher wohl verständlich, wenn sie sich von der Natur nehmen, was sie zum Überleben brauchen.«

Da kam ich mir recht blöde vor mit meinen Naturschutzargumenten. Wie kann ich erwarten, daß diese Menschen Rücksicht auf Wald und Tier nehmen, wenn in erster Linie ihre Sorge der eigenen Existenz gilt? Der Naturschutz sollte vielmehr in der Hand der Gesättigten und Übersättigten liegen, die nach den Rohstoffen fremder Erdteile greifen.

Zwar liegt Lisala in der feuchten, tropischen Urwaldzone am Kongofluß, aber es erstickt im Steppensand, der angeblich den

Die schwimmende Stadt am Fluß Zaire, die einmal wöchentlich zwischen Kinshasa und Kisangani verkehrt

weiten Weg von der Kalahariwüste heranfliegt. Fünf Tage lang warte ich auf das Schiff nach Kisangani. Die letzte Nacht verbringe ich schlotternd am Hafen. Am Wasser ist es grausam kalt, obwohl mich eine reizende Familie aus Bumba an ihr warmes Feuerchen kuscheln läßt.

Endlich taucht in der Ferne auf dem Fluß, der jetzt Zaire genannt wird, das ersehnte Schiff auf. Es ist ein schöner, majestätischer Anblick, wie es auf dem breiten, im Morgenlicht glänzenden Strom herangleitet. Als es näher kommt, erkenne ich, daß es nicht aus einem einzigen Schiffsrumpf besteht, sondern sich aus vielen Elementen zusammensetzt. Mehrere Schleppkähne und Boote sind an das Hauptschiff zu einer losen Einheit zusammengekoppelt. Was da heranschwimmt, ist eine Stadt für sich. Eine laute, stampfende Stadt, die aus allen Nähten zu platzen droht, jeden Moment zur Explosion bereit.

177

Die Gitter der Hafensperre werden geöffnet. Eine riesige Menschenmenge mit Schachteln, Säcken und Koffern auf den Köpfen, mit Babys auf dem Rücken oder weinenden Kindern an der Hand, drängt und schiebt sich dem vor Anker gehenden Schiff zu. Das legt jedoch nicht direkt am Ufer an und kann nur über dazwischen liegende Boote und schwimmende Pufferzonen erobert werden. Über diesen hin und her schaukelnden Boden mit Abgründen müssen die Passagiere einen Weg finden, der aber von denen, die das Schiff verlassen wollen, gleichzeitig blockiert wird.

Ich stehe erst etwas abseits und betrachte die chaotische Szene und bin froh, daß ich mich zu einem 1.-Klasse-Ticket durchgerungen habe. Denn noch hege ich die Illusion, daß für 1.-Klasse-Passagiere eine Art roter Teppich ausgerollt wird, und halte Ausschau nach einer Gangway, einer bequemen Überbrückung zwischen Land und Schiff. Als ich im Schiffsbüro frage, wo der Zugang zum 1.-Klasse-Trakt sei, antwortet der Mann trocken: »Gehen Sie nur den anderen nach.«

Die Stege und Boote sind glitschig vom Uferschlamm, und ich gehe so vorsichtig darüber, als würde ich über rohe Eier steigen. Man muß den Abstand zwischen den hin und her pendelnden Booten und Pufferzonen genau beobachten und dann springen, wenn der Abstand gering ist, damit man nicht in den Fluß fällt und zwischen den Eisen- und Holzwänden eingeklemmt wird.

Auf dem eigentlichen Schiff dann angelangt, geht der Kampf erst richtig los. Der Kampf gegen Schüsseln, Kübel und sperrige Gepäckstücke, die in Kopfhöhe herangetanzt kommen und mir jeglichen Orientierungssinn rauben. Eiserne, steile Stiegen, die über die verschieden hoch liegenden Plattformen führen, sind so eng, daß dicke Frauen sich nur seitlich durchschieben können. Von den vielen Fischen, die überall herumliegen, ist der Boden so rutschig, als sei Seifenlauge ausgeschüttet worden. Jeder Quadratzentimeter ist von 3.-Klasse-Passagieren und Schwarzfahrern belegt. Selbst unter den Landrovern, die in Reih und Glied die Reise mitmachen, haben sich Leute ausgestreckt. Aus dem Kabinentrakt der 2. Klasse hängen Trauben von Armen und Beinen.

Der mittlere Teil des Schiffes ist die Welt der Händler, die permanent auf der schwimmenden Stadt leben, die ihre festen Stände haben, Zahnpasta, Seifen, Tomatenmark, Milchkonserven, Bonbons, Zündhölzer, Zigaretten, aber auch Schuhe und Kleider verkaufen.

Nach neunzig anstrengenden Minuten erreiche ich die oberste Etage des Hauptschiffes, die den 1.-Klasse-Trakt beinhaltet. Die Enttäuschung ist groß, denn hier finde ich nicht die friedliche Oase, die ich mir jetzt wünsche. Die Zweibettkabine, in der eines der beiden Betten für mich reserviert wurde, ist eigentlich schon überbelegt, und zwar von einer breit daliegenden Frau, ihren drei Kindern und einer unüberschaubaren Anzahl von Kübeln voller Fische. Erschrocken weiche ich zurück. Der Steward fordert die Dame auf, ihre Sprößlinge und Fische von meinem Bett zu nehmen. Ich ersuche um ein frisches Leintuch und bekomme es auch. Der Anblick und Geruch des angrenzenden Waschraumes raubt mir den letzten Atem. Die Toilette ist hoffnungslos verstopft und die Lampe zerbrochen. Das Wasser aus dem Hahn kommt nur in spärlichen Tropfen, und das nicht immer.

Zu ansehnlichen Preisen sind auf diesem Schiff aber auch zwei Luxuskabinen zu mieten, die sich durchaus mit westlichem Komfort messen können. Die eine ist von einem deutschen Ehepaar mittleren Alters belegt. Beide sind Beamte, die auf Verwandtenbesuch in Kinshasa waren. Die andere Kabine wurde von einem belgischen Arzt, der beruflich in Kisangani zu tun hat, gebucht. In ihrer Gesellschaft nehme ich alle Mahlzeiten an einem sauber gedeckten Tisch ein. Während ich mich auf das vorgesetzte Essen mit heller Begeisterung stürze, rümpfen die beiden Deutschen die Nase. Aber wahrscheinlich bin ich der wahren Gaumenfreude doch schon recht entwöhnt. Der Arzt meint, ich müsse unbedingt nach Kinshasa, wo es empfehlenswerte Restaurants gäbe. Da würde ich sehen, daß Zaire wirklich einiges zu bieten habe.

Am nächsten Morgen eilt die erschreckende Nachricht wie ein Lauffeuer durch alle Etagen: Die erste Leiche ist in der Früh über Bord geworfen worden. Eine Seuche ist auf dem Schiff ausgebrochen. Die Kranken winden und krümmen sich vor Leibschmerzen oder starren apathisch vor sich hin. Kein Wunder, daß bei diesen sanitären Zuständen eine Epidemie entstehen mußte. Dazu kommt noch, daß die Leute das schmutzige Flußwasser nicht nur zum Waschen benützen. Sie trinken es auch – ungekocht und ungefiltert. Ich sehe sogar, wie einige das Wasser direkt neben den ablaufenden Abwasserausflüssen hochschöpfen.

Fast jeder Trakt hat seine eigene Bar. Das sind dumpfe, tief gelegene, stickige Löcher, in denen dicke Rauchschwaden nackte Glühbirnen umhüllen. Hier wird Zerstreuung und Unterhaltung geboten. Hier wird gezecht, getanzt, animiert, und die Sorgen werden vergessen. Eines Abends lädt der Arzt das deutsche Ehepaar und mich zu einer feuchtfröhlichen Bierrunde ein. Während dem Deutschen die Abwechslung willkommen ist, wird diese für seine Frau zur extremen Nervenbelastung. Sie hatte noch nie zuvor die einigermaßen heile Welt des 1.-Klasse-Traktes verlassen. Als wir uns nun um einen rostigen Eisentisch auf rostigen Sesseln niederlassen und ein Kellner mit unsauberen Hemdsärmeln die Bierflaschen vor uns auf den Tisch knallt, stöhnt die blonde Frau auf.: »Ich halte das nicht mehr aus! Diesen Dreck und diesen Gestank! Ich kann diese schwarzen Affen nicht mehr sehen! Ich werde hier noch wahnsinnig!«

Jeder Schritt über die liegenden Menschenbündel und Fischanhäufungen muß ihr auf dem Weg zur Bar schon eine Höllenqual gewesen sein. Aber die Hysterie, die jetzt zum Ausbruch kommt, hat eigentlich heute morgen ihren Anfang genommen, als sie im Frühstücksbrot eine eingebackene Kakerlake entdeckt hatte und feststellen mußte, daß sie bereits das halbe Rieseninsekt geschluckt hatte.

Das Schiff hat nicht nur die Aufgabe, Passagiere und Frachten zu transportieren, sondern es hat auch eine wirtschaftliche und soziale Bedeutung. Für die isoliert lebenden Bewohner der weit auseinanderliegenden Flußsiedlungen ist das Schiff der einzige Kontakt mit der Außenwelt, die einzige Gelegenheit, ihre eigenen Produkte aus ihrem kleinen, lokalen Bereich abzusetzen oder gegen andere Waren einzutauschen. Der Handel zwischen den Uferbewohnern, die in ihren wendigen Einbäumen herbeigleiten, und den an Bord lebenden Kaufleuten bietet für mich ein fesselndes Schauspiel.

Mitunter liegen fünfzig bis zweihundert Pirogen gleichzeitig an den Schiffsseiten an. Die aufregendsten Aktionen bei diesem Treiben sind die waghalsigen Manöver, bei denen die Einheimischen ihre ganze Gewandtheit und Erfahrung aufbieten müssen, um sich mit ihren schmalen Kanus dem unaufhaltsam weiterschwimmenden Monster anzuhängen. Die schnittigen Boote rudern vom Ufer her im rechten Winkel auf das Schiff zu. Erst kurz vor dessen hohem Rumpf drehen sie parallel zur Schiffswand ab. Jetzt müssen sich die Boote, die zwischen zwei bis zwanzig Personen fassen können, dem strudelnden Fahrtwasser entgegenstellen. Das ist der Augenblick, der alles entscheidet. Wer das Schiff verpaßt, muß eine weitere Woche warten, bis das nächste Schiff vorbeikommt.

Die Leute in einem neu ankommenden Boot, auch beherzte Frauen sind darunter, erfassen die Kante einer schon im Schlepptau fahrenden Piroge, während die anderen bereits auf die nächstanliegenden Boote überspringen und ihr Kanu an einem Strick heranziehen. Kaum ist die Piroge festgezurrt, springen sie von einem Boot aufs andere, bis sie das Hauptschiff erreichen. Hilfreich strecken sich die Arme der Händler den Ankommenden und ihren mitgebrachten Gütern entgegen. Ziegen, die jämmerlich meckern, tote Affen, die noch im Fell stecken oder die bereits gehäutet, getrocknet oder geräuchert und zu bizarren starren Formen gepreßt und gepackt wurden, gefesselte Schildkröten und Krokodile, halb verweste Antilopenköpfe und Wildschweinportionen landen auf den harten Schiffsplanken. Frische oder getrocknete Fische machen jedoch den Hauptumsatz aus. Ohne jegliches Zeitgefühl stehe ich stundenlang im Banne dieses aufwühlenden Lebens. Ich höre warnende Zurufe und Schreie, ergreifende Gesänge, ärgerliches Schelten und Fluchen und fröhliches, ansteckendes Lachen.

Wird ein neu angekommenes Boot durch die Kraft des Wasserstrudels untergetaucht, geht meist die ganze Bootsladung verloren. Dann gleiten manchmal gebündelte, aber noch lebende Fische zurück in ihr natürliches Element. Diese müssen nun ihr Leben lang, ob sie wollen oder nicht, in Eintracht nebeneinander herschwimmen. Kommen mehrere Boote gleichzeitig heran und versuchen, sich an der gleichen Stelle anzuhängen, dann wird es dramatisch. Ich werde Zeuge, wie ein Boot, das von einem jungen Mann gesteuert wird, durch die Macht des reißenden Strudels unter Wasser gedrückt wird. Der Mann kann sich nicht mehr retten und wird zwischen den Bootswänden eingequetscht. Händler, Passagiere und ich – wir alle stehen wie gelähmt da und können nicht helfen. Wir hören ihn schreien und sehen, wie er

Gefährliche Manöver der Pirogen

verzweifelt mit dem Tode kämpft. Aber niemand hätte die Kraft, die schweren, massiven Boote auseinanderzutreiben. Die Schreie werden schwächer und verstummen. Zu spät geben die Boote den zermalmten Körper frei. Er treibt ab. Seine Begleiter, die mit ihm aus demselben Dorf gekommen sind, rufen ihm schmerzvoll nach. In diesem Moment ist jedes Geschäft vergessen. Ein Boot löst sich, um dem Abgetriebenen zu folgen und ihn zu bergen.

Die Händler an Bord machen weniger ihr Geschäft mit den Passagieren, die zwischen Kinshasa und Kisangani unterwegs sind, als mit den zusteigenden Flußbewohnern. Bargeld ist dabei allerdings wenig im Umlauf. Die Einheimischen tauschen ihre Waren hauptsächlich gegen Garn, Fischerhaken, Pillen, Stoffe und Schuhe ein.

Der Aufenthalt auf dem Schiff ist für die einsam lebenden Ufersiedler ein abwechslungsreiches Ereignis in ihrem ansonsten ruhigen Alltag. Bier gibt es in Hülle und Fülle. Und Mädchen und Frauen sind schon ab zwanzig Zaire zu haben. Das Schiff ist also auch ein fahrendes Bordell.

Eine Nacht, bevor wir Kisangani erreichen, peitscht ein Sturm über den Kongofluß. Das plumpe Schiff mit seinen angekoppelten Schmarotzern ist auf dem breiten Strom nicht manövrierfähig. Es sucht den Schutz einer nahen Bucht. In dem gespenstischen Gewitterregen, unter dem Aufleuchten spinnennetzartiger Blitze, spielt sich vor unseren Augen erneut ein schrecklicher Vorfall ab: Kleine Boote, die unter überhängenden Zweigen vor dem Unwetter Geborgenheit gesucht haben, werden von der mächtigen Schiffswand gegen die Böschung gedrückt. Die Kanus bersten wie Streichhölzer. Im Morgengrauen wird eine tote Frau, verstümmelt und entstellt, in dem zum Gefängnis und Grab gewordenen Geäst gefunden.

Doch das große Schiff setzt seine Fahrt zwischen ewig grünen Dschungelwänden weiter fort, ungerührt der Tragödien, die seine Reise mit sich bringt.

Mit Wilhelm auf dem Kongofluß

Die Flußfahrt hat eine außergewöhnliche Faszination auf mich ausgeübt, und ich entschließe mich, weiterhin dem Kongo zu folgen. Wegen der gefährlichen Stromschnellen verkehren zwischen Kisangani und Ubundu jedoch keine Schiffe. So schließe ich mich den Einheimischen an und fahre diese Strecke mit der Eisenbahn. Eine holzbefeuerte Lokomotive zieht den uralten Bummelzug durch den heißen, dampfenden Urwald.

Bei Ubundu scheint es, als hätte der Fluß plötzlich genug gehabt von eingrenzenden Ufern. Hier hat er alle Schranken gesprengt und die Barrieren überflutet. Er verläuft sich in den unendlichen Wäldern, hat Inseln und neue Wasserwege und Kanäle geformt und weitet sich aus wie ein See.

Da das Schiff nach Kindu noch nicht eingetroffen ist und es im Ort kein Hotel gibt, frage ich auf der Mission nach. Sie liegt versteckt zwischen grünen, palmenbewachsenen Hügeln. Der Missionar, Herrscher über seine kleine, friedliche Oase und eine gutgehende Palmölproduktion, meint erst brummig, er habe keinen Hotelbetrieb. Doch als er mein bekümmertes Gesicht sieht, wird er zugänglicher. Noch bevor ich den Rucksack von meinem Rücken nehme, weiß ich alles, was seine Palmölherstellung betrifft. Er handelt nur im lokalen Bereich, und vom Erlös unterhält die Mission eine Schule. Die Fabrikation versorgt einige Dutzend Männer mit Arbeitsplätzen.

Das einzige freie Bett, das es noch gibt, steht in einem Zimmer, das schon zur Hälfte von einem Schweizer belegt ist. Es ist ein Mathematikprofessor aus Bern, der blaß und grün im Gesicht, einer Mumie gleich vor mir liegt. Er ist während der Überlandfahrt von Ruanda nach Kisangani krank geworden und hat nun Fieber und wäßrigen Durchfall.

Wilhelm ist in seiner Art ein bißchen verschroben und steif. Auch scheint ihm meine weibliche Gesellschaft nicht besonders zu behagen. Doch ich beweise ihm, daß er nichts von mir zu befürchten hat, und flöße ihm abwechselnd schwarzen Tee und Zitronenwasser ein. Den Tee gegen den Durchfall, die Zitrone gegen das Fieber. Da ich noch mehrere Zitronen aus Kisangani übrig habe, mache ich ihm aus Zitronensaft Fußwickel, Stirn- und Wadenkompressen. Später, während Wilhelm sich in seinem Elend dem Tode nahe fühlt und seine Reise nach Afrika bedauert, lasse ich mich von zwei Fischern in einem elegant dahingleitenden Einbaum von einer Insel zur anderen rudern und genieße diesen erholsamen Tag.

Von weit her dringt ein seltsames Tuten, das Signal des herantuckernden Schiffes aus Kindu. Es dauert noch Stunden, bevor es sichtbar wird. Seine Rückfahrt nach Kindu wird mir für morgen mittag angekündigt. Wilhelm ist überzeugt, wieder kräftig genug zu sein, um die Reise fortzusetzen, und ich reserviere für uns beide Betten in einer Viererkabine.

Als sich am nächsten Vormittag Wilhelm in seine volle Reisemontur wirft und sich zum Abmarsch bereitstellt, habe ich Mühe zu glauben, was ich sehe. Kein Zweifel – er ist der Reisende, der alles im vorhinein plant und überdenkt, bevor er zur Tat schreitet. In der Perfektion seiner Ausstattung wird mir erst klar, was ich alles nicht mithabe, um für den Notfall gerüstet zu sein.

Wilhelms Füße stecken in derben, hohen Bergschuhen, als wolle er den Mt. Kenia bezwingen. Sein Rucksack ist riesig und hängt wie ein unförmiges Ungeheuer von den Schultern bis tief unter sein Gesäß. In einer Hand hält er einen Sechs-Liter-Wasserkanister und in der anderen einen zusammengefalteten Liegestuhl, den ihm ein Überredungskünstler in Kisangani aufgeschwätzt hat. Auf seinen Kopf drückt eine Art Tropenhelm, wie ihn noch übriggebliebene koloniale Träumer tragen. Wilhelm hätte jeden Tropenarzt beim Anblick seiner prall gefüllten, fachgemäß zusammengestellten Medikamententasche sicherlich in Verlegenheit gebracht. Dann hat Wilhelm so etwas wie einen Identitätstick. Als hätte er Angst, mit jemandem verwechselt zu

Mit dem Bummelzug nach Ubundu

werden. Auf jedem Ding, das er bei sich trägt, sind sein Name und seine Adresse eingenäht, eingraviert oder aufgeklebt.

Obwohl ich mit meinem schrulligen Reisegefährten bereits geraume Zeit vor der angekündigten Schiffsabfahrt den Hafen erreiche, kommen wir zu spät. Gerade vor unserer Nase legt das Schiff ab. Langsam, aber unaufhaltsam gleitet es an uns vorüber.

Wilhelm will sich nicht damit abfinden, das Schiff und sein reserviertes Bett einfach so dahinziehen zu lassen. Steif und plump läuft er am Ufer lang, wobei ihn die schweren Schuhe wie Bleiklumpen behindern. Den Liegestuhl schwenkt er hoch über seinem tropenhelmbeschützten Kopf, um die Aufmerksamkeit des Kapitäns auf sich zu lenken. Daß seine Person ignoriert wird, versetzt ihn in ungezähmten Ärger. Wütend läßt er sich über die Unzuverlässigkeit der Afrikaner aus. Er fühlt sich sichtlich betrogen.

Inzwischen haben sich einige aufgeregte Schwarze zusammengefunden, die ebenfalls das Schiff verpaßt haben. Sie beratschlagen, wie das Schiff noch einzuholen wäre. Vierzig Minuten später haben sie einen Außenbordmotor aufgetrieben, der an ein riesiges Kanu, groß genug für alle, gehängt wird. Der Besitzer des Kanus versucht sein ganzes Register an Schlauheit zu ziehen, um aus unserer Lage Gewinn zu schlagen. Er verlangt eine horrende Summe für die »Verfolgungsjagd«. Während wir alle bemüht sind, den Preis herunterzuhandeln, ist Wilhelm auf der Stelle mit der geforderten Summe einverstanden. Das versetzt jedoch die anderen in eine ungünstige Position. Ich spüre die Versuchung, Wilhelm samt seinem Liegestuhl und seiner Arglosigkeit, die die anderen auszubaden haben, ins Wasser zu schubsen. Zwei volle Stunden vergehen, bevor endlich eine Einigung mit dem Bootsmann zustande kommt. Wir bezahlen die Hälfte im vorhinein, und die andere Hälfte soll ihm beim Erreichen des Schiffes ausgehändigt werden.

Die Kanufahrt auf dem breiten Kongofluß wird zu einem unbeschreiblich schönen Erlebnis. Die Wildheit der eng miteinander verschlungenen riesigen Pflanzen und Bäume, die am Ufer entlang überaus reich und vielfältig gedeihen, lassen mich unsere Winzigkeit gegenüber der gigantischen Natur spüren.

Es ist bereits später Nachmittag, als wir das Schiff einholen. Mit unserem Auftauchen wurde natürlich nicht gerechnet, und inzwischen sind unsere Betten noch einmal verkauft worden. Doch als wir unseren Einwand geltend machen, bekommen wir sie zurück.

Uns war gesagt worden, es gäbe ein Restaurant an Bord, und wir hatten es nicht für nötig gehalten, uns mit Lebensmitteln zu versorgen. Das war allerdings ein schwerer Fehler, wie sich am folgenden Tag herausstellt, an dem es zwar noch ein Frühstück, aber kein Mittagessen mehr gibt. Solange der Vorrat reicht, wird unbedacht aus dem vollen geschöpft. Einteilen ist ein Begriff, der sich im afrikanischen Lebensmuster noch nicht durchgesetzt hat, denn die Leute hier besitzen die beneidenswerte Eigenschaft, den leeren Tisch genauso zu akzeptieren wie den vollen. Die kleinen Flußsiedlungen, an denen wir ab und zu anlegen, sind auch nicht gerade vom Überfluß gesegnet, und ich bin schon glücklich, als ich zwei kleine Bananen und etwas gedämpften Maniok erhalte. Wilhelm stellt sich auch nicht geschickter an als ich, und das bedeutet für uns zwei Tage unfreiwilligen Fastens.

Ich setze mich auf das oberste Dach des Schiffes und verliere mich in den vielseitigen Eindrücken. Ich tauche hinein in mitziehende Wolkenberge, löse mich auf in überirdischen Sonnenuntergängen und tanze zusammen mit den millionenfachen, farbenfrohen Pünktchen, die sich lustig im Wasser spiegeln und wiegen.

Von solchen Schönheiten sieht Wilhelm nichts. Für das Schauspiel der Natur hat er kein Empfinden. Er will lieber alles genau mit seinem Verstand erfassen. Darum verwickelt er jeden Afrikaner, dessen er habhaft werden kann, in ein Gespräch, von dem er Aufklärung und Informationen erwartet. Wilhelms naive Neugierde verleitet die Schwarzen zu breiten Ausschmückungen, und sie verlieren sich in grenzenlosen Phantastereien, wobei sie sich von jeder Realität entfernen, denn sie glauben, dem Weißen einen Gefallen damit zu tun. Die meisten Afrikaner haben das Talent, mit

Bei Ubundu weitet sich der Kongofluß aus wie ein See und formt viele kleine Inseln

überzeugendem Ausdruck in den Augen das Blaue vom Himmel herunterzuholen. Und von diesem Talent machen sie mit Vorliebe Gebrauch.

Trotz aller Vorsichtsmaßnahmen und deutlicher Identitätshinweise wird Wilhelms Rucksack gestohlen. Was ihm bleibt, ist sein Liegestuhl und sein Wasserbehälter. Reiseschecks und Paß hat er glücklicherweise in seinem Bauchgürtel getragen. So sieht die Sache nicht ganz so tragisch aus, aber die langwierigen Formalitäten mit der Polizei zermürben den Mathematikprofessor aus Bern. Sein Körper ist noch von der Darminfektion geschwächt, und jetzt ist auch seine Psyche am Nullpunkt angelangt. Zaire veranlaßt den Schweizer zur Kapitulation. Er hat genug von Afrika. Wilhelm möchte den Rest seiner Ferien am Vierwaldstätter See verbringen und träumt bereits von Röstis und Züricher Geschnetzeltem.

Mir dagegen gefällt es noch in Afrika, und abends steige ich in den überfüllten Zug nach Kabalo. Ich habe schon wieder einen neuen Begleiter gefunden, diesmal ist es ein Schildkrötenkind. Ein niedliches Ding von der Größe meiner halben Handfläche. Ich habe zwar keine Ahnung, was ich mit ihm anfangen werde, doch als ich die Jugendlichen beobachtete, wie sie mit glühenden Zigarettenstummeln die Schildkröte quälten, habe ich sie ihnen abgekauft. Jetzt trage ich das Panzertierchen in meiner Umhängetasche spazieren, in lebloser Gesellschaft von Kamera, Landkarten und Tagebüchern. Ich habe den kleinen Gesellen auf ein ausgerupftes Grasbüschel gebettet und hoffe, ihn irgendwie durchzubringen.

Die weite Strecke in den Süden führt durch verschiedene Vegetationszonen. Vom tropischen Regenwald geht es erst über in subtropische Regionen, dann durchqueren wir eine Baum- und Buschsavanne. In Kabalo, das in einer öden, grauen und dürren Grassavanne liegt, muß ich den Zug wechseln. Die unruhig hin und her pendelnden Waggons auf dem Weg nach Kamina sind völlig demoliert. Kissen, Bezüge, Inlets, Lampen und Aschenbecher wurden herausgerissen oder abmontiert. Die Stahlfedern einer ehemaligen Schlafbank bieten mir nicht gerade den bequemsten Sitzkomfort. Doch die schmachtenden Hühner, die unter dem Drahteinsatz eingesperrt sind, haben es noch bedeutend ungemütlicher.

Auf jeder Zugstation werden von den Ortsbewohnern Trockenfische und Hühner feilgehalten, welche von den Zugreisenden in ungeheuren Mengen aufgekauft werden. Angeblich lassen sich diese mit enormem Profit in Lubumbashi absetzen. Trotz offener

Fenster und ständigem Durchzug hält sich konstant und zuverlässig ein übler Geruch. Hühner, Fische, Schweiß und Urin haben gleichen Anteil daran. Und der Lärm, der an die Ohren schlägt, ist bei aller Liebe zur Turbulenz anstrengend. Radios brüllen um die Wette, Kinder quietschen, Frauen streiten, Hühner gackern, Ziegen meckern. Zum Glück sind die Fische stumm. In Kamina kann ich dem starken, egoistischen Verlangen nach einem 1.-Klasse-Ticket nicht widerstehen, und ich steige um. Der auf ein langsam ansteigendes Plateau kletternde Expreßzug ist neu importiert und sein Inventar noch keinem Beutezug zum Opfer gefallen. Auch das Frühstück ist unerwartet reichhaltig und westlichen Ansprüchen angepaßt. Es gibt Eier, Toast, Butter, Marmelade und Unmengen Kaffee oder Tee. Bin ich wirklich noch in Afrika?

Die weiße Herrschaft und ihre schwarzen Diener

Dieselbe Frage stelle ich mir auch, als ich Lubumbashi, das ehemalige Elisabethville, kennenlerne. Doch noch bin ich eingesperrt, eingekeilt zwischen hohen Eisengittern, inmitten einer müden, resignierten Bürgerschar von Zaire, der das Wort »Freiheit« allein an jedem Bahnhof hohnvoll entgegengrinst. Die Polizei scheint wirklich nur dazusein, um das Volk auszubeuten und zu schikanieren. Freiheit hat offensichtlich sehr wenig mit Unabhängigkeitserklärungen zu tun.

Polizeihände wühlen besitzergreifend in Körben, Taschen und Säcken, öffnen Koffer, reißen Pakete auf, nehmen sich, was ihnen gefällt. Mit unbeweglichen, angsterzeugenden Mienen werden Identitätspapiere geprüft und so lange behalten, bis die Besitzer kleiner Wertsachen auf ihr Eigentum verzichten und es resigniert den Kontrolleuren überlassen. Gegen dieses Vorgehen kann der kleine Mann nicht angehen. Er weiß, daß er auf verlorenem Posten steht.

Auch meine Sachen werden genau geprüft. An den Medikamenten verfängt sich der Blick des Beamten, und er fragt frei heraus, ob er sich die nehmen kann. Genauso frei heraus lehne ich dieses Ansinnen ab. Ich habe etwas gegen Plünderung. Der Mann grinst und kontrolliert noch einmal meine Schecks, mein Geld und die Devisendeklaration. Er findet drei Dollar mehr, als laut Deklaration vorhanden sein dürften. Zungenschnalzend schüttelt er den Kopf. Das ist also wirklich ein Vergehen gegen das Gesetz! Das muß bereinigt werden. Er nimmt die drei Scheine an sich und schiebt sie in seine Tasche. Dafür darf ich ihm auch noch eine Unterschrift geben, daß ich ihm das Geld offiziell ausgehändigt habe. Mach einer was dagegen! Und er weiß, daß ich wegen der drei Dollar kein großes Geschrei veranstalten werde, weil der bürokratische Weg, den ich einschlagen müßte, um mich zu beschweren, es nicht wert ist.

Lubumbashi mit seinem europäischen Gesicht versetzt mir anfangs einen gewaltigen Kulturschock. Durch Gold und Kupfer ist die Stadt wohlhabend geworden. In den von Exkolonialisten großzügig angelegten Villen mit ihren parkähnlichen Gärten wohnen heute die Neokolonialisten: genauso feudal, genauso herrschaftlich, nicht anders gesinnt. Wie ihre Vorläufer dienen sie westlichen Interessen, auch wenn sie sich oft mit Aushängeschildern wie Entwicklung oder Kooperation tarnen. Es läßt sich auch heute noch aushalten in Zaire mit Swimmingpools zum Abkühlen, mit Longdrinks in den Nachmittagsstunden, den höflichen Dinnerpartys am Abend, den ungezügelten Sauftouren, Barbesuchen und käuflichen Mädchen in der Nacht. Bedient wird vom dunkelhäutigen Hauspersonal, das zwar von dem christlichen Leitspruch »alle Menschen sind gleich« gehört, es aber noch nie erfahren hat.

Es sind die Privilegierten von heute, die die weißen Götter von einst wiederauferstehen lassen, die im fremden Lande nicht nur an ihren eigenen Wertvorstellungen festhalten, sondern diese noch übertreiben, so daß der Kontrast zwischen Afrika und dem Westen noch auffälliger und noch unüberbrückbarer erscheint, als es den wahren Verhältnissen entspricht. Dadurch entsteht in den Köpfen der Einheimischen ein einseitiges, unehrliches, verzerrtes Bild vom Leben im Westen. Da der Schwarze in Afrika aber nur diese Art weißer Leute kennt, darf es niemanden wundern, wenn er denkt, daß wir in den Industrieländern alle so herrschaftlich, vornehm und bevorzugt leben.

Einige der Weißen genießen mit vollkommen gutem Gewissen die Privilegien, die sie sich auf Kosten der einheimischen billigen Arbeitskraft beschaffen. Ihnen kommt gar nicht der Gedanke, im Unrecht zu sein. Anderen dagegen ist es dabei nicht so ganz wohl in ihrer Haut. Aber sie haben jederzeit eine Entschuldigung parat: »Wenn von uns schon Höchstleistungen verlangt werden, dann wollen wir auch die paar zusätzlichen Annehmlichkeiten nicht ablehnen. Diese entschädigen uns wenigstens für alle Entbehrungen, die wir hier in Kauf nehmen müssen.« Sie sprechen immer nur von Entbehrungen, aber niemals erwähnen sie die afrikanische Sonne, welche die Gemüter erwärmt, und nicht die Fröhlichkeit und Lebenslust der Einheimischen, die anstecken könnte, wenn sie es nur zulassen würden.

In dieser Elite sind vorwiegend Diplomaten, Lehrer, Bankangestellte, Techniker, Ingenieure, Agrarexperten, Ärzte, Geologen und Handelsfachleute zu finden. Ich werde eingeladen zu Dinner- und Gartenpartys, und ich nehme das Angebot eines deutschen Ehepaares an, bei ihnen zu wohnen, solange ich mich in der Stadt aufhalte. Mich interessiert die Einstellung der weißen Ansiedler zu Afrika.

Auch in Lubumbashi sind fast alle Geschäfte in den Händen von Belgiern, Libanesen oder Griechen. Allerdings gab es eine Zeit, in der die hellhäutigen Shopkeeper aus ihren Läden geworfen wurden und schwarze Einheimische diese dann übernahmen. Das war in den sechziger Jahren, in den Jahren der Unruhe, der Aufstände und Ausschreitungen gegen Weiße.

Martin, mein übergewichtiger, rothaariger Gastgeber, der als Wirtschaftsfachmann an der Uni unterrichtet, sagt dazu: »Da haben schwarze Funktionäre alles an sich gerissen und unter sich und ihren Freunden aufgeteilt. Doch die neuen Geschäftsinhaber hatten keine Ahnung, wie man einen Laden führt. Sie haben einfach alles, was da war, verkauft. Erst die Waren, dann das Inventar. Als Räume und Wände leer waren, haben sie zugesperrt. Daß Waren nachbestellt werden müssen, haben sie nicht kapiert. Sie hätten auch kein Geld mehr dazu gehabt, denn mit dem ersten großen Erlös wurden Feste gefeiert, Freunde und Familie beschenkt, bis alles aufgebraucht war.«

»Erst stopfen sie gierig alles in sich rein, und dann sind sie ganz überrascht, daß das Freudenfest vorbei ist«, ergänzt Luise, seine Frau, hellblond und in grüne Seidenbatik gehüllt.

»Ergaunert haben sie sich ja schnell etwas, aber sie sind zu dumm, um diese Eroberungen auch zu halten oder zu vermehren«, fährt Martin fort, weil er mich offensichtlich über die afrikanische Mentalität aufklären will.

Ich wage einzuwenden, daß das wohl nichts mit Dummheit zu tun habe, sondern mit einer anderen Lebenseinstellung. Daß sie sich im Gegensatz zu uns keine Sorgen über das »morgen« machen und lieber den heutigen Tag in seiner ganzen Fülle genießen. Daß das »morgen« ein Kapitel sei, über das es sich erst morgen nachzudenken lohnt.

»Begreife einer ihre Eigenarten«, sagt Luise dazu. »Ich werde aus ihnen nie schlau. An einem Tag benehmen sie sich wie ein Sack voller Flöhe, und am nächsten stellen sie den sorgenvollsten Ausdruck zur Schau, als hätten sie allein allen Kummer der Welt auf ihren Schultern zu tragen. Aber was in ihrem Innenleben vor sich geht, wissen nur sie allein.«

»Ich habe aber den Eindruck, daß sie uns recht schnell durchschauen«, meine ich lachend. »Wahrscheinlich, weil alles, was wir tun und denken, doch ziemlich genormt und geregelt ist und wir phantasielos geworden sind. Wir bieten keine Überraschungseffekte mehr.«

Martin findet meinen Einwand weniger lustig. »Wo kämen wir denn hin, wenn alles so schlampig laufen würde wie in Afrika? Unsere ganze Wirtschaft würde zum Teufel gehen, unser ganzes geordnetes System würde zusammenbrechen.«

Ich habe nicht die Absicht, meinen Gastgebern aus reiner Höflichkeit nach dem Munde zu reden, und sage weiterhin, was ich denke: »Ich finde die afrikanische Lebensart eigentlich recht anregend, und ich frage mich manchmal, ob unsere Begriffe von Wirtschaftlichkeit, Recht und Ordnung für den Menschen wirklich von Vorteil sind, wie wir meinen.«

»Ich denke schon«, erwidert Martin, »sonst hätten wir einen einzigen undisziplinierten Sauhaufen, in dem jeder macht, was er will. Wo kämen wir denn da hin?«

»Nun, soweit ich es bisher mitbekommen habe, wächst der Afrikaner doch auch mit Regeln und Ordnungsbegriffen auf. Aber innerhalb ihres Systems bleibt genug Spielraum für phantasievolle Entfaltung.«

Luise bezieht das Ordnungsdenken sofort auf ihre kleine Welt.

»Wir haben noch keinen Neger im Haus gehabt, der von sich aus großen Wert auf Ordnung gelegt hätte. Es sind doch alles Gauner, die mit bodenloser Frechheit versuchen, einen hinters Licht zu führen.«

»Ja, die Gaunerei steckt ihnen im Blut«, fügt Martin dazu.

»Aber vielleicht ist das, was wir Gaunerei nennen, vorsehende Schlauheit, um sich nicht unterkriegen zu lassen«, überlege ich. »Außerdem wollten wir doch, daß der ›arme, primitive Eingeborene‹ von uns lernt. Wie es scheint, haben wir in dieser Beziehung recht tüchtige Arbeit geleistet.«

»Nur ist dieses Produkt reichlich mißraten«, ist Martins Ansicht. »Allein, was sich in den Schulen hier abspielt, ist mehr als skandalös. Schulaufsichtsräte und Lehrer lassen sich von den Eltern der Schüler einkaufen, oder besser, sie legen den Eltern kleine Spenden ans Herz, denn sonst würde ihr Sprößling nie ein gescheites Kind werden. Was bleibt den Eltern anderes übrig, als zu zahlen, wenn sie Wert darauf legen, daß ihre Kinder die Examen bestehen? Und was wird aus diesen hoffnungsvollen Nachkommen? Wieder nur Parasiten, die auf unzähligen Beamtenpöstchen sitzen, den ganzen Tag Bleistifte drehen und sich überlegen, wie aus dem Amte, das sie so sinnig bekleiden, ein Goldesel werden könnte. Aber ich merke schon, Sie wollen den weißen Mann als Buhmann hinstellen und dem armen, ausgenützten Schwarzen einen Glorienschein aufsetzen.«

Ich antworte darauf: »Ich glaube, es wäre fair, wenn wir uns wenigstens mit dem Veränderungsprozeß des schwarzen Mannes ehrlich auseinandersetzen würden. Dann könnten wir ihn auch besser verstehen.«

»Ich wünschte nur, sie würden uns verstehen«, erwidert Luise mißmutig. Sie greift nach einer bronzenen Tischglocke und bringt sie zum Schellen. Kikinya, ihr Diener, erscheint: Sie trägt ihm auf, den Tisch zu decken. Vor ihren Augen muß er sich weiße Handschuhe überziehen, bevor er Teller, Gläser und Besteck anfassen darf. Gleich zu Beginn hat Luise mir anvertraut, man wisse ja nie, was sie vorher mit ihren schwarzen Fingern angelangt hätten. Sie habe ihren Dienstboten zwar lange Vorträge über Sauberkeit und Hygiene gehalten, aber sie traue ihnen noch immer nicht. Auch ihr Koch muß bei seiner Arbeit Handschuhe anlegen.

»Sie sehen unser Problem von einer total falschen Seite«, nimmt Martin das Thema wieder auf.

»Ich versuche es bloß von einer anderen Seite her zu betrachten«, ist meine Antwort.

Luise preßt ihre Hände mit den knallrot lackierten Fingernägeln fest gegen die auf Hochglanz polierte Marmortischplatte. Beunruhige ich sie in irgendeiner Weise?. »Sie können sich diesen menschenfreundlichen Luxus leisten, denn Sie sind nicht selbst mit der Situation hier konfrontiert. Sie müssen nicht täglich mit diesen Schlitzohren zusammenarbeiten, sonst würden Sie sehr schnell Ihre wohlgesonnene Meinung ändern. Das tun alle Neuankömmlinge. Erst schmelzen sie aus Mitleid mit der ausgebeuteten Kreatur dahin, doch sobald sie dann selbst Opfer ihrer Ausbeutung, ihrer zahlreichen Tricks und Betrügereien werden, schwenken sie wie ein Kreisel herum. Dann beginnen sie zu fluchen und sich zu ärgern, wie wir alle es tun. Auch wir waren am Anfang geduldiger. Doch die Art der Neger zerrt einfach an unseren Nerven.«

Martin hat Angst um sein Ansehen als Gastgeber. Er will zumindest äußere Formen wahren. »Machen wir Schluß mit diesem tristen Gerede«, wendet er leutselig ein. »Es führt ja zu nichts. Zeigen wir unserem Gast lieber das angenehme Leben der Stadt. Was haltet ihr davon, wenn wir nach dem Essen in den Club gehen? Da lernen Sie noch andere weiße Monster kennen.«

Während Luise sich mit einer Bekannten unterhält, steht Martin in der Bar vor mir und dreht ein Glas Sherry zwischen den Fingern. »Sie denken sicher, wir seien schon immer rassistisch eingestellt gewesen. Das war aber nicht so, das können Sie mir glauben. Anfangs habe ich sogar versucht, einige schwarze Kollegen von der Uni einzuladen, um besseren Kontakt mit ihnen zu bekommen. Ich hätte wirklich nichts dagegen gehabt, einheimische Freunde zu gewinnen. Aber sobald sie merkten, daß ich die Schranken zu lösen versuchte, pumpten sie mich um Geld an. So etwas zermürbt und gibt einem das Gefühl, nicht als Freund, sondern als Geldautomat betrachtet zu werden.«

Die Atmosphäre im Club ist stocknüchtern. Während ich an meinem Campari mit Soda nippe, betrachte ich mit Unbehagen das steife Verhalten der Leute. Ich bin diese erzwungene sittsame Ordnung nicht mehr gewöhnt und komme mir vor wie ein afrikanischer, freiheitsliebender Fuß in einem zu eng geschnittenen Schuh.

*

Je länger ich mich in Lubumbashi aufhalte, desto stärker empfinde ich die große Kluft zwischen den einheimischen Schwarzen und den hellhäutigen Ansässigen. Während in den westlichen Ländern Afrikas Mischehen gang und gäbe sind, kommen diese hier nur kaum vor. Hier schirmt sich die weiße Elite gegen die dunkle Volksmasse ab, als würde diese die Pest über sie bringen. Der Kontakt zu Afrika beschränkt sich hauptsächlich auf die Schwarzen in wichtigen Positionen, die ihnen Tore öffnen oder ihnen verwaltungstechnische Schwierigkeiten vom Halse schaffen. Das Hauspersonal jedoch wird tyrannisch herumkommandiert, als hätte dieses weder Rechte noch Empfinden. Ich lerne, mich meiner eigenen Rasse zu schämen. Teilen diese weißen Götter denn noch immer die Ansicht einstiger Kirchenfürsten, »daß die Eingeborenen als Zwischenglieder zwischen Mensch und Tier zu betrachten sind«? Nun, die Kirche zumindest hat inzwischen diese Ansicht revidiert.

Für die oft rücksichtslose Behandlung revanchieren sich die Knechte auf ihre Weise. Sie kennen die Gewohnheiten und Nachlässigkeiten ihrer Herrschaften, und wann immer sich Gelegenheit bietet, klauen sie ihnen Geld oder Vorräte. Unterwürfig im wahrsten Sinne des Wortes sind sie nicht. Mit großem Gleichmut lassen sie Strafpredigten und Schimpfkanonaden über sich ergehen und warten geduldig auf ihre nächste Chance, bei der sie wieder zum Zuge kommen werden. Mit dem Begriff Unehrlichkeit belasten sie sich dabei gar nicht. Der Vorrat in der Speisekammer ist doch da, warum sich nicht davon nehmen? Es war immer üblich in ihren Gemeinschaften und ist es auch heute noch in den modernen afrikanischen Familien: Was vorhanden ist, wird geteilt. Und was tun die Polizisten und die Beamten, die sich doch aneignen, was ihnen gefällt, genauso wie die Politiker? Und sagen nicht alle, der ist kein gescheiter Staatsmann, der es nicht schafft, während seiner Amtszeit für sich selber die Truhen zu füllen? Sie wären also nicht sehr gescheit, wenn sie nicht das im kleinen versuchten, was die anderen im großen Stil tun.

Ich treffe Luise mit ärgerlicher Miene in der Küche an, wie sie ihrem Koch und ihrem Diener eine Moralpredigt hält, so wie man es mit ungezogenen Kindern tut. Die beiden jungen Männer sehen mit gleichmütigen Gesichtern hinaus in den Palmengarten. Es fehlt wieder an Zucker, Mehl, Kaffee und Tee.

»Ich weiß nicht, wie sie es machen, aber sie klauen immer. Nur beweisen kann ich es keinem von ihnen.« So klagt mir Luise ihr Leid. »Sie sind eine faule, schlampige und diebische Bande. Solange du nicht hinsiehst und ständig wie ein Habicht über sie wachst, lümmeln sie nur rum und vertrödeln ihre Zeit. Dieses ständige Achtgeben bringt mich noch um den Verstand. Meine Familie zu Hause denkt, es geht mir gut, weil ich mich bedienen lasse. Schöne Bedienung! Da habe ich lieber bloß eine Dreizimmerwohnung und mache alles allein.«

Ob sie sich wirklich so leicht wieder an den europäischen Lebensstil gewöhnen wird? Selber einkaufen gehen, kochen und putzen, all die kleinen Handlangerdienste eigenhändig erledigen müssen und niemanden zu haben, an dem sich ungehemmt schlechte Launen abreagieren lassen?

Schlechte Launen entdecke ich an vielen weißen Ansiedlern. Vor allem an den Frauen. Ist die Hitze der Grund? Dabei hat Lubumbashi durch seine hohe Lage noch ein erträgliches Klima.

Oder ist es die Langeweile, die sie plagt? Ist es das Isoliertsein? Oder resultiert die schlechte Laune aus dem unbewußten Begreifen, selbst schwächer, unbeholfener, verzagter, lebensunfähiger, untauglicher zu sein als jeder »Primitive«? Ist es die leise Ahnung, daß sie mit den Härten und Anforderungen der Natur, mit unvorhergesehenen Ereignissen, mit chaotischen Situationen und einfachster Lebensweise, mit denen jeder Schwarze gut zurechtkommt und aus denen er obendrein noch kreativ und zufrieden hervorgeht, selbst gar nicht mehr fertig werden könnten?

Einmal komme ich gerade dazu, wie Luise zwei kleine Mädchen, deren Haare zu niedlichen Sputnikzöpfen geflochten sind, ausschilt. Sie fingert dabei an ihrer fadenscheinigen, etwas seltsamen Kleidung herum und redet pausenlos auf die beiden betretenen Geschöpfe ein, die mit großen, staunenden Augen am wütenden Mund der Madame hängen.

Als Luise mich sieht, winkt sie mich heran. »Sehen Sie sich bloß diese beiden Unglückswesen an! Es sind die Töchter meines Gärtners. Vor zwei Monaten habe ich ihnen diese Pyjamas geschenkt, habe ihnen aber gesagt, daß sie diese nur nachts tragen sollen. Doch was tun sie? Auch den ganzen Tag laufen sie damit herum. Sie haben sie überhaupt nicht mehr abgelegt, und jetzt fallen sie ihnen bereits vom Leibe. In nur zwei Monaten haben sie es geschafft, diese guten Stücke, die bei uns Jahre halten würden, in Lumpen zu verwandeln! Warum nur können die Menschen hier nicht besser auf ihre Sachen aufpassen?«

Ich frage Luise, warum Sie den Leuten neue Sachen gibt, wenn es ihr nachher leid tut, daß sie nicht so behandelt werden, wie sie es erwartet.

»Schließlich will man doch menschlich sein. Mich dauern ja diese armen Kreaturen«, ist die Antwort.

»Vielleicht aber wollen sie diese Art von Menschlichkeit überhaupt nicht, und unser Mitleid wahrscheinlich schon gar nicht.«

»Aber wir können sie doch nicht so verlottert umherlaufen lassen, wie sähe das denn aus?«

»Ich glaube, es kommt ihnen nicht so sehr darauf an, wie es

aussieht, als daß sie sich wohl fühlen. Ich kann mir vorstellen, daß es bequemer ist, Sachen zu tragen, auf die man nicht ständig aufpassen muß. Luise, warum wundern Sie sich eigentlich ständig über die Mentalität der Leute, wenn Sie doch wissen, daß sie ganz anders zu den Dingen stehen?«

»Wahrscheinlich, weil ich noch immer hoffe, daß sie doch noch einiges von uns annehmen und lernen. Aber je länger ich hier bin, um so mehr muß ich meinem Mann recht geben, daß alle Mühe, sie zu Ordnung und Sauberkeit anzuhalten, vergeudete Liebesmüh ist. Es ist wirklich hoffnungslos mit ihnen.«

»Hoffnungslos?!« Dieses Wort fährt mir wie ein Faustschlag in den Magen.

»Hoffnungslos, weil sie eigenständige Wesen sind und keine tanzenden Puppen?!«

»Eigenständig, daß ich nicht lache!« erwidert Luise. »Ohne uns wären sie wie kopfscheue, verlorene Hühner, die nur zu Futter kommen, wenn sie zufällig etwas finden oder andere ihnen Körner auf den Weg streuen.«

Was Luise sonst noch von Afrikanern denkt, erfahre ich aus einer kleinen, beiläufigen Erwähnung: »Sie glauben, daß wir Vorurteile gegen die Neger haben. Aber deren Vorurteile uns gegenüber sind mindestens genauso eingefleischt. Wissen Sie, daß in den Dörfern den Kindern Angst vor dem weißen Mann eingejagt wird? Sie erzählen ihren Kleinen, daß die weißen Ungeheuer den hungrigen Schwarzen nur deshalb zu essen geben, damit diese zum Schlachten fett genug werden!«

Ich antworte, daß ähnliche unsinnige Geschichten wie die vom »schwarzen Mann« unsere Kinder doch auch noch immer zu hören bekommen.

Da entfährt es Luise: »Aber das ist doch etwas ganz anderes, das sind doch wirklich noch Wilde!«

Wasserfälle, Diamanten und ein Apfelstrudel

Bei einer Gesellschaft im Hause eines amerikanischen Diplomaten erwähne ich dem Gastgeber gegenüber, daß ich gerne den Lofoi-Wasserfall sehen würde. Ich frage ihn, ob er nicht jemanden kennt, der demnächst in diese Richtung fährt, denn es besteht kein regelmäßiger, öffentlicher Verkehr dorthin. Der Amerikaner stellt mich zwei Engländern vor, die als Geologen in der Nähe des höchsten Wasserfalls Afrikas in einem Diamantencamp an einem Forschungsauftrag arbeiten. Erst gestern waren sie von ihrem zweimonatigen Heimaturlaub zurückgekommen, und morgen fahren sie in ihr Camp weiter. Die beiden sind einverstanden, mich in ihre Buschidylle mitzunehmen. Während ich in der Nacht eilig meine Sachen zusammenpacke, spüre ich meinen Puls in Vorfreude auf das neue Erleben in der Wildnis höher schlagen. Ich scheine die ursprüngliche Natur zu brauchen, die mich immer wieder mit neuen Energiereserven versorgt.

Zu früher Stunde holen mich Mike und Edward mit ihrem sandfarbenen Landrover ab.

»Ich hoffe, du bist auf eine lange Autofahrt vorbereitet«, sagt Edward. »Wir haben etwa dreihundert Kilometer vor uns, für die wir gute sieben bis acht Stunden brauchen.«

»Du darfst keinen allzu großen Komfort in unserem Camp erwarten«, bereitet mich Mike kurz angebunden vor. »Wir leben sehr einfach.«

»Aber es ist gemütlich«, macht Edward mir Mut. »Wir sind eine große Familie von zweihundert Schwarzen, ihren Frauen und Kindern und einer Handvoll Weißen. Es ist eine rauhe Gesellschaft, und für eine weiße Frau ist es vielleicht nicht ganz leicht, sich da wohl zu fühlen. Aber ich glaube, dir werden die paar Tage bei uns gefallen.«

Die geteerte Straße, die aus Lubumbashi herausführt, geht bald in eine rote, staubtrockene Naturfahrbahn über. Das Laub der Bäume ist wie bei uns im Herbst gelb, braun und rötlich gefärbt. Nur die Luft vibriert anders. Sie singt und zittert unter der Glut der hochstehenden Sonne.

Das Ende der Trockenperiode ist die Zeit der Buschfeuer. Gierig und mit ausholenden gelben, orangefarbenen Zungen schlagen sich diese, dunkle Rauchschwaden nach sich ziehend, durch den Busch. Das Vorwärtslaufen des Flammenmeeres ist begleitet von ohrenbetäubendem Krachen. Als würden Tausende von Gewehrschüssen gleichzeitig losballern. Zurück bleiben verbranntes Gras, schwarzer Boden, verkohlte Baumstümpfe, abgesengte Termitenburgen.

Während wir an einem Fluß auf die Holzfähre warten, die noch am anderen Ufer liegt, nütze ich den Aufenthalt, um meine Baby-Schildkröte mit Wasser zu versorgen. Ich fülle eine kleine Pfanne, die ich immer bei mir habe, mit dem Flußwasser und lasse das Panzertierchen darin herumkrabbeln und trinken. Ein paarmal nimmt es das kleine Maul voll und schlürft das Wasser genüßlich hinunter. Dann neigt es sein Köpfchen leicht zur Seite, als wolle es sagen: Das reicht! Sie scheint nicht besonders gern mit Wasser in Berührung zu kommen. Nun, es ist auch eine Landschildkröte.

Als die beiden Engländer das Tier sehen, das ich aus meiner Umhängetasche hole, schauen sie erst sich gegenseitig, dann mich verwundert an. »Was ist denn das?«

»Noch nie eine Schildkröte gesehen?«

Mike zieht seine Augenbrauen hoch: »Jedenfalls noch nie in der Tasche einer Dame.«

»Wahrscheinlich ist es ihr Notproviant. Sie glaubt wohl nicht, daß wir imstande sind, sie ausreichend zu verpflegen.«

Edward ist Mitte Dreißig, blond und braungebrannt. Er scheint eine spaßige Natur zu haben. Mike ist gute zehn Jahre älter und dunkel wie ein Südländer. Sein Bart zeigt bereits graue Ansätze. Die meiste Zeit sehe ich nur sein schweigsames Profil neben uns. Natürlich muß er seine Aufmerksamkeit der unebenen Fahrbahn zuwenden, da er das Steuer hält, aber das allein ist es nicht. Auch sonst wirkt er verschlossen und ist nicht gerade umgänglich zu nennen. Jedoch wenn er lächelt, was bisher äußerst selten geschah, bringt er damit Eis zum Schmelzen.

Etwa hundertfünfzig Kilometer nach Lubumbashi verlassen wir die Straße und fahren auf einem schmalen Seitenweg weiter, der majestätischen Erhebung eines bewaldeten Bergzuges entgegen. Das Gelände wird steil, teilweise schlammig, dann windet sich der Weg über felsiges Geröll in aufregenden Kurven aufwärts. Aber für einen Landrover ist das kein Problem.

Schlagartig verändern sich Landschaft und Flora, als wir das Plateau erreichen. Weithin erstreckt sich eine Grassteppe vor uns. Mit der Sonne im Rücken zeigt sich uns das Gras in der Farbe von reifem Korn. Doch gegen die Sonne schimmert es in violetten, bläulichen Wogen. Unzählige winzige, dunkle Punkte tauchen vor uns auf, die sich beim Näherkommen als Thompsongazellen, Roan-Antilopen und Wasserböcke entpuppen. Auch

Der Weg zum Camp

205

Schakale treiben sich durch die Gegend. Kraniche, Störche, Fasane, Königsfischer, Sekretärvögel und Trappen stolzieren oder flattern umher. Adler und Falken gleiten hoch oben durch die Lüfte. Schwarze Witwenvögel schaukeln wie im Spiel mit ihren zarten, graziösen Körpern an einer Stelle auf und nieder, während ihre überlangen, gefransten Schwanzfedern wie Trauerschleier im Winde wehen. Mike und Edward haben auf dem Plateau schon Geparden gesehen und sind überzeugt, daß in den angrenzenden Wäldern Leoparden hausen.

Wir tauchen in einen wunderlichen Buschwald ein. Die knorrigen, moosüberzogenen Bäume mit ihren regenschirmartigen Kronen stehen so schräg, daß ich denke, sie müßten jeden Moment umfallen. Die heftigen Winde, die mitunter über das Plateau fegen, haben das verschuldet.

Das erste Camp kommt in Sicht. Hier befindet sich die Waschstation, wo Erdproben gereinigt, gesiebt und untersucht werden. Kaum erblicken die schwarzen Arbeiter unseren Landrover, lassen sie alle Schaufeln und Hacken fallen, verlassen Waschtrommeln und Sandhaufen und eilen mit fröhlichen, übermütigen Zurufen den beiden Geologen entgegen, die etliche Wochen dem Camp fern gewesen waren. Auch ich muß viele Hände schütteln. Hier beeinträchtigen keine Aggressionen oder Lustlosigkeit das Arbeitsklima, wie man es sonst oft von anderen Arbeitscamps in Afrika hört. Mike erkennt mein Erstaunen über diesen harmonischen Einklang in ihrer isolierten Gemeinschaft und wird plötzlich gesprächig.

»Ja, ich glaube, wir kommen recht gut miteinander aus. Von Anfang an haben wir nicht erwartet, daß sie so denken und handeln wie wir. Sie haben nicht unseren Ehrgeiz, eine Sache perfekt zu machen, trotzdem sind sie tüchtig und zuverlässig. Und sie spüren, daß wir zu ihnen stehen. Das gibt ihnen Vertrauen – und so können auch wir ihnen vertrauen. Das ist hier im Busch, wo einer auf den anderen angewiesen ist, lebenswichtig.«

Der weitere Weg führt durch einen Wald, in dem die Bäume wieder gerade wachsen. Dazwischen ragen riesige Termitenburgen empor, auf denen Sträucher und kleine Bäume wurzeln. Wir durchqueren ein munter gurgelndes Flüßchen, an dessen Ufern lachende Frauen Wäsche und ihre Kinder einseifen.

Noch eine Kurve, noch ein schmales Holzbrückchen, und wir fahren durch eine langgestreckte Ansiedlung aus Lehmhütten und Zelten. Auch hier werden Mike und Edward überschwenglich begrüßt. Die Schwarzen können ihre Freude derartig impulsiv zeigen, daß ich sofort mitgerissen werde. Es ist, als würde ich nach Hause kommen. Auch der Anblick der offenen Kochfeuerchen und der Geruch aus Töpfen und Pfannen erweckt heimelige Gefühle. Auf einem kleinen, vorspringenden Felsplateau, das seitlich steil abfällt, liegen ein paar weiß getünchte Häuser. Ich komme mir vor wie in einem Falkenhorst. Weithin erstrecken sich unter uns bewaldete, sich ineinander schwingende Hügel und Täler. Die Vollendung der Idylle bringt ein naher Wasserfall, der zwischen moosbewachsenen alten Bäumen erst lustig über steile Steinplatten springt, ehe er dann laut und tosend über eine senkrechte Wand abfällt.

»Gefällt es dir?«

Ich nicke. Mike zeigt sein seltenes Lächeln, das dasselbe Gefühl vermittelt wie die schöne Dämmerstimmung, die der Busch über uns ausatmet.

Vor sechs Jahren habe ich begonnen, eine Kette zu knüpfen. Eine Kette aus besonderen Perlen. Jede Perle verkörpert eine außergewöhnliche Naturschönheit, idyllische Einsamkeit oder einen wilden, energiegeladenen Platz, der sich zeitlose Ursprünglichkeit bewahrt hat. Jede Perle ist ein kleines Naturwunder, das ich erleben und erschauen durfte. Dieses Falkennest ist ein weiteres Kleinod in meiner Sammlung.

Kasanda, Mikes guter Geist, reißt mich aus meinen besinnlichen Gedanken.

»Madame, Ihr Bad ist fertig.«

Argwöhnisch sehe ich ihn an. »Bad? Welches Bad?«

Im Augenblick habe ich gar kein Verlangen nach einer kalten

Dusche, denn in einer Höhe von zweitausend Metern ist es auch in den Tropen kühl. Vor allem abends. Bei 17° Celsius bekomme ich hier schon eine Gänsehaut. Daher würde ich mit Duschen lieber bis morgen warten, bis die Luft sich wieder erwärmt hat.

Die Geologen bemerken mein Zögern und grinsen.

»Keine Angst, es beißt nicht.«

Neugierig folge ich Kasanda ins Haus. Und was ich zu sehen bekomme, ist allerdings eine gelungene Überraschung. Im Lehmboden ist eine richtige Badewanne eingelassen, und daraus schlägt mir heißer Dampf entgegen. Ein wahrhaft komfortables Nest, das sich die Burschen erbaut haben! Die Warmwasseranlage wurde mit simplen Hilfsmitteln installiert. In langen, dünnen Rohren wird das Wasser vom Wasserfall hergeleitet. An der Außenmauer des Baderaumes sind zwei schräg übereinanderliegende große Blechtrommeln montiert. Mit einem Wasserhahn wird die Wasserzufuhr, die erst in die obere Trommel durch ein schmutzausfilterndes Sieb führt, geregelt. Aus der oberen Trommel rinnt das Wasser so lange in die untere Trommel, bis diese voll ist. Dann erst füllt sich auch die obere. Die untere Trommel, die über einem offenen Kamin hängt, wird von einem tagsüber brennenden Feuer erhitzt, während die obere Trommel kalt bleibt. Von beiden Trommeln geht eine Leitung in den Baderaum. Wird die Hitze zu groß, kann der Dampf durch ein Rohr aus dem Kessel entweichen. So komme ich mitten im Busch zu richtigem Badekomfort!

Ein kleines, in sich selbst funktionierendes Dorf ist hier entstanden. Seine notwendigen Energien bezieht es von dem Wasserfall. Auto-, Schlosser- und Tischlerwerkstätten sowie ein riesiges Ersatzteillager machen es weitgehend unabhängig. In einem kleinen Laden gibt es Zucker, Salz, Reis, Mehl, Margarine, Seife, Zahnpasta, Kugelschreiber und die allseits beliebten Fischkonserven zu kaufen. In einem Sanitärhäuschen stehen zwei ausgebildete Krankenpfleger den Kranken zur Verfügung, und die Gesellschaft versorgt ihre Leute ausreichend mit Medikamenten.

Hinter der Küche wurde ein großer Gemüsegarten angelegt.

Die Warmwasseranlage im Hauptcamp

Ein erfahrener Gärtner kümmert sich mit Sorgfalt um die Vielzahl der bestens gedeihenden Pflänzchen. In diesem Klima wächst vieles, was auch auf Europas Märkten zu finden ist: Tomaten, grüne Paprika, Petersilie, Lauch, Zwiebeln, Knoblauch, Auberginen, Salat, Kohl, Spinat, Bohnen, Kartoffeln, Karotten, Rhabarber, Blumenkohl und Minze. Auf halbem Weg zum Dorf befindet sich das Büro. Eine Funkanlage verbindet die einzelnen Camps miteinander und ermöglicht Kontakte nach Lubumbashi und Kinshasa.

Der Lofoi-Wasserfall ist zwar der höchste Wasserfall Afrikas, er ist jedoch wenig bekannt – und noch weniger besucht. Da der Weg dorthin beschwerlich ist, wurde diese Sehenswürdigkeit touristisch noch nicht ausgewertet. Mike will mir diese Naturattraktion zeigen. Mit einem Landrover fahren wir einen Weg entlang, der wohl schon einige Zeit nicht mehr benützt wird. Wir passieren aufgelöste Camps und überqueren morsche Holzbrücken. Unter den vorsichtig darüber rollenden Rädern kracht und splittert es. Vor einer eingestürzten Brücke müssen wir kapitulieren und gehen zu Fuß weiter.

Das hohe Gras ist dürr wie Stroh und hat fast die gleiche bräunliche Farbe wie die Python, auf die ich glücklicherweise im letzten Moment doch nicht trete. Da ich sie nicht gleich gesehen habe, hat eine innere Stimme mich freundlicherweise zurückgehalten. Zusammengerollt liegt das oberarmstarke Reptil in friedlicher Siesta vor uns. Ihr Bauch ist an einer Stelle unförmig angeschwollen. Dem Umfang nach könnte es ein kleines Schwein gewesen sein, das sie verspeist hat.

Ein paar Schritte weiter dreht Mike sich zu mir um und legt einen Finger auf den Mund. Er stellt sich ganz nahe neben mich und zeigt auf eine kleine Lichtung. Eine Gruppe von fünfzehn Säbelantilopen stehen eng beisammen. Das Ungewöhnliche an dieser Szene ist jedoch, daß es sich ausschließlich um Böcke handelt, alle ausgestattet mit langen, kräftig gebogenen, schwarzgerillten Hörnern. Diese männliche Zusammenkunft ist ein sehr seltenes Bild. Es ist fast, als hätten sich diese eleganten Tiere zu einem geheimen Treffen eingefunden.

Wir erreichen den Rand der langgezogenen, gewaltigen Schlucht, deren Gesteinsschichten jetzt in der regenarmen Periode in den unterschiedlichsten Rot-, Braun- und Gelbtönen aufleuchten und metallisch in der Sonne glänzen. Die gewaltigen, vorwärtsdrängenden Wassermassen haben sich ein tiefes Bett gegraben. Wir müssen noch eine Stunde weiterlaufen, bis wir dem mächtigen Wasserfall genau gegenüberstehen. Dreihundertfünfzig Meter tief donnert die Wasserflut, hohe Gischt aufwerfend, in den engen Kessel.

Unser Hauswasserfall ist zwar nicht so spektakulär wie der Lofoi-Fall, aber er ist von wilder Romantik. Vom Falkennest führt ein schmaler, steiler Pfad den Abhang hinunter, der an einem

Der 350 m hohe Lofoi-Fall ist der höchste Wasserfall Afrikas

sanften Bächlein, dem ehemaligen Wasserfall, endet. Gerade an dieser Stelle, wo das lebhafte Gewässer in dem natürlichen Becken gebändigt wird, erlebt die Flora eine phänomenale Wende, eine Lebensform-trennende Scheide. Während in der Schlucht, die den Wasserfall umhüllt, üppige Regenwaldvegetation gedeiht, geht diese am Ende der Schlucht abrupt in offenes, trockenes Buschland über.

Von den Geologen war ich gewarnt worden wegen der vielen giftigen Schlangen, die sich in diesem feuchten Kessel wohl fühlen. Die Puffotter sei von allen die heimtückischste, weil sie nicht wie andere Schlangen bei herannahenden Geräuschen die Flucht ergreift. Doch beim Anblick der grünen, warmen Schlucht empfinde ich keine Bedrohung. Splitternackt stelle ich mich auf einen vorspringenden Felsen und lasse meine Haut von einem kräftigen Wasserstrahl durchmassieren. Dann lege ich mich auf einen heißen, trockenen Stein in die wärmenden Sonnenstrahlen.

Eigentlich wollte ich nur für ein paar Tage in den Busch kommen, wollte bloß den Lofoi-Fall sehen. Nun könnte ich weiterziehen. Als sich jedoch Mike aufmacht, um in einem tief in der Wildnis gelegenen Camp nach dem Rechten zu sehen, frage ich, ob ich mitkommen darf. Mike brummt erst in seinen dunklen Bart hinein, daß dieses Camp mir keinerlei Komfort bieten würde. Es bestehe bloß aus einer Handvoll Zelte. Das sei wohl nicht das richtige für eine Frau.

Ich strahle ihn an. Dagegen ist er einfach machtlos.

Die Luft an diesem Ort, der keinen Namen hat in diesem »irgendwo im Busch«, steht still. Kein Blättchen und kein Gräschen rührt sich. Brütendheiß gräbt sich die Hitze in das Tal. Insekten und Fliegen schwirren ziellos umher. Nur die Tsetsefliegen haben ein festes Ziel: unser Blut. Und nichts kann ihre Aggression bremsen. In den späten Nachmittagsstunden ist es am schlimmsten. Ich habe überall rote Flecken, die erst jucken, dann brennen. Ich flüchte in das mit Netzeinsätzen ausgestattete Zelt.

Mike ist mürrisch. Eine Frau im Busch! Das hat ihm gerade noch gefehlt! Ist es nicht Mühe genug, die Arbeiter in diesem höllischen Brutofen in Bewegung zu halten, um eine kleine Schneise zu schlagen? Dieser Platz soll als Stützpunkt für neue Bohrungen in der Umgebung dienen. Das Erdreich soll auf seine Mineralien und eventuell verborgene Schätze untersucht werden. Dann bringt ihn meine Frage, ob es notwendig sei, so viele Bäume zu fällen, auch nicht gerade in Hochstimmung, weil ich damit wieder einen Konflikt in ihm heraufbeschwöre, den er schon zu verdrängen versucht hatte. Ihm selbst ist es verhaßt, der Natur Schaden zuzufügen, doch seine Arbeit erfordert unnatürliche Eingriffe.

So ganz ohne Komfort, wie Mike behauptet hat, ist dieses Camp nicht, und das Duschen ist die Krönung des Tages. Am glosenden Feuer wird Wasser, das mit einem Tankwagen gebracht wurde, erhitzt. Kasanda gießt das angenehm temperierte Wasser in einen Kübel, den er hinter einem runden Grasparavant mit einem Strick hochzieht. Im Kübelboden wurde das Ausgießteil einer Gießkanne eingeschweißt, und die Wassermenge ist mit einem Hahn zu regeln. Das Brausegefühl ist wie in einem modernen Badezimmer, nur kommt hier noch die von Singen erfüllte Luft der Wildnis dazu.

Kasanda kümmert sich auch um die Mahlzeiten. Als ich ihn beobachte, wie er in einem Erdloch Brot bäckt, kommt mir die Idee, daß ich genausogut einen Apfelstrudel backen könnte. Wir haben noch Äpfel aus Lubumbashi vorrätig. Dieses natürliche Erdbackrohr funktioniert ebenfalls auf einfache Weise: In das halbmetertiefe Erdloch wird heiße Asche gefüllt. Darauf wird das Backblech mit dem Teig gestellt und darüber eine Blechschüssel gestülpt. Darauf wird noch einmal heiße Glut geschaufelt. So wirken Ober- und Unterhitze wie in einem neuzeitlichen Backofen. Abends stelle ich den noch warmen Strudel als Nachspeise auf den Campingtisch. Das verwandelt den grimmigen Wolf in ein sanftes Lamm. Im flackernden Schein des Lagerfeuers wird Mike zugänglicher. Er ist ein typischer Buschmann, der bereit ist, die Konfrontation mit dem Alleinsein zu akzeptieren. Der alle Erlebnisse, alle Gefühle für sich behält. Doch die Gedanken gären und warten nur darauf, durch ein Ventil entweichen zu dürfen. Mike findet dieses Ventil in meiner Gegenwart. Und ich höre zu. Einen ganzen Abend lang bis spät in die Nacht hinein.

Ich bekomme vom Leben der weißen Buschleute zu hören. Einige haben Frauen und Kinder zu Hause. Doch die sind weit weg. Genausogut könnten sie auf dem Mond leben. Auch wenn sie den Busch lieben und die Einsamkeit zur Vertrauten geworden ist, wird es manchmal zu einsam. Tagsüber ist es nicht so schlimm. Da ist die Arbeit, eine Aufgabe, die zu erfüllen ist. Da sind die Afrikaner, die einen in Schwung halten. Und ab und zu kommt es zu unterhaltenden Zusammentreffen mit Kollegen. Aber nachts sind sie allein. Zehn Monate im Jahr. Allein mit Büchern, Radio und Briefen. Allein unter dem strahlenden Sternenhimmel. Allein bei Regen und Sturm. Allein, wenn Elefanten durchs nahe Gehölz brechen. Sie sind es gewohnt, mit gefährlichen Situationen fertig zu werden. Haben gelernt, diesen gelassen ins Auge zu schauen. Nur vor ihrem Privatleben, da graut ihnen.

Auch Mike ist verheiratet. Seine Frau lebt und arbeitet in Paris als gefragte Modezeichnerin. Sie könnte sich ein Leben ohne Stadt nicht vorstellen. Einmal im Jahr gibt es ein paar gemeinsame Wochen für das Paar. Werden sie jemals den Alltag miteinander ertragen können?

Ich frage die zusammengekauerte Gestalt, die wie frierend ins Feuer starrt, ob seine Frau nie das Verlangen verspürt hätte, mit ihm das Buschleben zu teilen. Wie von einer Tarantel gestochen, schnellt Mike aus seiner Versunkenheit empor. »Für eine Frau mag es ganz lustig sein, die Wildnis für eine oder zwei Wochen zu besuchen. Aber kein Mann kann von einer Frau erwarten, mit ihm sein Leben im Busch zu teilen.«

Und ich denke bei mir: Schade, daß mich keiner fragt.

Der Chef des Unternehmens sagt seinen Besuch in unserem abgelegenen Camp an. Als er von dem übriggebliebenen Apfelstrudel probiert, fragt er mich, ob ich nicht die Betreuung des Gästehauses und die Küche im Hauptcamp übernehmen möchte. Dort sei ein wachsames Auge und eine lenkende Hand nötig. Begeistert sage ich zu. Auch in Mikes Gesicht zieht ein fröhlicher Schimmer.

In der Nacht fallen Bäume rund um das Camp. Äste splittern. Zweige brechen. Es kracht im Unterholz. Jede Nacht bahnen sich Elefanten ihren Weg an unseren Zelten vorbei. Jede Nacht erbebt und zittert die Erde aufs neue, und mein Campingbett mit ihr. Es sind jedesmal aufregende Minuten, bis die Herde vorüber ist. Zwar sitzen zwei Nachtwächter vor einem brennenden Holzstoß, die die Aufgabe haben, das Lager zu bewachen, aber jedesmal, wenn ich in ihre Nähe komme, vernehme ich schnarchende Geräusche. Soweit ich es bisher mitbekommen habe, schlafen alle Nachtwächter Afrikas in der Nacht.

Es gibt Tage, die gehen einfach vorüber. Und es gibt Tage, die ich erlebe, ausgeprägter und stärker als andere, an denen ich intensiver empfinde. Das sind Tage, die mich in gefährliche Sentimentalitäten stürzen, mich verwirren und aufwühlen. Ich fühle mich den Tränen nahe und weiß nicht, warum. Es gibt keinen Grund zur Traurigkeit und keinen Anlaß zu übergroßem Glück. Und dennoch bin ich traurig und glücklich zugleich. Die Traurigkeit ist von aufreibendem Schmerz und das Glück von überschwenglicher Freude.

Derartige Stimmungen hängen bei mir mit den Mondphasen zusammen, denen ich in einer natürlichen Umgebung viel stärker unterworfen bin als in der Stadt, wo Lärm und Häuser den Strahleneinfluß des Mondes mindern. Doch hier im Busch gibt es keine Störungen, kein Ablenken. Hier dringt das konzentrierte Kraftbündel ungehindert hindurch und rüttelt und schüttelt an dem leicht verwundbaren bißchen Menschsein.

Ich trete vor das Zelt hinaus. Wie eine große Christbaumkugel hängt die volle, silbrige Scheibe zwischen bizarr geformten Asten. Ich ziehe den Schal eng um meine Schultern und wandere langsam unter den Bäumen auf und ab. Ich blicke dem Mond entgegen und begrüße ihn. Wir sehen uns an. Lange und schweigend. Bis die Welt um mich herum versinkt und mein Körper sich verliert.

Wie nahe ist der Mensch in diesen Momenten dem Sterben? Ist nicht Leben und Sterben ein Ganzes?

Lächelt mir der Mond nicht zu? Will er mich willkommen heißen in seinem stillen Reich der Nacht? Die Verworrenheit meiner Gefühle löst sich auf, endet mit innerer Heiterkeit, die mich zufrieden mit der ganzen Welt in mein Zelt zurückkehren läßt.

Es ist die letzte Nacht in diesem Camp. Morgen werde ich in das Hauptcamp zurückkehren, um meine neue Aufgabe zu übernehmen. Der weitere Weg durch Afrika wird aufgeschoben.

Als »Madame« im Buschcamp

Wie ausgemacht, beginne ich mit Argusaugen über Küche, Gästehaus und Garten zu wachen. Mein unerwartetes Eingreifen in vertraut gewordene Schlampereien verursacht anfangs einen gewaltigen Aufruhr in den Gemütern der schwarzen Hausangestellten.

Auch für mich ist es nicht ganz einfach. Nicht, daß die plötzlich enge Zusammenarbeit mit Afrikanern mir grundlegend neue Erkenntnisse über ihre Wesensart brächte, denen ich nicht bereits zuvor auf meiner Reise begegnet wäre. Nur meine eigene Position ist eine andere geworden. Ich bin nicht mehr die dahinbummelnde Globetrotterin, die mit weitem, offenem Herzen Land und Leute kennenlernen möchte, die an fremden Sitten und Gebräuchen interessiert ist, die zeigt, daß sie sich eins fühlt mit einfachen Naturen, die Anteil nimmt an ihrem Leben, ihrem Tagesablauf, ihren Gedanken und ihrem Tun. Nun bin ich Kontrollorgan und soll darauf schauen, daß alles klappt, und wenn es nur ein simples Gästehaus mitten im Busch ist. Jetzt bin ich »Madame« und Vorbild, ich bin zu einer Respektsperson avanciert. Die Geschäftsleitung erwartet von mir, daß ich die Zügel energisch in die Hand nehme. Und vor allem aber erwarten die Schwarzen von mir, daß ich sie führe und mich durchsetze.

So werde ich wieder zur pingeligen Europäerin, die gar keinen Gefallen daran findet, wenn aus dem Kühlschrank faule Gerüche strömen, die energisch gegen die Anwesenheit von Hühnern in der Küche, die in Töpfen nisten, durchgreift, die mit Nachdruck dagegen protestiert, wenn Katzen in den Gästebetten Junge werfen. Plötzlich ertappt sich diese neue Person dabei, wie sie über nervenstrapazierende Sorglosigkeit, Vergeßlichkeit und Ungenauigkeit im stillen zu fluchen beginnt. Und sie bekommt es mit der Angst zu tun, genauso uneinsichtig, nörglerisch, launisch wie die weißen Frauen in Lubumbashi zu werden, deren Verhalten sie selbst so kritisiert hatte.

Nein, soweit darf ich es nicht kommen lassen! Ich will es anders machen. Ich will mit ihnen vertraut werden, doch in der neuen Rollenverteilung ziehen die Schwarzen unsichtbare Grenzen, und ich begreife sehr schnell, daß ich diese respektieren muß, damit sie mich respektieren. Jetzt die richtigen Schritte wählen, ist keine leichte Aufgabe. Sie erfordert Einfühlungsvermögen, Geduld und Ausdauer. Und ich versuche, mich tiefer mit ihren Neigungen und Abneigungen, ihrem anderen Geschmack, ihren Talenten und Unbegabtheiten, ihren Flüchtigkeiten, Stärken, Empfindlichkeiten und Widersprüchlichkeiten auseinanderzusetzen.

Zuerst einmal werde ich konfrontiert mit der Auflehnung gegenüber einer neuen Kontrollperson, und ich stoße auf Abneigung gegen unsere Art von Genauigkeit, Ordnung und unsere Regeln. Weder das Einführen eines Stundenplanes noch das Einhalten eines regelmäßigen, aufeinanderfolgenden Ablaufens täglich gleichbleibender Pflichten, die uns zur Routine werden würden, liegt im Sinne des afrikanischen Naturells.

Für Mukenge, den etwas behäbigen Koch, war es bis zu meinem Erscheinen das bequemste, Pommes frites zuzubereiten, die es daher fast täglich gab. Bequem war es ihm deshalb, weil er denselben Topf mit demselben Öl nur auf den Herd zu stellen, ihn wegzunehmen und am nächsten Tag wieder draufzustellen brauchte. Als ich diesen Topf sah und roch, erstarrte ich wie das alte Fett, das in einer dicken, gelben Schicht rund um den Topf klebte. Als ich Mukenge bat, das grausige Öl auszuleeren und den Topf zu säubern, zog er unwillig seine breiten Lippen zusammen. Es war ein Angriff auf seinen eigenen gewohnten Bereich.

Während unsereins todkrank wird, wenn wir stark verdorbenes Fleisch essen, scheint solches den Schwarzen erst richtig zu munden. Deshalb halte ich ein besonders wachsames Auge auf die Vorratskammer, damit dort nichts mehr verfault. Die Luft dort nahm mir bei meinem Antritt schier den Atem.

Bei aller Auflehnung gegen Kritik und Bevormundung bemerke ich gleichzeitig eine große Erleichterung, daß plötzlich jemand da ist, der Entscheidungen abnimmt. Das »Befehle-Empfangen« hat doch auch wieder seine angenehmen, bequemen Seiten.

Ich beobachte Malanga, den jungen, schlaksigen und immer lachenden Haushaltsgehilfen, wie er sorglos, ohne im geringsten an Gewissensbissen zu leiden, sich während seiner Arbeitszeit wohlig im Liegestuhl in der warmen Sonne rekelt. Er hat die Arme hinter dem Kopf verschränkt, ganz in der Pose des *big man*. Ich stelle mich vor ihn hin und frage besorgt, ob er krank sei. Er blinzelt mich lustig an und verneint mit seinem unbestritten sonnigen Gemüt. Alle Arbeiten, die ich ihm heute aufgetragen habe, seien bereits erledigt. Doch hat der Gute vergessen, die rückständigen Arbeiten des gestrigen Tages vorzunehmen. Malanga nimmt es mir aber gar nicht krumm, daß ich ihn daran erinnere. Im Gegenteil, er ist sehr froh darüber, daß ich mir das alles merke. Er bleibt anschließend bei der Arbeit genauso vergnügt wie vorher im Liegestuhl.

Auf wahrem Kriegsfuß stehen die Leute, was den »goldenen Mittelweg« anbelangt. Entweder übertreiben sie über alle Maßen, oder sie untertreiben. Sie huschen über eine Arbeit hinweg, um mehr Zeit zum Plaudern zu haben, oder sie dehnen diese in unglaubliche Längen, um keine neue Arbeit mehr beginnen zu müssen.

Mukenge hat die Begabung, alle Speisen zuviel oder zuwenig zu würzen. Und Malanga vergißt gerne, die Badewanne zu reinigen. Ermahne ich ihn deshalb, füllt er diese mit Wasser voll, stellt sich hinein und schrubbt mit großem Eifer und das stundenlang. Worauf er zwar selbst der sauberste Afrikaner weit und breit ist, aber die Wanne nach dem Ablassen des Wassers einen neuen Schmutzrand hinterläßt.

Malanga liebt es, Besorgungen zu machen, von denen er ewig nicht zurückkommt. Und nach seiner Rückkehr weiß er mit sprudelndem Temperament immer unglaubliche Geschichten zu erzählen, was ihm nicht alles unterwegs widerfahren sei.

Kayingu, unser Gärtner, der auch für das Feuer der Warmwasseranlage verantwortlich ist, legt an einem Tag so wenig Holz nach, daß das Wasser nicht einmal lauwarm wird. Doch am nächsten Tag schleppt er in seinen Armen dicke Stämme in solchem Umfang heran, daß ein Elefant unter dieser Last zusammenbrechen würde. Dann kracht und knattert es im Kessel, der trotz Dampfabweichrohr zu explodieren droht. Der Verbrauch an Seife und Waschpulver ist enorm, und unsere Hand- und Leintücher werden so lange gebürstet oder nach vertrauter Art auf scharfen Steinen geschlagen, daß sie in kürzester Zeit zerlumpt sind.

Während Malanga schnell begreift und reagiert, zumindest wenn er will, ist Mukenge eher schwerfällig. Bitte ich ihn, ein Pfannengericht im Auge zu behalten, was er leicht neben einer anderen Arbeit tun könnte, so stellt er sich in voller Dienstbeflissenheit und unbeweglich wie ein Stück Holz vor die Pfanne hin und starrt darauf, als könne sonst die Pfanne von allein vom Feuer fallen. Oder er rührt übereifrig darin herum, während er alles andere um sich herum vollkommen vergißt. Es gelingt mir nicht, ihn zu zwei oder drei kleinen Aufgaben nebeneinanderher zu motivieren.

Die Freude an »glitzernden« Dingen wird auch im tiefen Busch empfunden. An jedem Monatsende tauchen reisende Händler auf, die alle möglichen und unmöglichen Utensilien an die leicht schwach werdenden Seelen verhökern. Es gibt kaum einen Schwarzen, der laut Lohnkartei nicht einen enormen Kredit abzuzahlen hätte.

Beliebt sind im Augenblick Brillen mit Fensterglaseinsätzen. Sie gelten als Intelligenzimage. Auch Malanga legt sich eine zu. Sie kostet ihn einen halben Monatslohn, dafür macht er nun beim Spinnennetzsäubern oder Erdnußstampfen einen superintelligenten Eindruck.

Ein neuer Hit sind die Sofortbildkameras für 1600 Zaire. Wobei das Durchschnittsgehalt bei 200 bis 300 Zaire liegt, und das ist für die heutigen Landesverhältnisse überdurchschnittlich. Nur die besser bezahlten Leute, wie die Vorarbeiter und Werkstättenchefs, können sich derartige Wunderdinge leisten. Sie versuchen dann sofort, aus ihren neuen Errungenschaften Profit zu schlagen, indem sie Bilder von ihren Kollegen und deren Familien machen und diese dafür zur Kasse bitten.

Kayingu, der brave Familienvater, kann einer silbernen Armbanduhr nicht widerstehen. Als ich ihn am nächsten Tag nach der Uhrzeit frage, schaut er, wie bisher gewohnt, nach dem Stand der Sonne, der Uhr seiner Vorfahren. Dann grinst er verlegen, als er sich seiner neuen Erwerbung erinnert, und krempelt den Hemdsärmel bis weit über den Ellbogen hinauf und hält mir stolz und mit aufblitzenden Zähnen das im Sonnenlicht gleißende Zifferblatt entgegen.

Eine der ersten Neueinführungen von mir war, die Nachtwächter mit Tee zu versorgen. Einerseits, weil die Nächte oft kalt sind, andererseits, um sie wach zu halten. So gab ich ihnen täglich ihre Rationen Tee, Milch und Zucker. Doch eines Tages wurde es mir zu dumm, und ich gab ihnen die Vorräte für eine ganze Woche im voraus. Das war ein Freudenfest für sie, ihre Familie und Freunde. Am nächsten Tag kamen sie an und fragten, wo ihr Tee bliebe. Ich erklärte ihnen, daß sie doch ihre Ration für die ganze Woche schon gestern erhalten hatten. In die dunklen Gesichter trat Betroffenheit. Doch ich mußte konsequent bleiben, allein schon, weil ich ihre Achtung verlieren würde, gäbe ich nach. Ohne weiteres Schmollen akzeptierten sie dann, einige Tage keinen Tee zu haben. Danach gab ich ihnen wieder täglich ihre kleinen Portionen.

Heute morgen bin ich zum erstenmal richtig böse geworden. Mit Mukenge, weil die Teevorräte zu Ende gegangen sind und er gestern das letzte Backpulver verbraucht hat, ohne mich davon in Kenntnis zu setzen, damit nachbestellt werden kann. Es sind Vorräte, die bisher Mukenges Verwaltung oblagen, und ich wollte ihm diese kleine Verantwortung nicht nehmen. Doch jetzt stehen wir da ohne Tee, und im Store ist nur die schlechteste Qualität auf Lager. Dabei haben wir im Augenblick empfindliche Gäste aus England zu Besuch. Außerdem hätte ich gerne einen Kuchen gebacken, um den Leuten eine Freude zu machen. Ich habe

Bohrungen im Diamantencamp

Mukenge ärgerlich gefragt, was er eigentlich im Kopf habe. Daraufhin ist er am Nachmittag nicht zur Arbeit erschienen. Er grollt. Ich weiß, daß ich ihn verletzt habe, und das tut mir aufrichtig leid.

Über das Falkennest senkt sich der Abend herein, lila und gelbe Sonnenbänder ziehen über den Himmel. Die Täler unter uns füllen sich mit dunklen, geisternden Schatten. Einige Gäste mit Whisky in ihren Gläsern gesellen sich zu mir auf die mit Kletterpflanzen umrankte Terrasse, auf der ich nachdenklich stehe und die hereinbrechende Nacht betrachte. Doch ich bin nicht für oberflächlichen Small talk aufgelegt und entschuldige mich bei den Engländern.

Meine Schritte lenken mich ins Dorf. Hell flackert der Schein der Kochfeuer, und die Schwarzen hantieren geschäftig darum herum. Einige Männer sitzen, in ihre bunten, bequemen Tücher gewickelt, vor den Hütten und starren in die volle, silbrige Scheibe, die sich über den schwarzen Wipfeln erhebt. Und ich denke mir, ja, der Mond hatte wohl auch seine Hand im Spiel, daß mir heute die Nerven durchgegangen sind.

Etwas außerhalb der Ansiedlung schreite ich auf einen einsamen, riesigen Termitenhügel zu, dessen Bebauer ihre Festung schon längst verlassen haben. Auf der abgeflachten Kuppe steht ein großes Zelt. Das Zelt eines Einzelgängers. Es ist Mikes Zelt. Ich brauche seinen Rat. Ich erzähle ihm die Geschichte mit Mukenge.

»Soll ich ihn um Verzeihung bitten?«

Mike schüttelt den Kopf. »Nein. Gib ihm eine neue Aufgabe, bei der er erkennt, daß du ihm traust. Er wird das zu schätzen wissen und dich dafür eher respektieren, als wenn du ihm gegenüber eine Schwäche eingestehst. Demütige Weiße passen nicht in das Bild, das sie von uns haben. Du kannst wütend sein und fluchen, aber sag ihnen nie, daß es dir leid tut, außer du würdest den Betreffenden sehr gut kennen und wärst dir seiner Reaktion sicher. Aber sonst versuche, es mit einer anderen Geste wiedergutzumachen. Frag ihn nach dem Rezept mit dem Bananensauerteig. Er kann dir ohne Backpulver Brot und Kuchen backen. Er ist gar nicht so einfältig, wie er aussieht. Er muß nur dein Vertrauen spüren.«

Tröstend legt Mike seinen Arm um mich, während wir aus dem Zelt hinaus in die silbrige Helle der Vollmondnacht treten.

Am nächsten Morgen zerschnippelt Mukenge mit vor Stolz auf sein Geheimrezept geschwellter Brust einige reife Bananen. Er stopft die breiigen Stücke in eine halb mit Wasser gefüllte Flasche, schüttelt den Inhalt kräftig und läßt ihn bis zum nächsten Tag stehen. Den gegorenen Fruchtsaft seiht er durch ein Tuch und rührt ihn mit Mehl an. Brot und Kuchen gehen auf wie mit der besten Hefe. Als ich ihm dafür meine Anerkennung ausspreche, leuchtet sein rundes Gesicht vor Freude.

Nach diesem Vorfall mit Mukenge gebe ich mir noch mehr Mühe, das Vertrauen meiner Mitarbeiter zu gewinnen. Ich versuche, meine anerzogenen Begriffe von Arbeitstempo und Arbeitsmoral, von Sauberkeit und Ordnung zwar nicht ganz zu vergessen, aber doch für afrikanische Vorstellungen erträglich werden zu lassen. Es ist hartes Arbeiten an mir selbst, bis ich mich besser in den Griff bekomme. Doch es lohnt sich. Wir kommen nicht nur gut miteinander aus, sondern haben auch Spaß zusammen.

Manchmal kommt es vor, daß einer der Schwarzen aus unserem Camp mein Mitgefühl ansprechen will und mich anjammert, wie schlecht es ihnen in Afrika gehe und wie gut den Weißen in Europa und daß sie sich auch den westlichen Fortschritt wünschen. Ich erzähle ihnen dann einiges über die Lebensumstände in der zivilisierten Welt, von denen sie auch erfahren sollten.

Ich erzähle ihnen von alten Menschen, die allein in kalten Zimmern hausen, der Einsamkeit und Verzweiflung preisgegeben, um die sich niemand kümmert, die vergessen und ohne Beistand leben. Erzähle ihnen von Kindern, die weinen und schreien können, ohne daß sie jemand hört oder auf sie eingeht und die oft abgeschoben werden wie lästige Insekten, oder von Kindern, die Mißhandlungen zum Opfer fallen.

Ich erzähle ihnen von der Verschmutzung der Luft, von Ohrensausen und quälenden Kopfschmerzen, an denen Menschen in industriellen Ballungszentren leiden. Auch von modernen Wohnungen, deren Wände keine Luft durchlassen, die zu Asthmaanfällen und psychischen Störungen führen. Erzähle ihnen von modernen Spitälern, in denen Menschen wie Maschinen behandelt werden.

Ich erzähle von Weißen, die all das besitzen, was ihnen beneidenswert erscheint, die aber an schweren Depressionen leiden, weil sie niemanden zum Reden haben. Eine geradezu unvorstellbare Vorstellung für den Schwarzen, der ständig all seine kleinen und großen Probleme ausführlich besprechen muß.

Es ist eine endlos lange Liste, aber schon ein paar wenige Beispiele genügen, um jeden Unzufriedenen stumm und nachdenklich werden zu lassen. Und bald darauf sehe ich wieder heiteren Sonnenschein auf ihren Gesichtern tanzen, und sie zeigen unverhohlen ihre Freude über das, was sie sind und was sie haben.

Das ist mein persönlicher Beitrag zur Entwicklungshilfe, damit sich der Schwarze seiner eigenen Lebenswerte wieder bewußt wird. Es ist mein kleiner Beitrag, dem Afrikaner sein Selbstwertgefühl zurückzugeben. Und ich spüre sehr deutlich, daß er bei allen Wunschvorstellungen, die der Europäer gesät hat, doch sehr empfänglich und dankbar ist für jede Rückenstärkung, die seine eigene Kultur und sein eigenes Wesen betrifft.

Unsere Gäste kommen entweder aus beruflichen Gründen zu uns oder um den Lofoi-Fall zu sehen. Die meisten von ihnen sind unkompliziert und leicht zugänglich, wobei auch die schwerelose Buschatmosphäre dazu beiträgt.

Nur heute kam Besuch, bei dem es mir schwerfällt, freundlich zu bleiben. Es ist ein schwedisches Ehepaar, das seit achtzehn Jahren eine kleine Kleiderfabrik in Kinshasa betreibt. Als ich unsere Gäste zu Tisch bat, weigerten sie sich, am gemeinsamen Dinner teilzunehmen, da ebenfalls zwei zairische Geologen anwesend waren. Es ist das erstemal, daß ich auf offensichtlichen, bornierten Rassismus stoße. Nachdem die beiden das Abendessen auf ihrem Zimmer eingenommen haben, fragt mich die Frau mit verkniffenem Mund, ob in ihrem Bett zuvor ein Neger gelegen habe. Wenn dem so sei, würde sie lieber auf dem Fußboden schlafen. Ich antworte darauf, wir würden uns auf afrikanischem Territorium befinden, und auch über ihren Fußboden seien bereits Afrikaner gegangen. Ich spüre, daß die beiden uns am liebsten augenblicklich verlassen möchten, aber die nächtlichen Gefahren des Busches erscheinen ihnen doch das größere Risiko zu sein, als sich »Afrikaritis« zu holen.

Am nächsten Morgen verlangen sie, unser Funkgerät zu benützen, um ihre Planänderung in Lubumbashi bekanntzugeben, damit ihr Flug zurück nach Kinshasa vorverlegt wird. Kurz nach dem Funkspruch verlassen sie uns. Mit dunkel umränderten Augen und wortlos.

Mike, der gerade vom Frühstückstisch kommt, meint dazu: »Bei diesen Leuten weiß man wenigstens gleich, wie man dran ist. Schwieriger ist es bei Rassisten, die sich gar nicht bewußt sind, welche zu sein.«

Ich höre die Geschichte eines Mannes aus Lubumbashi, der für eine karitative Organisation tätig war und immer eine sehr freundliche Haltung den Einheimischen gegenüber zeigte. Doch an dem Tag, als seine Tochter einen zairischen Freund ins Haus brachte und ihrem Vater mitteilte, daß sie ihn heiraten wolle, verbot der Mann dem »dreckigen Neger« das Haus und untersagte seiner Tochter jede finanzielle Unterstützung, falls sie weiterhin mit dem »Hurenbock« verkehrte.

Afrika: pro und kontra

Kyando ist Vorarbeiter in der Autowerkstatt. Er ist geschickt bei seiner Arbeit. Mit allen Maschinen geht er so besorgt um wie mit seinen liebsten Kindern. Er ist ein älterer, drollig aussehender, gutmütiger Mann. Ein zuverlässiger Mann. Aber auch ein bißchen behäbig. Von Anfang an war eine stille Vertrautheit zwischen uns. Er hat mich nie mit »Madame« angesprochen, nur mit »Maman«. Ich freue mich immer wieder, ein paar Worte mit ihm zu wechseln. Es ist sein kindliches Vertrauen, das mich berührt. Kyando verkörpert den einfachen Schwarzen, der unkompliziert und ehrlich zu seinem eigenen Naturell steht. Der nichts beschönigt und nichts vertuscht. Der treuherzig von seinen Mißgeschicken spricht und niemals mit seinen Geschicklichkeiten prahlt.

Es ist ein satter, friedlicher Nachmittag, als er in seinem öligen Overall bei mir zu einem kleinen Schwätzchen vorbeikommt. Wir setzen uns auf die niedrige, warme Steinmauer am Rande des Plateaus. Kyando erzählt mir von seinen kleinen Sorgen und Freuden. Plötzlich sieht er grüblerisch vor sich hin und sagt, aus heiterem Himmel heraus: »Maman, weißt du, es wäre besser für uns, wenn wir noch kolonialisiert wären. Da wüßten wir wenigstens, wie wir dran sind. Und wir müßten uns nicht den Kopf anstrengen über soviele Dinge, die uns in neuer Zeit so verwirren. Die Kolonialisten haben schon gewußt, was gut für uns ist. Sie haben uns besser gekannt als eure Leute, die uns heute in ihre Weisheiten einweihen möchten. Hier in diesem Camp sind sie ganz in Ordnung, aber nicht alle Experten sind so. Viele haben keine Geduld mit uns. Ihr Gesicht wird schnell böse, und sie sagen, wir seien nicht sehr gescheit und würden es niemals richtig lernen. Und das sagen sie auch vor anderen Leuten, das ist nicht sehr fein und macht uns verlegen, weil wir dabei das Gesicht verlieren.

Vor der Revolution habe ich bei einer freundlichen, belgischen Familie in Elisabethville gelebt. Ich habe ihre Autos und Verschiedenes in Haus und Garten in Ordnung gehalten. Es waren anständige Leute, die mich anständig behandelt haben. Die weiße Frau war auch nett zu meiner Frau und meinen Kindern. Es waren geduldige Leute, die uns immer geholfen haben, wenn wir Hilfe brauchten. Sie haben uns auch immer gesagt, was wir zu tun haben. Das war sehr einfach, und ich hatte keine Angst. Aber jetzt habe ich sehr viel Angst, weil niemand sagt, wohin ich mit meiner Familie gehöre. Ganz früher hatten wir noch unseren Platz innerhalb unserer großen Familie gehabt. Da wußten wir, wie wir dran sind. Doch unsere heutige Regierung ist dagegen. Sie sagen, das System der Großfamilie paßt nicht mehr in die heutige Zeit. Wir müßten uns verändern und neu denken. Aber das bringt nur neue Ängste. Lieber würde ich in Südafrika wohnen. Dort geht es den Leuten wenigstens besser.«

Ich glaube, eine Bombe in meinem Ohr explodieren zu hören. Entsetzt sehe ich Kyando an. Habe ich wirklich richtig verstanden? Diese Aussage ist zu ungeheuerlich. Völlig neu für mich und revolutionär. Sie steht auch in krassem Widerspruch zu den anderen Stimmen, die im Untergrund gären, die wieder nach ihren alten Stammessystemen rufen. Wie soll ich darauf reagieren, nachdem ich jahrelang Anti-Apartheid-Bewegungen unterstützt habe? Sofort fallen mir die vielen menschendiskriminierenden Zustände ein, die in Südafrika herrschen. Was veranlaßt nur einen Menschen, sich zu wünschen, in einem solchen, unter Fremdherrschaft stehenden Land zu leben?

»Warum glaubst du, daß es dir in Südafrika bessergehen würde?« frage ich Kyando.

»Ich habe Verwandte dort«, antwortet er. »Sie alle haben schon ein TV-Gerät. In Zaire kann sich das kein einfacher Mann leisten. Und wenn sie krank sind, müssen nicht erst Sanitäter oder Ärzte, falls überhaupt einer gefunden wird, ›eingekauft‹ werden. Es kostet sie sogar nur ganz wenig, und Medizin bekommen sie ganz schnell. Sie müssen nicht erst tagelang von einer leeren Krankenstation zur nächsten laufen. Und ihre Kinder gehen in gute Schulen. Und die Noten hängen nicht von den ›Einkaufssummen‹ der Lehrer ab.«

»Aber würde es dich nicht stören, unfrei zu sein? Schließlich habt ihr um eure Freiheit gekämpft, und dieser Kampf hat viele Menschenleben gekostet.«

»Maman, die Freiheit, von der in unserem Land gesprochen wird, gehört den anderen, nicht den kleinen Leuten.«

Kyando gleitet sanft von der Mauer, um zu seiner Arbeit zurückzukehren. Bevor er geht, wirft er mir noch einen Blick aus einsamen Augen zu und läßt mich zurück in meiner Verwirrung.

Als ich an diesem Abend bei Tisch Kyandos Gedanken erwähne, ohne Kyando selbst zu nennen, bringe ich eine Lawine ins Rollen, bei der sich die Gemüter aller Anwesenden erhitzen. Es kommt ein interessantes Gespräch zustande, das die gängige, unverblümte Meinung der Weißen, die heute in Afrika leben, wiedergibt.

Bei dieser Diskussion beteiligten sich der graubärtige Philippe und seine dunkelhaarige Frau Madeleine, deren herbes Gesicht durch ihre Pagenfrisur noch strenger wirkt. Philippe stammt aus einer belgischen Aristokratenfamilie, die mit dem ersten Strom der Einwanderer nach Afrika kam. Philippe besitzt eine große Mühle, das heißt, seit der Unabhängigkeit gehören ihm nur noch 49 Prozent davon. Die andere Hälfte haben sich einige einheimische Funktionäre aufgeteilt.

Jan ist Holländer und Diplomlandwirt. Ein christliches Entwicklungsprojekt brachte ihn in die Nähe von Kasenga. Nach Ablauf des Projektes organisierte er den wirtschaftlichen Zusammenschluß mehrerer Dörfer, um sie von ortsfremden Rohstoffen und auswärtiger Hilfe unabhängig zu machen. Seit Jahren lebt er in engem Kontakt mit den Einheimischen, die ihre anfängliche Skepsis aufgaben, nachdem sich die ersten Erfolge einstellten. Nun haben sie großes Vertrauen zu dem hageren Mzungu, dem Weißen. Jan ist meinen persönlichen Empfindungen nahe und spricht mir so manchesmal aus dem Herzen.

Gisela, eine etwas stämmige, sehr hellhäutige Deutsche, studiert Bodenkultur. Sie kam vor einem Monat nach Zaire, um Jan zu besuchen, und entschloß sich spontan, ein Jahr lang ihr Studium zu unterbrechen, um dem blonden Holländer bei seiner Arbeit zu helfen. Sie hofft dabei, für ihre eigene berufliche Entwicklung wertvolle Erfahrungen zu sammeln.

Der ebenfalls aus Belgien stammende, sportlich wirkende René ist leitender Angestellter einer Bank in Kinshasa, mit der er einen Vertrag auf drei Jahre abgeschlossen hat. In seiner Begleitung kam Juliette, seine mondän gekleidete, aparte französische Freundin, die sich noch nicht sicher ist, ob sie es ihrem Geliebten zuliebe bis zum Vertragsende in dem unzivilisierten Afrika wird aushalten können oder nicht.

Auch Edward und Mike haben sich eingefunden. Afrikaner sind an diesem Abend keine an unserem Tisch.

Nachdem ich das Thema, das Kyando mir zum Nachdenken gab, angeschnitten habe, frage ich in die Runde: »Warum hört man bei uns in Europa eigentlich nichts über die neuen, widersprüchlichen Stimmen, die in Afrika wach werden und die das alte Stammessystem fordern oder einen neuen Kolonialismus wollen?«

»Weil ein Schwarzer schon festes Vertrauen zu einem Weißen haben muß, bevor er dazu seinen Mund aufmacht«, antwortet Edward. »Schließlich sind das regierungsfeindliche Gedanken, mit denen sich einer ganz kräftig in einen Dornenstrauch setzen kann. Und wer soll schon darüber berichten?«

»Journalisten, denke ich.«

»Dorthin, wo dieses Gemurmel im Untergrund vor sich geht, verirren sich kaum Journalisten aus dem Westen. Die werden vom Flughafen in ein Luxushotel gefahren, das ihnen westlichen Komfort garantiert. Mit Klimaanlage, gepflegtem Essen, auch Dusche und Toilettenspülung werden voraussichtlich funktionieren. Sie bleiben in Europa und schreiben über Afrika. Ist doch sehr bequem. Wenn es einem jedoch mal einfällt, hinaus in den Busch zu fahren, dann nur mit Privatchauffeur, Bier und belegten Brötchen in der Kühlbox, und fällt nur ein Sandkorn auf sein Schinkensandwich, schreibt er gleich über die Strapazen der Reise. Doch im Prinzip muß er das Hotel überhaupt nicht verlassen, um zu Informationen zu kommen. Die besorgen einheimische Kontaktpersonen für ihn, die genau wissen, was er erfahren will, und die das Interesse der eigenen Regierung vertreten. Der Kontakt beschränkt sich auf europäisierte Afrikaner, die zwar schwarz sind, aber weiß denken.

Im übrigen würde fast niemand den neuen Stimmen aus Afrika glauben wollen, weil bei uns Kolonialisierung im alten Stil mit Menschenschlächterei gleichgesetzt wird und es unvorstellbar wäre, daß sich nur irgend jemand auf dieser Welt eine derartige Bevormundung wünschen könnte. Und dann gibt es die anderen, die sich weigern, diese Stimmen publik zu machen, da die Art von Kolonialisierung, wie sie heute vor sich geht, doch recht profitable Ausbeutermethoden gestattet.«

»Die Neger begreifen jetzt endlich, daß sie ohne uns nicht auf zwei Beinen aufrecht gehen können«, ist die Meinung von René.

»Ich sage doch immer, daß sie nicht lange genug kolonialisiert worden sind. Sie hatten doch gar nicht genug Zeit, um zu lernen«, stimmt Madeleine mit ein.

Diese Äußerungen entrüsten Gisela, die noch voll geradliniger, unverbrauchter, idealistischer Ideen steckt. »Was lernen? Unsere Lebensanschauung vielleicht? Haben wir sie nicht schon genug vergiftet mit unseren Wertvorstellungen? Die Kolonialisten haben doch bereits eine Menge Unheil über sie gebracht! Bisher wurden sie von uns nur ausgebeutet! Und zwar auf das schändlichste!«

Philippe versucht, ihre Ereiferung zu bremsen. »Kindchen, Sie übertreiben, wie alle Illusionisten, die etwas vertreten, ohne es wirklich zu kennen. Die Kolonialisten haben immerhin größeren Anteil an der Entwicklung Afrikas gezeigt als seine heutigen Politiker. Die sind weniger an den Aufgaben des Regierens interessiert als an den damit verbundenen Befugnissen, die ihnen alle Tore öffnen, um sich selbst zu bereichern. Die Weißen, die Sie angreifen, haben jedenfalls größere Verantwortung den afrikanischen Ländern gegenüber getragen.«

»Verantwortung?! Soll das ein Witz sein? Selbstsüchtige Nutznießerei ist es gewesen!«

»Zugegeben, eigennützige Motive waren vorhanden. Die sind aber den Schwarzen genauso zugute gekommen. Es wurden Straßen gebaut, und die Güterversorgung innerhalb des Landes funktionierte besser. Die Gesellschaften der Weißen boten freiwillige Sozialleistungen und Ausbildungsmöglichkeiten an. Die Schwarzen waren auf dem Weg, selbständig zu werden.«

»Das waren sie doch schon, bevor wir kamen«, gibt Jan zu bedenken. »Wir haben ihnen doch erst ihre Selbständigkeit abgesprochen, um ihnen eine Selbständigkeit nach unserem Muster aufzudrängen. Eine Selbständigkeit, die wir unter Kontrolle halten konnten.«

»Nun ja, die Sache war nur die, daß der Schwarze gar nicht abgeneigt war, es dem Bwana gleichzutun«, ergreift Philippe wieder das Wort. »Aber sie wollten ihm schneller ähnlich werden, als sie ihn begriffen. Ihr Abstieg begann mit den Aufputschreden, die die Massen in Aufruhr brachten. Und schwarze Studenten, die durch Hilfe weißer Gönner europäische und amerikanische Hochschulen besuchen konnten, wirbelten im Ausland Staub auf. Afrika war bereit, den weißen Mann zu stürzen und dann zu kopieren. Nur war es eben zu früh dazu.«

»Das muß der Neger inzwischen auch begriffen haben, denn es funktioniert doch nichts, was er allein in die Hand nimmt«, meint René. »Weil er zu faul ist und lieber herumhurt, als zu arbeiten. Weil es ihm nicht früher in den Sinn kommt, seinen Hintern zu heben, als bis es brennt.«

»Wenn sie erst anfangen, auf Jagd zu gehen, wenn sie ihren Magen knurren hören, ist das allein ihre Sache«, wirft Mike mit fast aufreizend ruhiger Stimme ein.

»Was mich bisher unangenehm berührt hat, ist, daß die Leute keine tieferen inneren Regungen zeigen«, meint Juliette. »Ich glaube, sie haben gar keine Gefühle – zumindest habe ich noch nichts davon gesehen. Es kommt nie vor, daß sich junge Leute einmal verliebt ansehen oder händchenhaltend durch die Straßen spazieren. Ich finde ihr Verhalten entsetzlich nüchtern.«

»So sehen wir es, weil wir auf Äußerlichkeiten fixiert sind und nach unseren Wertbegriffen urteilen«, reagiert Jan verärgert. »Da wir uns keine Mühe machen, ihre Tabus und ihren Sittenkodex zu verstehen oder zumindest zu respektieren, werden sie von uns unbarmherzig abgewertet – wie einfach. Wo bleibt denn da unser gepriesenes Empfinden? Juliette, die Leute werden hier doch erzogen, nicht ihre innersten Gefühle der Öffentlichkeit preiszugeben. Sie haben große Achtung vor ihrer Privatsphäre. Es wird auch niemals über familiäre oder intime Angelegenheiten vor Außenstehenden gesprochen.« »Ich muß Juliette zustimmen«, meint Madeleine. »Ich finde es auch störend, daß die Schwarzen keine Empfindungen zeigen. Ich habe es auch noch nie erlebt, daß einer einmal dankbar gewesen wäre für das, was man ihm gibt. Wenn es auch nicht Jans Zustimmung finden wird, ich glaube, wir Weißen haben Afrika viel Gutes gebracht und viel für die Leute getan. Wir haben sie zumindest über Hygiene aufgeklärt, wodurch sich ihre Kindersterblichkeit senkte und ihre Lebenserwartungen stiegen. Durch unsere Medizin kann Malaria bekämpft werden. Auch die Schlafkrankheit und Gelbfieber.«

»Sie sprechen vom Segen der Medizin«, antwortet Jan. »Gut – aber haben Sie schon einmal darüber nachgedacht, warum wir das Leben der Naturvölker verlängern wollen? Warum wir deren Lebensumstände zu ändern wünschen?«

»Um ihnen zu helfen. Schließlich hat man seine humanen Verpflichtungen. Oder aus Nächstenliebe, wenn Sie wollen, auch wenn Sie eine derartige Gesinnung einem Weißen wohl nicht zutrauen.«

»Ich bezweifle gar nicht, daß es wahre Idealisten gab und noch immer gibt. Aber welche Bewandtnis hat es denn mit der christlichen Nächstenliebe wirklich auf sich? Soll ich Ihnen sagen, was ich darüber denke?«

»Wir sind ganz Ohr«, äußert sich René mit beißender Arroganz.

»Damit hängt unsere gesamte Lebensauffassung zusammen, die wir als die einzig richtige betrachten und die wir unbedingt auch an fremden Orten einpflanzen müssen. Weil wir die anderen nicht verstehen, wir aber alles verstehen wollen, aber andererseits uns nicht die Zeit nehmen, das ›Fremde‹ verstehen zu lernen, muß das Fremde sich eben uns anpassen, damit wir alles überblicken können.

Nachdem es uns verwehrt wurde, politisch einzugreifen, kamen wir über Schleichwege heran, um uns einzunisten. Einer dieser Wege ist der der Nächstenliebe, auf dem es uns ausgezeichnet gelingt, weiterhin unser Gedankengut zu säen. Doch wenn wir wirklich Nächstenliebe praktizieren wollten, würden wir nicht danach eifern, in ihre eigene Entwicklung und Lebensaufgaben so drastisch einzugreifen.«

»Sie halten nicht viel von Ihrer eigenen Rasse, nicht wahr?« wendet sich Juliette mit ihren großen, dunklen Augen an Jan. »Mit der Rasse selbst hat das wenig zu tun, sondern mit der von ihr eingesperrten Vernunft, ihrer Unbeweglichkeit und ihrem bornierten Ausschließen anderer Lebensmuster.«

»Was immer Sie gegen uns auch vorbringen, wir haben doch erst menschliche Voraussetzungen auf diesem Kontinent geschaffen«, ist Madeleines Überzeugung.

»Sie meinen gewiß günstigere Voraussetzungen für den Weißen.«

»Seien Sie nicht komisch, Jan. Die Lebensbedingungen der Schwarzen haben sich durch uns wesentlich gebessert.«

»Das bezweifle ich, liebe Madeleine.« Jans Kämpfernatur ist nicht mehr zu bremsen. »Wenn ihn jemals etwas geschwächt hat, dann war es das Arbeiten für den weißen Mann in dessen Gruben, Minen, Fabriken, Büros. Durch den Entzug vom Leben mit der Natur hat sein Körper an Geschmeidigkeit und Widerstandsfähigkeit eingebüßt. Seine Seele hat an Reinheit und sein Geist an Klarheit verloren. Und er machte Bekanntschaft mit Grippeviren und Tuberkulose. Und was hat ihm der weiße Übermensch noch gebracht? Natürlich Autos und Maschinen, damit die armen

Rückständigen es auch leichter haben. Und was hatten sie davon? Unzählige Unfälle und Streßerlebnisse. So fanden auch unsere Mediziner ein neues Betätigungsfeld und unsere Pharmaziebetriebe einen neuen Markt. Wir sorgen schon dafür, daß wir nicht arbeitslos werden, wenn auch auf Kosten anderer Kulturen.«

»Ich glaube auch nicht, daß wir den geringsten Grund haben, mit guten Taten zu protzen«, unterstützt Gisela ihren Freund. Sie spürt, daß sie von den anderen nicht ganz ernst genommen wird, weil sie erst vor kurzer Zeit nach Afrika kam und nicht auf eigene Erfahrungen pochen kann. Aber tapfer fährt sie fort. »Ich habe von europäischen Vertretern gehört, die Konserven in Afrika verkaufen, deren Haltbarkeitsdaten schon längst abgelaufen waren. Und sogar Eisschränke und Telefonapparate werden den Unerfahrenen in den Dörfern angehängt, wo es noch gar keinen Strom gibt. Wir verkaufen ihnen hochempfindliche, komplizierte Geräte und Maschinen, deren Ersatzteile nur unter schwierigen Voraussetzungen oder umständlichen Zollformalitäten eingeführt werden können und deren Wartung und Reparaturen nur von westlichen Fachleuten durchgeführt werden können. Das sind wirklich keine Akte der Nächstenliebe.«

»Wir haben ihnen zumindest Schreiben und Lesen beigebracht«, wendet Madeleine ein.

»Jawohl«, nimmt Jan den Kampf wieder auf. »Auch in die Geheimnisse der Buchhaltung haben wir sie eingeführt, damit sie endlich einmal dein und mein unterscheiden lernten. Denn bis dahin kannten sie nur Gemeinsames. Doch mit dem Üben im Einmaleins kamen neue Wertbegriffe. Das Ausstreuen von materialistischem Gedankengut hat zweifelsohne ein fruchtbares Feld gefunden und zur Vergötzung des Kapitals geführt. Die Missionare wollten die Afrikaner von ihrem Götzenkult befreien und haben mitgeholfen, einen anderen ins Leben zu rufen. Sie wollten den Ungläubigen auch die Furcht vor den Dämonen nehmen und brachten ihnen die Furcht vor der Hölle.«

»Immerhin hat das Christentum die Wilden erst halbwegs zu Menschen gemacht«, ist Madeleines Ansicht.

»Wieso, waren sie vorher keine Menschen?« Jan ist über diesen Ausspruch sichtlich aufgebracht. »Ah, Sie meinen, keine zivilisierten Menschen! Und gerade da liegt der Pferdefuß! Daß das Christentum gleichgesetzt wird mit der Zivilisation, aber nicht mit dem Menschsein. Bist du Christ, bist du automatisch ein besserer und gescheiterer Mensch. Ein fortschrittlich denkender Mensch, der größere Chancen hat aufzusteigen. So hoch, daß du eines Tages sogar den Himmel erreichen kannst. Und trägst du auch noch die abgelegten Kleider des Weißen, dann fehlt dir nicht mehr viel, und du wirst, bis auf die Hautfarbe, den weißen Göttern ähnlich werden.«

»Und damit haben sich die Leute – diesmal freiwillig – vom weißen Mann abhängig gemacht«, setzt Edward das Gespräch fort. »Die Kolonialmächte wußten ganz genau, daß sie zurückgeholt werden. Nicht direkt als Vorgesetzte, sondern indirekt als Lehrer, Vermittler und Gönner.«

»Was uns natürlich in ein viel besseres Licht setzt«, trumpft René auf.

Jan blickt ihn durchdringend an. »Ja, die weißen Auswanderer und Experten genießen weiterhin alle Vorteile einer elitären Schicht. Beziehen ein gigantisches Einkommen, bekommen alle Spesen im Lande ersetzt und horten ihre Gehälter auf den Banken in der Heimat. Sie besitzen eine Außenseiterposition, mit der sie gesellschaftlich dominieren und führen ein Leben im großzügigen Stil. Aber kaum fällt die Klimaanlage aus, und ihr müßt wie die Schwarzen schwitzen, beginnt ihr, gar nicht herrschaftlich zu fluchen.«

Philippe, der in Afrika geboren wurde und sich wie die Einheimischen mit Zaire verbunden fühlt, stimmt Jan diesmal zu und wendet sich ebenfalls gegen René. »Ihr macht es euch wirklich leicht. Ihr beehrt zwar Afrika für ein paar kurze Jahre mit eurer Anwesenheit, aber ihr macht euch keine ernstlichen Gedanken, um an den Mißständen etwas zu ändern. Daß alles rund um euer isoliertes Leben zur Hölle geht, braucht euch nicht zu kümmern. Es ist nicht eure Heimat. Nicht eure Zukunft, sondern nur ein exotisches Abenteuer, das ihr zu Hause auftischen und damit den Helden spielen könnt.

Die früheren Kolonialisten, zu denen auch meine Familie gehörte, haben wenigstens die Hand des Schwarzen genommen, um ihn zu führen. Die Hand, die ihr geflissentlich übersehen, um euch nicht schmutzig zu machen.«

»Jedenfalls hat sich das Blatt für die ehemaligen Kolonialmächte günstig gewendet. Sie brauchen keine Verantwortung mehr zu tragen und beziehen dennoch weiterhin problemlos Rohstoffe aus ihren ehemaligen Kolonien«, wirft Mike mit ruhiger Stimme ein.

»Nachdem die jetzigen schwarzen Politiker ihre Länder der Ausbeuterei freigeben und sie in chaotische Verhältnisse hineinmanövrieren, ist es doch kein Wunder, wenn Stimmen wach werden, die wieder nach ihren alten Stammessystemen rufen«, meint Edward.

Darauf antwortet René höhnisch: »Na, da werden sie ja bald wieder in den Bäumen schnattern und sich von Ast zu Ast schwingen. Und euch großherzigen Menschenfreunden werden sie als erstes Steine an den Kopf werfen!«

»So wie es den Anschein hat, turnen wir alle noch in den Bäumen herum, schlagen uns gegenseitig auf den Pelz und bohren die Zähne ineinander. Immerhin, es war ein interessanter Abend.« Mit diesen Worten stehe ich auf, blicke freundlich in die Runde und gehe zu Bett. Aber schlafen kann ich noch lange nicht. Die Gedanken, die durch meinen Kopf jagen, lassen sich nur schwer bändigen und ordnen.

Als ich am nächsten Morgen Kayingus heranschlurfende Füße betrachte, die in einem Paar ausgetretener, aufgeplatzter Schuhe stecken, sehe ich in diesen das traurige Symbol für Afrikas mißlungene Befreiung. Sie wollten sich der engen Schuhe, die ihnen von den Kolonialisten angezogen wurden, entledigen. Wollten sie abstreifen wie den weißen Mann. Wollten es bequemer haben, wollten wieder barfuß laufen. Doch der weiße Mann ist schon wieder da, und die Schuhe sind noch immer an ihren Füßen.

Durchlöchert sind sie und abgenutzt, aber befreit haben sie sich nicht davon.

*

In der Wildnis führe ich das Leben, das mir gefällt. Ein Leben ohne künstliche Zwänge. Wie einfach und unkompliziert ist der Tagesablauf im Busch. Kochen – essen – schlafen – lesen – Antilopen zählen.

Ein Brief von meiner Familie erreicht mich im Falkennest. Mein Leben mag zwar seinen Reiz haben, schreiben sie, aber ob es nicht einmal an der Zeit sei, mir Gedanken über meine weitere Zukunft zu machen. Also denke ich darüber nach. Dazu werden solche Briefe ja geschrieben. Doch jeder grüblerische Gedanke verflüchtigt sich schnell in den Kronen moosbewachsener Bäume und zieht mit den Wolken fort.

Die Regenzeit bringt neue Stimmungen. Die herbstlichen Farben mischen sich mit sprießendem Grün. Es ist, als würden Herbst und Frühling einander begegnen. Bunte Regenbogen malen weite Halbkreise über regenwolkengetränkten Wipfeln. Aber der Regen bringt auch Fieber, Cholera und Typhus. Die umliegenden Dörfer beklagen Hunderte von Choleratoten. Im Camp werden Schutzimpfungen durchgeführt. Tagelang danach laufen die Leute mit wehleidigen Gesichtern und geschwollenen Armen herum.

Zusehends verwandelt sich das Plateau in ein weites Sumpfland. Die Feuchtigkeit treibt alle Kriechtiere aus ihren Löchern. Schlangen, Spinnen und Skorpione erforschen immer weiter ihr Terrain. Sie spazieren über unsere Terrasse, verbergen sich hinter den Grasparavents der Dusch- und Toilettenanlagen. Vom nahen Wasserfall kommen auch die gefährlichen, trägen Puffottern herauf, und die schnelle, grüne Mamba schießt wie ein Pfeil die Wände hoch. Für den Notfall liegen Antivenome im Kühlschrank bereit. Wird jedoch die Schlange nicht genau spezifiziert und wird ein falsches Gegengift gespritzt, besteht die Gefahr, daß der

Körper mit bösen Reaktionen antwortet. Glücklicherweise haben bisher alle Gebissenen überlebt. Wenig Scheu zeigen die Vogelspinnen, die durch die schmalsten Ritzen in Zimmer und Zelte dringen. Sie krabbeln sogar bis in die Betten hinein. Und mit einer Vogelspinne neben sich auf dem Kopfkissen aufzuwachen, kann einen schon einige Nerven kosten. Ihre Bisse verursachen schmerzende Hautinfektionen.

Immerhin nimmt während der Regenzeit die Angriffslust der Tsetsefliegen ab. Und eine willkommene Bereicherung für den Küchenzettel sind die überall aus dem Boden schießenden Pilze. Vor allem die riesigen, schmackhaften Eierschwämme sind beliebt.

In mir erwacht immer mehr ein starkes Gefühl der Zusammengehörigkeit mit den anderen Campbewohnern. Ich spüre wie alle anderen das Band der Isolation und ein gegenseitiges Verantwortungsgefühl, als würde man auf einer Insel leben. Ich habe schon Zweifel, ob ich jemals wieder von diesem Ort loskomme. Doch da erreicht uns die Hiobsbotschaft – das Unternehmen wird aufgelöst! Es gibt keine Gelder mehr, die das Forschungsprojekt unterstützen. Als die Camps ihren letzten Tagen entgegengehen, gerät die bisherige Harmonie ins Wanken. Die Sorge drückt, wie werden wir nun überleben? Wohin mit Frauen und Kindern? Wo wieder einen guten Job finden? Wo noch vor kurzem Frohsinn herrschte, laufen mir jetzt trübe Gestalten mit hängenden Köpfen über den Weg. Keiner hat mehr viel Lust, bei den restlichen Arbeiten anzupacken. Ein starker Hagel zerstört unsere Gemüsebeete, wodurch die Tristheit auch in meinem kleinen Bereich zunimmt. Und dann holt sich ein Falke obendrein meine kleine Schildkröte. Ja, es sind traurige Tage.

Mike wird wieder zum wortkargen Mann. Aber aufwendige Worte waren zwischen uns nie nötig gewesen. Auch im gemeinsamen Schweigen konnten wir uns alles anvertrauen.

Nun ist es wieder soweit für mich. Der Zeitpunkt ist gekommen, um weiterzuziehen. Immer, wenn ich anfange, mich irgendwo auf dieser Welt heimisch zu fühlen, geschieht etwas, das zwangsläufig eine Veränderung herbeiführt. Manchmal ist mir, als würde ein Unsichtbarer dafür sorgen, daß ich nicht Gefahr laufe, Rost anzusetzen.

Ich verlasse das Camp, bevor es gänzlich abgerissen und dem Erdboden gleichgemacht wird. Ich möchte nicht seiner endgültigen Zerstörung beiwohnen. So wird das »Falkennest« das kuschelige Heim in meiner Erinnerung bleiben, das es für mich gewesen ist. Auch wenn die Wildnis wieder darüber wuchern wird.

Zu meinem Abschied galoppiert eine riesige Zebraherde aus den Wäldern hervor und jagt über die Weite des Plateaus. Es sind die ersten frei lebenden Zebras, die ich sehe.

»Warum kommen sie gerade jetzt in der Regenzeit heraus?« frage ich Edward, der mich nach Lubumbashi fährt.

»Was glaubst du wohl?« Edward grinst mich an. »Natürlich um ihre Pyjamas zu waschen!«

Wieder unterwegs

Mein Paß muß erneuert werden. Die nächstliegende Botschaft wäre in Lusaka, doch zur Zeit mögen sich Zaire und Sambia nicht besonders. Nur Angehörige der Commonwealth-Länder können die Grenze problemlos passieren. Ich dagegen mit meinem österreichischen Paß müßte vier bis sechs Wochen auf ein Visum warten. Soviel Zeit bleibt mir nicht mehr. Obwohl ich Kinshasa nie berühren wollte, muß ich nun in Zaires Hauptstadt fliegen, um mich der Bürokratie zu fügen.

Kinshasa wird das Las Vegas von Afrika genannt, doch die unfreundlichen, finsteren Gesichter der Stadt werden von mir ferngehalten. Liebenswürdig werde ich vom Chefgeologen des Unternehmens unter die Fittiche genommen. Vierzehn Tage dauert es, bis ich meine Paßverlängerung und weitere Visa für Ostafrika erhalten habe, vierzehn Abende, an denen ich meinen Gastgeber auf Gesellschaften begleite oder mit ihm Gäste empfange. Die Tage sind mit Amtswegen ausgefüllt, und an den Abenden tauche ich in oberflächliche, vorgetäuschte Vergnügen. Nur nachts, umgeben von Stille und Einsamkeit, gestehe ich mir ein, wie sehr ich den Busch vermisse. Das Rauschen des Wasserfalls, die warmen Flammenzungen nächtlicher Lagerfeuer, das Murmeln der Selbstgespräche führenden Nachtwächter, das Singen und Trommeln fröhlicher Nächte und die Trompetenstöße vorbeiziehender Elefanten.

Ich lerne in Kinshasa eine Clique westlicher Experten kennen. Auch hier haben ihre Frauen keinen glücklichen Gesichtsausdruck. Eine von ihnen sagt zu mir: »Ich finde es hier gar nicht lustig für eine weiße Frau. Die einzige Aufgabe, die uns zufällt, ist, als Gattin unseres Mannes zu repräsentieren. Ständig wird von uns verlangt, daß wir unsere Qualitäten als Gastgeberin und Köchin unter Beweis stellen. Wir Frauen fühlen uns hier von unseren Männern stärker abhängig als zu Hause. Wir führen auch

ein viel isolierteres Leben als unsere Männer, die beruflich ausgelastet sind.«

Auch in Kinshasa endet für die meisten weißen Frauen der
Kontakt zu Afrika bei ihrem schwarzen Haus- und Gartenperso-
nal. Die Männer haben zwar durch ihre Arbeit mit den Einheimischen einen weiteren Kreis an Kontaktmöglichkeiten, aber sich
näher mit ihnen einzulassen, steht eigentlich nicht nach ihrem
Sinn. Sie haben nicht das Verlangen, »Afrika zu begegnen«. Sie
tun ihre Arbeit und damit basta. Allerdings suchen einige Männer
in ihrer Freizeit die Gesellschaft von blutjungen schwarzen
Mädchen für ihre exotischen Abenteuer. Die Mädchen werden
ausstaffiert, ausgehalten und als Lustobjekte benutzt, bis man
ihrer überdrüssig wird. Das Leben dieser Mädchen ist dadurch
jedoch gebrandmarkt. Der Familie und dem Stamm entfremdet,
bleiben ihnen nur mehr die Straße, die Barbetriebe und die Männer, die sich darin befinden. Doch das Wesen der weißen Männer
ist ihnen fremd. Die Beziehung zwischen ihnen ist meist ohne
innere Anteilnahme, ist künstlich aufgebaut. Es sind bemalte
Püppchen, die sich für die Farbe, die sie schichtenweise über das
Gesicht pinseln, und für Bleichungscremes, die sie angeblich hell-
häutiger werden lassen, verkaufen.

Ich komme mit einem dieser Mädchen, einem besonders anmutigen, grazilen Wesen mit samtener Haut und großen, traurigen Augen, in einer Bar ins Gespräch. Voller Mitteilungsbedürfnis
gesteht sie:

»Mein Körper ist meine einzige Einkommensquelle, um einigermaßen gut zu leben. Aber ich weiß, es ist kein gutes Geschäft.
Manchmal sehne ich mich nach meiner Familie. Nach meiner Ma,
meinen Brüdern und Schwestern. Aber sie sprechen nicht mehr
mit mir. Sieht mein Pa mich kommen, dreht er seinen Kopf zur
Seite. Ich habe seine Ehre verletzt. Die zu meinem Blut gehören,
wollen nichts mehr mit mir zu tun haben. In Gesellschaft, da lache ich, weil das die Männer gerne sehen. Aber wenn ich alleine
bin und niemand es sieht, da darf ich weinen. Ich weine gerne –
denn das bin ich.«

Abgrundtiefe Einsamkeit blickt mir entgegen. Ihrer Blöße bewußt werdend, schlägt sie die Augen nieder.

»Mary Lou!«

Das Mädchen neben mir zuckt zusammen. Dann strafft sich ihr Körper, und erst mit müden, dann mit aufreizenden Schritten geht sie dem Mann entgegen, der nach ihr gerufen hat. Unmengen von Whisky und Bier werden konsumiert. Die Leute müssen die Leber eines Elefanten besitzen. Es wird viel gelacht, unmotiviert und laut. Sie denken, daß sie fröhlich sind. Welcher Betrug am Leben!

Von Kinshasa fliege ich nach Bujumbura, der Hauptstadt Burundis. Der kleine Ort liegt zwischen rollenden Hügeln am Tanganjikasee und ist noch keiner Hektik unterworfen. Ohne Eile spazieren die Watussi durch die ruhigen Straßen. Ihr selbstsicheres Auftreten läßt keine knechtische Unterwürfigkeit zu. Es sind schöne Menschen, großgewachsen, feingliedrig und schlank, mit ovalen, bronzefarbenen Gesichtern. Dem Fremden gegenüber sind sie zuvorkommend und hilfsbereit und schenken ihm viel Aufmerksamkeit, ohne aufdringlich zu sein. Sie besitzen diese erstaunliche Ruhe, die aus dem wachen Bewußtsein über die Vergänglichkeit des Menschen geboren wird.

Die Watussi sind das regierende Volk in Burundi. Fünfzehn Prozent sind Hutu, ein Bauernvolk. Bis zur Unabhängigkeit im Jahre 1962 lebte der Großteil der Watussi in Ruanda, wo sich die Hutu gegen die herrschenden Watussi aufzulehnen begannen. In einer Reihe von Massakern kamen viele Watussi ums Leben, Tausende von ihnen konnten nach Burundi fliehen. Hier gab es in den Jahren 1972 und 1973 heftige Unruhen, wobei die meisten Mitglieder der Hutu-Elite getötet wurden. Noch immer gibt es Spannungen zwischen den beiden Völkern, die ich aber als Tourist kaum wahrnehme.

Wieder stehe ich auf der Landstraße, wieder lebe ich von einem Tag in den anderen hinein, habe keine festen Ziele. Unentwegt bin ich auf neue Überraschungen gefaßt. Alles ist mir unbekannt, die Menschen, die mir begegnen, die Art der Unterkünfte, die mich beherbergen, und die Speisen, die mir vorgesetzt werden.

Im Grenzbereich zwischen Burundi und Ruanda gibt es keinen öffentlichen Verkehr. Auch sonst ist die Strecke wenig befahren. Zum Glück gehen die fünfundzwanzig Kilometer leicht bergab, und so ist es nicht allzu unbequem, mit einem Rucksack auf dem Rücken zu Fuß zu gehen. Auf halbem Weg bremst ein Wagen neben mir. Ein französischer Lehrer, der seit siebzehn Jahren in Bujumbuma unterrichtet, ist auf Besuchsfahrt nach Kigali unterwegs. Da auf weiten Strecken jede Unterhaltung Abwechslung bringt, ist der Mann über meine Gesellschaft genauso froh wie ich über die Mitfahrgelegenheit, die er mir bietet.

Bis Butare führt die Asphaltstraße, dann kommt der Schock. Regenfälle haben die Naturstraße zerrissen, und breite Spalten, Risse und Löcher klaffen vor uns auf, die den Franzosen zu zackigen Slalomfahrten zwingen. Immer wieder rutschen die Räder gefährlich ab. Kurz vor der Abzweigung nach Kibuye liegen zwei schwere Lastentransporter, die zusammengestoßen sind. Die querliegenden, umgestürzten Wagen und Anhänger blockieren total die Fahrbahn. Einheimische winken uns auf einen seitlichen Schleichweg. Doch ein einsetzender, rauschender Regenguß weicht den Boden augenblicklich auf. Es hat keinen Sinn, uns weiter diesem Schlammbad auszusetzen, und wir halten vor einer der Lehmhütten, um zu überlegen.

»Möchten Sie nicht einmal in einer afrikanischen Behausung übernachten? Heute winkt Ihnen die Gelegenheit.« Auftrumpfende Überlegenheit des langjährigen Afrikakenners, der den durchreisenden Fremden belächelt. Doch gleich darauf vergeht dem Lehrer das Grinsen, als er das Ungeheuer sieht, das uns gefolgt ist, ebenfalls in der Hoffnung, auf diesem Weg vorwärtszukommen. Doch jetzt steckt der Lastwagen fest in dem tiefen Bett, das sich sein schweres Gewicht gegraben hat, und versperrt uns, die umkehren wollen, die Durchfahrt. Trotzdem will sich der Lehrer an dem Laster vorbeischlängeln. Dabei schlittern wir auf Haaresbreite an den Stahlkoloß heran. Zwar hat auf Afrikas Überlandstraßen niemand Sorge um eine verbeulte Karosserie, doch das Manöver hat uns in eine erbärmliche Schräglage gebracht. Die rechte Seite steckt bis zum Fensterrahmen im weichen Boden des Gemüsegartens, und die linken Türen kleben an dem Schlepper. Es bleibt uns nichts anderes übrig, als durch das offene Fenster hinauszukriechen. Draußen schüttet es wie aus Kübeln.

Unzählige nackte, schwarze Beine kommen aus den umliegenden Hütten herangelaufen. Gegen Bezahlung wollen die Einheimischen helfen. Ihr Verhalten ist lauernd. Sie sind gekommen, um an unserem Mißgeschick zu verdienen. Da jedoch der Renault ohne fremde Hilfe noch lange im Gemüsebeet hängen würde, bleibt uns nichts anderes übrig, als mit den Leuten handelseinig zu werden.

Nach ausgiebigem Debattieren wird gestemmt und geschaukelt. Hände wühlen und graben planlos im schlammigen Erdreich. Aber es sind viele Hände, und die machen die fehlende Organisation und die aufwendige Kraftvergeudung wett.

Auf einem schmalen, dammartigen Weg durch den Bananenhain, der an ein Kakteenfeld grenzt, ist der Boden steinig und gibt besseren Halt. Aber die Kakteen stehen eng beisammen und lockern die Stoßstange und den Auspufftopf. Ich laufe voraus und suche den Boden nach seiner Festigkeit und die Kakteen nach ihrer Widerstandsfähigkeit ab. Mitrennende Einheimische zeigen ständig in eine andere Richtung als ich, denn jedes neue Hindernis bedeutet für sie nochmaliges Einkommen.

Wieder auf der Straße, treffen wir die umgekippten Lastwagen genauso an wie zuvor. Autos, die versucht haben, seitlich über die Böschung auszuweichen, liegen in buntem Blechsalat, mit Schlamm mariniert, auf dem Abhang vereint.

Während ich mit einem einfachen Quartier in der letzten größeren Ortschaft mehr als zufrieden gewesen wäre, ist der Afrikakenner gar nicht gewillt, in »Afrika« zu übernachten. Er will bis Butare zurück. Dort gibt es »anständige« Hotels, in denen man sich als »Mensch« fühlen kann. Es ist purer Wahnsinn, diese ganze Strecke, die schon am Tag nicht ohne Risiko war, jetzt in der Nacht zurückzufahren, und das nur, um der afrikanischen Welt so weit wie möglich zu entfliehen. Da ich mich diesem Mann aber nun einmal angeschlossen habe, kann ich ihn jetzt nicht einfach verlassen, wo er meine aufmunternde Gesellschaft wirklich nötig hat. Eine dicke Nebelsuppe macht die Fahrt bis Butare zu einem Höllentrip. Zwei Tage darauf brennt die Sonne wieder vom Himmel herunter und trocknet die Fahrbahn aus. Als wir an der Unfallstelle vorbeikommen, liegen die Lastzüge fein säuberlich in unzählige Teile auseinandergenommen seitlich am Straßenrand aufgestapelt.

Ruanda ist geprägt von Bergen und Vulkanen. Was jedoch dem Auge gefällt, bedeutet für den Bauern schwerste Arbeit. Trotzdem liegen auf den steilen Hängen die Felder sauber und wie mit einem Lineal gezogen nebeneinander. Allein in der Feldbestellung erkenne ich einen großen Unterschied zu den westlichen Ländern Schwarzafrikas, wo die kultivierten Gärten in den Wäldern fast wild wuchern konnten.

Abgesehen von den Nationalparks ist Ruandas Boden ziemlich abgeholzt. Jedes Fleckchen Boden scheint für den Ackerbau genutzt. Das ist wegen der starken Bevölkerungsdichte zwar verständlich, aber die ökologische Basis wird durch die rigorose Rodung und Ausbeutung des Bodens mehr und mehr zerstört. Wenn nachgeforstet wird, wird vor allem Eukalyptus gepflanzt, der schnell wachsende Wunderbaum aus Australien, der nicht zum Charakter der Landschaft paßt.

Doch die Wälder an der Grenze zu Zaire sind noch wild genug, um den übriggebliebenen Berggorillas Unterschlupf zu bieten. In großen Familien ziehen sie zwischen Zaire und Ruanda umher. Sie sind mein vorwiegender Beweggrund gewesen, trotz der momentan herrschenden, heftigen Regenfälle in das kleine Bergland zu reisen. Nachdem ich in Kamerun zusammen mit den Pygmäen die Riesenaffen nur um weniges verpaßt habe, hoffe ich hier auf eine neue Chance, sie zu Gesicht zu bekommen. Der sicherste Weg, Gorillas zu sichten, ist, sich im Tourist Office in Kigali für einen Besuch des »Volcano-Nationalparks« anzumelden. Dafür bezahle ich tausend Ruanda-Franc und erhalte eine Aufenthaltserlaubnis für drei Tage. So bleibt auch ein wenig Zeit, einen der Vulkane zu besteigen.

Atemberaubende Aussichten tun sich vor der engen, sich wie eine Schlange windenden Bergstraße auf, die nach Ruhengeri führt. Auf den steilen Abhängen unterhalb der Straße liegen abgerutschte Lastwagen und Pkws. Die Fahrbahn ist noch unbefestigt, doch Chinesen haben bereits den Bau einer neuen Straße in Angriff genommen. Ich spüre ein kribbelndes Gefühl im Magen, als ich ein zunehmend unangenehmes Geräusch am Motorblock feststelle. Der Chauffeur lacht über mein bedenkliches Hinhören, bestätigt aber, daß die Lenkung eventuell blockieren könnte. Und das bei diesen scharfen Haarnadelkurven! Die einfallenden Nebelschleier, die jetzt auch noch jegliche Sicht rauben, machen die Fahrt zu einem wahren Geisterbahnabenteuer.

Ruhengeri ist in Nebel und kalter Nässe versunken. Doch die über ihm thronenden Vulkane geben dem Ort auch in dieser düsteren Jahreszeit etwas Reizvolles.

In feinem Nieselregen starte ich am nächsten Morgen zu Fuß die fünfzehn Kilometer nach Kiningi. Vier amerikanische Geologen, die auf einer Wochenendtour ebenfalls zu den Gorillas unterwegs sind, holen mich ein und nehmen mich in ihrem Landrover zum Hauptquartier mit.

»Welche Nummer haben Sie?« werde ich gefragt.

»Nummer?« frage ich verdattert.

»Nun, jede Gorillagruppe hat eine Nummer. Wir haben Nr. 11. An die können wir ganz nahe heran, denn die sind schon an Menschen gewöhnt. Das macht es einfacher, sie zu fotografieren. Wenn Sie aber Nr. 9 haben, ist das riskanter, weil die nur selten in Menschennähe kommen.«

Diese Information verwirrt mich. Im Touristenbüro habe ich davon nichts erfahren. Am liebsten möchte ich umdrehen, denn dieses Gorillaabenteuer scheint wenig attraktiv zu werden. Im

Hauptquartier des Nationalparks erfahre ich, daß ich auf die Suche nach der Gruppe Nr. 9 gehen werde.

Mit einem Landrover werde ich in das Gelände gefahren. Vor ein paar Hütten mit Wellblechdächern halten wir an. Die Gipfel der Vulkane begrüßen mich. Ein Wildhüter, der sich schnell seine khakifarbene Uniformjacke zuknöpft, tritt aus einer der Hütten. Er wird mit mir auf die Suche nach der Gorillagruppe Nr. 9 gehen.

Bevor der Bergwald über uns zusammenschlägt, macht mich der Führer, der mit den Gepflogenheiten der Riesenaffen vertraut ist, darauf aufmerksam, daß ich mich im Wald ruhig verhalten muß. Und wenn wir auf die Gorillas stoßen, darf ich nicht in aufrechter Körperhaltung bleiben. Ich soll mich dann nur in Hockstellung oder kriechend vorwärtsbewegen. Er bittet mich auch, keinen der Gorillas zu berühren (ich werde mich hüten!), da die Affen sich angegriffen fühlen und aggressiv werden könnten. Obendrein könnten sie sich durch die Berührung mit Viren infizieren, gegen die sie nicht immun sind.

Den halben Vormittag folgen wir im morastigen Gelände ihren Spuren. Ihre tunnelartigen Fährten durch das Unterholz sind nicht zu verfehlen. Auch wenn ich die ganze Zeit danach fieberte, auf die Riesenaffen zu treffen, bekomme ich einen ordentlichen Schreck, als plötzlich ein ungeheurer, behaarter Schatten aus dem dicht wuchernden Bambusgestrüpp hervorspringt. Über zwei Meter hoch türmt sich das dunkle Monster vor uns auf. Beim Erscheinen des Ungetüms war mein Führer augenblicklich in Hockstellung gegangen und bewegt sich nun auf allen vieren vorwärts, wobei er grunzende Töne ausstößt. Er nickt mir aufmunternd zu, es ihm nachzumachen und in diese satten Laute miteinzustimmen. Damit soll wohl den Riesenaffen weisgemacht werden, daß wir derselben Gattung angehören. Ich versuche, mein Bestes zu geben!

Das schwarze Untier, das trotz seines enormen, schweren Körpers leicht und behende an uns vorüberturnt, ist der Anführer der Gruppe. Er hat uns nun klargemacht, mit wem wir es hier zu tun haben! Als er sich nach dieser kurzen Vorstellung und Machtdemonstration von uns abwendet, um sich wieder zu seinen Artgenossen im dunklen Dickicht zu gesellen, leuchtet sein Rückenfell silbergrau glänzend auf. Demnach hat der Gute bereits ein vornehmes Alter erreicht, das ihm auch die nötige Erfahrung gibt, eine Gruppe mit Umsicht zu führen.

Als wir dem alten Affen folgen, klopft mir das Herz bis zum Halse. Langsam rücken wir an die Bambusverstrickung heran, hinter der wir jetzt noch weitere der respekteinflößenden, pelzigen Gesellen entdecken. Ich bin noch sehr skeptisch, wie diese Urtiere unsere Gegenwart aufnehmen werden, und halte mich eher etwas zögernd hinter der athletischen, auf den Fersen sitzenden Gestalt meines Begleiters. Im Schutze der Bambuskolonie hocken die Affen wie riesige, zusammengekehrte Haarhaufen im Halbkreis auf dem feuchten Boden, schälen mit ihren kräftigen Zähnen abgebrochenes Bambusrohr und kauen mit dumpf schmatzenden Geräuschen das saftige Innere.

Die elfköpfige Gruppe hält sich nie lange an einem Ort auf. Haben sie an einer Stelle den Bambuswald umgegraben, wechseln sie zum nächsten Futterplatz über. Und wir mit ihnen. Bald lassen sie es zu, daß wir uns mitten in ihrem Kreis aufhalten. Allerdings ist es mir noch immer nicht ganz geheuer dabei, völlig von diesen kräftigen Kolossen umringt zu sein. Meine Bedenken, daß ich nicht auf meine Kosten komme, was die Begegnung mit diesen urtümlichen Wesen betrifft, sind inzwischen verflogen. Es kribbelt nämlich ganz schön auf meiner Haut.

Das Gelände, durch das wir mit den Affen ziehen, ist äußerst sumpfig. Da wir wie sie auf allen vieren vorwärtskriechen und uns immer wieder hinhocken, sind wir bald wie die Gorillas mit Schlamm und modrig riechenden Blätter- und Wurzelresten verklebt. Ich bekomme das Gefühl, daß wir uns gar nicht mehr viel voneinander unterscheiden.

An die zwei Stunden kriechen wir miteinander im Dickicht herum und durchklettern kleine Schluchten. Bei schwierigen Passagen fällt mir auf, wie rücksichtsvoll sich die größeren Affen den kleineren gegenüber verhalten. Von starken Armen werden die Schwächeren hochgezogen oder weitergeschubst. Vor allem der riesige, ergraute Affe dreht sich immer wieder um und schaut, ob noch alle da sind und alles seine Ordnung hat. Das macht großen Eindruck auf mich.

In Gedanken versunken, habe ich nicht bemerkt, daß ich einem halbwüchsigen Affen sehr nahe gekommen bin. Dieser erhebt sich nun neben mir aus dem feuchten Gras, schüttelt seinen Kopf in eckigen Bewegungen in meine Richtung und schnattert in Lauten, die ich leider nicht verstehe. Aber ich glaube auch so zu wissen, was er meint. Ich soll ihm gefälligst nicht den Vortritt nehmen. Schließlich bin ich neu, und er hat ältere Rechte, vor mir den Abhang hinabzurutschen. Als ich zurückgrunze, muß mir irgendein falscher Ton über die Lippen gekommen sein, denn plötzlich wird der Junge wütend. Er streckt sich mit seiner ganzen Körpergröße in die Höhe, trommelt mit überkreuzten Armen auf seine schon kräftig gebaute Männerbrust und stößt wilde Schreie aus.

Mit meinen Blicken ersuche ich den Wildhüter um Rat. Der lacht nur über das Schauspiel und deutet mir an, mich vorsichtig zurückzuziehen. Langsam weiche ich nach hinten aus und gebe dabei acht, keine abrupten Bewegungen zu machen, die der junge Wüterich mißverstehen könnte. Skeptisch verfolgt dieser meinen Rückzug. Als ihm der Respektabstand akzeptabel erscheint, stellt er sein wildes Gebaren ein und springt zufrieden grunzend hinter seiner Familie her.

Gerne wäre ich mit diesen urtümlichen Gefährten weiter mitgewandert. Es könnte Spaß machen, den ganzen Tag wonnig schmatzend nach Futter zu suchen oder ausgelassen im Gelände herumzutollen. Doch wir müssen zurück.

Über Nacht bleibe ich im Hauptcamp, da ich am nächsten Tag auf den 3634 Meter hohen Sabinyo steigen möchte, der als schroffer Kegel Kinigi überschaut. Zwar ist keine Unterkunft für Touristen vorhanden, aber ich darf es mir am Boden des Wachzimmers bequem machen. Gegen Mitternacht wird es mir uner-

Berggorilla-Mama mit Baby auf dem Rücken

träglich kalt, und ich wickele mich in eines der herumliegenden Militärzelte ein. Trotzdem friere und zittere ich erbärmlich weiter. Als sich wieder Schmerzen in Gelenken und Kopf einstellen und heftiges Schütteln mich erfaßt, weiß ich, daß es nicht allein die Kälte ist. Es ist ein neuer Malariaanfall. Ich schlucke vier Pillen, und am nächsten Morgen fühle ich mich kräftig genug, die vorgenommene Tour mit einem Führer zu starten.

Der Anstieg ist sehr steil, und der schlüpfrige Boden erschwert das Gehen. Bis zu einer Höhe von etwa dreitausend Meter habe ich kaum Mühe. Dann fängt es an: Ohrensausen, Schwindelgefühl, ein dumpfer Druck im Kopf, und die Luft wird mir knapp. Noch ist das Verlangen da weiterzumachen, nicht gleich aufzugeben. Eine seltene Vegetation und ein grandioser Ausblick, die dort oben auf mich warten, sind mir Ansporn genug, weiter zu steigen. Langsam setze ich einen Fuß vor den anderen. Es ist sehr steil, und ich gewinne schnell an Höhe. Da bricht in meinen Ohren ein Wirbelsturm los, und ich kann nur noch röchelnd Atem holen. Die Höhe, die enorme Luftfeuchtigkeit und vor allem die Malaria setzen mir gewaltig zu. Noch zwei kleine Schritte, dann wird mir angst und bang. Das Würgen im Hals wird fast unerträglich. Ich sinke seitlich ins weiche Moos und versuche, meinen Atem unter Kontrolle zu bekommen. Der Höhenunterschied zum Gipfel beträgt nur noch an die hundert Meter. Noch immer ist die Sehnsucht da, das Ziel zu erreichen. Doch hat das Reisen mir nicht beigebracht zu spüren, wann meine eigenen Grenzen erreicht sind?

Den Ehrgeiz überwunden, vom inneren Zwang befreit, steige ich mit dem Führer, der gelassen meinen Schwächeanfall beobachtet hat, hinab ins Tal.

Kigufy liegt acht Kilometer von Gisenye, dem großen Ort am Kivu-See, entfernt. Geschäftstüchtige Ordensschwestern haben ihr Missionsanwesen in ein kleines Touristen-Center verwandelt. Der Fußboden strahlt in geleckter Sauberkeit, kein Stäubchen liegt auf den spiegelblanken Möbeln, und der peinlichst gepflegte Garten präsentiert sich in geordneter Farbenpracht.

Das Hotelunternehmen floriert. Die Zimmer sind auf Wochen hin ausgebucht. Dieser Erholungsort, der direkt am See liegt, kann bilharziosefreies Baden garantieren. Aus nah und fern kommen weiße Experten und Missionare zu erholsamen Wochenenden und Urlaub hierher. Ich platze hinein in ein europäisches, sattes, zufriedenes Bürgertum. Auf dem freundlichen, doch blassen

Antlitz der Nonnen ruht seliges Lächeln. Viermal am Tag werden die Gäste mit reichlichen Mahlzeiten verwöhnt. Dagegen müssen die Einheimischen mit großer Mühe an steilen Hängen ihre Felder bestellen, um wenigstens einmal am Tag satt zu werden. Bei diesem Zusammenprall so extremer Welten verliert der leuchtende Seelenfrieden auf den Gesichtern der Schwestern für mich seinen Glanz.

Obwohl ein Zimmer überraschenderweise frei wird, fühle ich mich nicht von dieser verklärten Gartenidylle zum Bleiben angeregt. Ich wandere zurück nach Gisenye in eine afrikanische, ungeordnete, aber lebensnahe Welt. Auf dem Weg begegnet mir ein älterer Einheimischer. Seine Schritte sind gleichmäßig, wie sie es auch sein würden, wenn er wüßte, daß es sein letzter Tag auf Erden wäre. Mit freundlicher, warmer Stimme begrüßt er mich mit dem hier üblichen Gruß: »Amashyo.« (Mögest du Herden haben.)

Ich antworte, wie ich es von anderen gehört habe: »Amashongure.« (Mögest du weibliche Herden haben.)

Wir sehen einander in die Augen, nicken uns lächelnd zu und setzen unseren Weg fort.

Begegnung mit Ostafrika und den Massai

Auf der Fahrt von Kigali zum Viktoriasee in Tansania sehe ich in kleinen Gärten um grasbedeckte Lehmhütten Bananen und Papayas wachsen. Auf ordentlich bestellten Feldern gedeihen Mais, Zuckerrohr und Maniok. Anmutig balancieren die Frauen irdene Wasserkrüge auf ihren Köpfen und schlendern, die Körper gleichförmig wiegend, auf rotsandigen Wegen entlang. Andere sitzen auf geflochtenen Palmenmatten vor ihren Hütten und rebeln in geselligem Beisammensein Maiskörner von den Kolben.

Rund um saubere Anwesen zeigen sich mir Bilder, die von großer Einfachheit, aber auch von zufriedenem Gleichmaß zeugen. Doch den armseligen Notstand, der Elend und Hunger offenbart, wie es mir von Tansania erzählt worden war, entdecke ich nicht. Allerdings besitzen der ständige Bohneneintopf und Ugali, ein fester Maisbrei, für uns Europäer nicht gerade kulinarische Anziehungskraft. Wenn auch andere Nahrungsmittel vorhanden sind, die afrikanische Dorfbevölkerung ist nun einmal nicht sehr aufgeschlossen für neue Küchenrezepte. Jedes Land, jede Region hat seine eigenen traditionellen Speisen, und da gibt es jahrein und jahraus – eben dieselben.

In Mwanza dagegen darf der entwöhnte Reisende indische und arabische Gerichte durchkosten. Aus großen Schüsseln dampfen Berge von Reis und würzige Currys, und auf runden Tabletts liegen scharfe Samosas, krapfenähnliche Mandazis und süßes Sesamgebäck. Tee und Kaffee werden mit viel Milch und noch mehr Zucker getrunken. Allerdings irritiert der beigefügte Ingwer mit seiner Schärfe und Intensität den Geschmack, und ich vermag nur selten zu sagen, ob ich Tee oder Kaffee in meiner Tasse habe.

Nach den kargen Tagen der Überlandfahrt kommt mir Mwanza vor wie ein kleines Schlaraffenland, zumindest solange der Vorrat reicht. Bier kommt nur schubweise in die Stadt, montags, mittwochs und samstags. Aber diese Woche gab es Bier am Freitag statt am Samstag. Pech für diejenigen, die am Wochenende in die Stadt kommen und sie leer getrunken vorfinden, denn das Bier ist schneller weg, als es angekommen ist.

Mwanza ist anders als alle anderen afrikanischen Städte, die ich bisher auf meiner Reise sah. Das arabische und indische Blut, das durch die Adern der Bevölkerung fließt, verleiht ihr einen lebhaft prickelnden Charakter. Über den hellen Türmen der Moscheen strahlt der Himmel wie in einem orientalischen Märchen. Nach dem kühlen Klima Ruandas genieße ich die Wärme der Niederung. Ich stehe nachts an der Brüstung meiner Dachterrasse, und meine Augen wandern über die hübschen weißen Häuser. Unter dem gleißenden Sternenzelt haben sich, in bunte Saris gehüllt, einige Inderinnen zusammengefunden und erfüllen mit ihren singenden Stimmen den gemütlichen Innenhof. Ihr Gesang und ihre Stimmen, die mich in diesem zeit- und schwerelosen Augenblick bezaubern und gefangennehmen, sind klar, rein und schlicht.

Seitdem ich in Ostafrika unterwegs bin, begegne ich unvergleichlich mehr Rucksacktouristen als auf der vorangegangenen Überlandstrecke. Am Ufer des Viktoriasees treffe ich auf eine sechsköpfige Gruppe junger Leute, die eine Safari durch die Serengeti, den Ngorongoro-Krater und Manyara unternehmen wollen. Sie fragen, ob ich mich ihnen anschließen möchte. Je mehr sich beteiligen, desto geringer werden für jeden einzelnen die Kosten für Landrover und Chauffeur – und natürlich auch der Sitzkomfort. Da ich Afrika nicht verlassen möchte, ohne die Serengeti gesehen zu haben, überwinde ich mein Vorurteil, in einem fahrenden »Käfig« durch wilde Landschaften zu fahren.

Bald stehe ich wie die anderen im Bann der endlosen Weite der Serengeti, in der uns die Winzigkeit und Bedeutungslosigkeit des einzelnen Individuums bewußt wird. Welche Nachteile es auch immer haben mag, in der Regenzeit eine Safari zu unternehmen, die Dornbaumsavanne ist in ihrem jungen, frischen Grün ein phantastisches Erlebnis, das seltsamerweise kaum ande-

Im Banne der endlosen Weite der Serengeti

re Touristen teilen. Seltsam deshalb, weil gerade jetzt bis zum Horizont hin unendliche Tierherden den weiten Raum füllen.

Sicherlich an die zweihunderttausend Tiere oder mehr kann ich auf einen Blick sehen. Zebras, die uns aufmerksam mit schlagendem Schweif entgegenblicken und vor dem heranfahrenden, fremden Tier ungebärdig ihre Köpfe schütteln und quer über den grünen Flaum den Ebene fliehen. Thompsongazellen mit ihren schwarzen Streifen an den Flanken und Grantgazellen mit langen, leicht gebogenen Hörnern springen in weiten Sätzen mit den schwarzweiß gestreiften Wildpferden um die Wette. Weißbartgnus grasen in endlosen, unüberschaubaren Herden, und die Tiere, denen wir zu nahe kommen, senken ihre Köpfe und rasen los, als wären alle Raubkatzen der Serengeti hinter ihnen her. Ihre schnellen Hufe, die über den Steppenboden hetzen, hören sich

257

an wie wirbelnde Trommelschläge. Die aufstiebenden Sandwolken hüllen uns ein und nehmen uns zeitweise jegliche Sicht.

Zwischen windverwehten Dornenbäumen und unförmigen Granitblöcken, die durch jahrtausendelange Erosion entstanden sind, tummeln sich aufgescheuchte Warzenschweine. Wilde Büffel verharren in gefährlicher Ruhestellung, als wollten sie zum Sturm aufbrechen. Wir sehen träge umherschweifende, struppige Hyänen, graue Wasserböcke mit ihren weißen Hinterteilen und sandfarbene, große Riedböcke. Vereinzelt wandern auch langgesichtige Kongoni oder Topiantilopen umher.

Giraffen strecken ihre Hälse weit in die federartigen Äste der Akazien. Ein Dik-Dik, das bei flüchtigem Hinsehen eher einem Hasen gleicht, schießt in nervösen Haken seitlich ins halbhohe Gras, in dem die kleingewachsene Antilope volle Deckung findet. Drei schwarzgefiederte Straußenvögel eilen mit stelzenden Schritten auf kräftigen Beinen und mit rudernden Bewegungen vor uns her.

Das verstreut herumliegende Granitgestein ist wahrscheinlich eines der ältesten der Erde. Man nimmt an, daß es vor zwei bis drei Milliarden Jahren entstanden ist. In den wasserspeichernden Felsspalten der Gesteinsgruppen wurzeln Sträucher und Bäume. Aus der Entfernung sehen die an- und übereinanderliegenden Felsbrocken mit der herauswachsenden Vegetation wie kleine Inseln inmitten einer unendlichen, sanft wogenden Ebene aus.

Die Inselberge sind voller Leben. Sie beherbergen unzählige Vogelarten und Echsen, auch Warane und Schlangen lieben das warme Gestein. Ebenso gerne ziehen sich Raubkatzen in deren Schutz zurück. Wahrscheinlich mögen sie die erhöhte Position, die ihnen die Felsbuckel bieten. Bei diesem augenblicklichen Wildreichtum findet jedes Raubtier genügend Beute. Zwischen hohen Gräsern oder auf warmen Felsplatten entdecken wir Löwen mit oder ohne ihre Familien, die satt und apathisch auf oder neben ihren halbverzehrten Opfern liegen, während über ihnen, einer dunklen Wolke gleich, Geier auf den Rest der gerissenen Tiere harren.

In einem Korongo, einem sumpfigen Wassergraben, an dessen Ufer zerrupfte Marabus mit lahmen, geknickten Flügeln stehen, bekommen wir tonnenschwere Flußpferde zu sehen. Wenn sie an Land gehen, scheiden sie einen rötlichen Farbstoff aus, der ihnen wohl hilft, sich gegen die starke Sonnenstrahlung zu schützen.

»Sie schwitzen Blut, weil ihnen so heiß ist«, meint unser Fahrer.

Unter Wasser scheinen sie sich bedeutend wohler zu fühlen. In ihrer unförmigen Plumpheit sehen sie harmlos aus, aber ihr urgrundtiefes, dröhnendes Gebrüll aus weit offenem Maul, wobei sie ein kräftiges Gebiß zeigen, läßt jeden vernünftigen Menschen gehörigen Abstand halten.

Ein Lastwagen kommt auf uns zu. Er ist bis oben hin voll beladen mit toten, steifen Zebras. Angeblich wurden die Tiere unter Kontrolle der Wildschutzgesellschaft abgeschossen. Weil es zu viele werden? Was wird aus ihnen? Dosenfleisch? Was mit den Fellen passiert, ist jedermann bekannt. Sie sind begehrte Dekorationen für nackte Fußböden und Wände.

Was mir die Safari etwas verleidet, ist das Verhalten unseres Chauffeurs Sylvester. Er ist ein rundgesichtiger Bantu, der geschwollenes Englisch spricht und das Benehmen der Weißen nachzuahmen versucht. Ohne den Tieren den geringsten Respekt zu erweisen, prescht er an Elefanten heran, um sie für tolle, eindrucksvolle Schnappschüsse »wild« zu machen. Unter solchen Aspekten mißfällt mir der Trubel um den Wildlife-Tourismus. Aber die Afrikaner, die die Lebensart der Weißen anstreben, haben für wilde Tiere nicht viel übrig. Ihrer Meinung nach nehmen sie nur Platz weg für Farmland und Weidetiere. Außerdem assoziieren sie Wildlife mit einer unzivilisierten, primitiven Vergangenheit, mit der sie nicht mehr konfrontiert sein möchten.

Sylvesters Rücksichtslosigkeit bringt uns schließlich in eine äußerst gefährliche Situation. Wir bekommen es mit einem aufgebrachten, starken Elefantenbullen zu tun. Mit teuflischem Spaß, das Tier zu reizen, gibt Sylvester in aggressiver Weise Gas, rast auf den grauen Muskelberg zu, fährt zurück, wendet und nimmt einen neuen Anlauf, um den Dickhäuter verrückt zu machen, bis dieser, mit aufgestellten Ohren, unmißverständlich seinen Ärger losbläst. Vielleicht mögen das andere Touristen, die ohne eigenes Risiko so doch zu abenteuerlichen Bildern kommen. Von unserer Gruppe hat keiner Interesse an solchen Aufnahmen. Entsetzt sehen wir Sylvester an und bitten ihn, mit diesem Unsinn aufzuhören und von dem Elefanten abzulassen. Doch das spornt den aufgedrehten Bantu erst richtig an.

Plötzlich befinden wir uns in einer heiklen Zwickmühle. Sylvester hat sich und uns in eine kritische Situation hineinmanövriert, als er den Felsblock hinter uns übersah, an dem wir jetzt nicht mehr vorbeikommen, weil uns von vorn der erzürnte Bulle bedrängt. Wütend wirft der graue Riese sein breites Haupt hoch und stößt einen wilden, trompetenden Schrei aus, der uns durch Mark und Bein geht. Dann schlägt das Untier gegen die Kühlerhaube. Unter dem nächsten Anprall wird der ganze Wagen samt Inhalt wie von einem Erdbeben erschüttert, und wir versuchen, uns auf den Boden zu kauern, was bei acht Personen in einem Landrover nicht so einfach ist.

Das Tier ist ernstlich böse. Ich wäre es auch an seiner Stelle, und ich versuche, ihm meine Gedanken zu übermitteln, um ihn wissen zu lassen, daß er auch von Freunden umgeben ist. Mit der Zeit beruhigt sich der Bulle. Es sollte auch nur eine Warnung sein, aber diese hat uns gehörig erschreckt. Auch Sylvester sieht nun verstört aus und verhält sich für den Rest des Tages zurückhaltend und schweigsam.

Am nächsten Vormittag begegnen wir fünf jungen deutschen Männern, die in zwei Geländewagen unterwegs sind und die damit prahlen, es in zehn Wochen von Hamburg nach Tansania »geschafft« zu haben.

»Wir wollen in Kenia Safaris organisieren.«

Wir fragen, ob sie denn eine Ahnung davon hätten.

»Was braucht da einer schon zu wissen? Alles, was dazu notwendig ist, ist ein gutes Auto. Und wir haben zwei davon. Übrigens, im Geschichtenerzählen sind wir groß. Was meint ihr, was wir den blöden Touristen für Abenteuerstories auftischen können!«

Als einer von uns fragt, ob sie auch nach Manyara fahren, sehen sie uns groß an. »Was ist denn das?«

Diese Antwort erstaunt uns allerdings.

»Und ihr wollt Safaris veranstalten und wißt nicht einmal, wo es baumkletternde Löwen gibt? Die tollen Stories, die ihr euren zukünftigen Safaritouristen aufbinden wollt, die gibt es wirklich.«

Bevor wir unseren Weg fortsetzen, kann ich es mir nicht verkneifen, noch etwas zu sticheln: »Laßt euch nicht mit den großen, semmelfarbenen Hunden ein, die hier durch die Gegend streunen. Die sollen angeblich gefährlich sein.« Ich finde mich dabei kindisch, aber ich bin einfach wütend. Doch das Betrügen scheint im Safarigeschäft gang und gäbe zu sein. Auch Sylvester versucht, uns ständig übers Ohr zu hauen, was die gefahrenen Kilometer betrifft. Erst streitet er rundweg den von uns allen abgelesenen, anfänglichen Tachostand ab, dann behauptet er, dieser funktioniere nicht *in a proper way.* Nach seiner Ansicht tut er uns auch einen optimalen Gefallen, als er uns in den luxuriösen Superhotels der Parks absetzen will, und weigert sich, uns zu billigen Lodgements zu fahren, denn dann müßte er auch mit einem einfachen Quartier vorliebnehmen.

Sylvester zeigt ganz offen, daß er über seine augenblickliche Passagierfracht nicht übermäßig erbaut ist. Er tut so, als müsse er sich für uns schämen, da wir nicht dazu neigen, das Geld mit vollen Händen auszugeben. Und er läßt uns fühlen, daß er es gewohnt ist, mit besseren Leuten zu verkehren, die nicht über Geld reden, sondern es ausgeben oder ihn großzügig zu Drinks einladen.

Mit meinen jungen Reisegefährten, die aus der Schweiz, Deutschland, England und den USA kommen, habe ich großes Glück. Sie gehören nicht zu der Sorte Rucksacktouristen, die wie allesfressende Heuschreckenschwärme ihre vernichtenden Spuren hinterlassen. Ich lerne sie als einfühlsame, rücksichtsvolle Menschen kennen. Obwohl wir aus verschiedenen Ländern kommen, ist unsere Gedankenwelt einander vertraut. Wir suchen ähnliche Wege und neue Möglichkeiten, das Leben zu gestalten.

Außenseiter unter sich, die Träume verwirklichen wollen und die gemeinsame Hoffnungen über ein neues Wachwerden innerhalb unserer zivilisierten Gesellschaften tragen. Für uns ist es die Ferne, die uns lehrt, daß das Leben auch anders sein kann. Reisen ist nicht nur ein Rausch, der das Fernweh stillt, sondern auch ein Weg, der neues Begreifen, neue Einsichtnahmen in und über das Leben bringt.

Auf dem Dach eines speziell für die Großwildjagd konstruierten Geländefahrzeuges sitzen dunkelbebrillte jüngere Afrikaner vor dort installierten Gewehren. In ihren Gesichtern spiegelt sich eine Mischung aus arroganter Starre und Langeweile. Obwohl sich unsere Wege kreuzen, tun sie, als würden sie uns nicht sehen.

Ich erinnere mich an den Ausspruch eines amerikanischen Verhaltensforschers: »Solange die Menschen, die um des Tötens willen töten, Jagd auf Tiere machen können, bleiben mehr Menschen am Leben.«

Der Zufall will es, daß wir am Rande der Serengeti Wildhütern begegnen, die vor ihren Gewehren ein paar Einheimische hertreiben.

»Wa ikoma«, sagt Sylvester. »Das sind Wilddiebe.«

Sie schauen mit unfreundlichen Augen auf unseren Landrover und seine Insassen.

Um allen Landesbewohnern den Wert der Tierreservate deutlich zu machen, erklärt die Regierung alle Wilderer innerhalb der Tierparks für gemeine, staatsfeindliche Gesetzesbrecher. Aber wie können die wirklichen Wilddiebe, die aus Gewinn- oder Prestigesucht meist motorisiert oder gar aus dem Flugzeug brutal auf das Wild schießen, mit den Einheimischen der Umgebung auf eine Stufe gestellt werden, die sich mit Pfeil und Speer ihre kleinen Fleischrationen aus den Reservaten holen, um sich und ihre Familie durchzubringen?

Dem kleinen Mann im Busch ist der Sinn der abgegrenzten Tiergebiete sowieso unverständlich. Nicht nur, daß er dafür seinen eigenen Grund und Boden aufgeben mußte, sollte er diesen nicht einmal mehr betreten dürfen, um das Wild zu jagen, wie sein Vater, Großvater und Urgroßvater es vor ihm getan haben? Er kann auch nicht einsehen, warum der Weiße oder der reiche Schwarze auf demselben Territorium aus reiner Lust nach Trophäen jagen darf, ihm aber die Jagd verboten wird, um sich selbst am Leben zu erhalten. Die allmächtigen Anordnungen, die über das Land verfügt werden, kümmern ihn sowenig wie das ganze andere Getriebe in den weit entfernten Städten. Alles, was er will, ist, mit seiner Familie auf seiner kleinen Shamba in Frieden zu leben.

Über uns segelt in weiten, majestätischen Schwüngen ein schwarzer Milan. Dieser darf sich noch unbegrenzt über den gesamten afrikanischen Kontinent bewegen.

Wir haben die Serengeti verlassen und halten uns, die Solberge im Rücken, südwärts. Die Eruptionen der nahen Vulkane haben das Land im weiten Umkreis gebrandmarkt. Wie ausgestoßen steht grau und regungslos ein einzelnes Spitzmaulnashorn auf dem öden, aschehaltigen Boden.

Die Wolken, die während der Regenzeit über große Teile der Serengeti ziehen, verirren sich nur selten in die Gegend rund um die Olduvai-Schlucht. Wie ein großes Loch klafft sie vor uns in der staubtrockenen Wüste auf, die nun von vereinzelten dürren Büschen bewachsen ist. Bekannt wurde dieser Ort durch Louis und Mary Leakey, die hier aufsehenerregende Funde über primitive Hominiden gemacht haben. Ich versuche mir vorzustellen, wie hier die angeblich großwüchsigen Frühmenschen vom Typ Homo erectus mammutartige Tiere jagten, als das Land noch von Wäldern bedeckt war. Selbst Schafe und Wildschweine sollen damals so groß wie wilde Büffel gewesen sein.

Zwischen der heißen, ausgedörrten Schlucht und dem aufwärtssteigenden Weg zum kühlen, regenverhangenen Kraterhochland treffen wir auf die sagenumwobenen Massai. Einsame große, schlanke Gestalten, in wehende, ziegelrote Baumwolltücher gehüllt, in ihren Händen Hirtenstäbe und Speere haltend, wandern sie, wie Generationen vor ihnen, mit ebenmäßigen, langen Schritten über den endlosen Boden Enkais, den Boden Gottes. Allein mit ihren kunstvollen Haartrachten, ihrem bunten Schmuck und sonstigen phantasievollen Verzierungen bezeugt dieses Nomadenvolk die Lebendigkeit ihres alten Lebensstils. Die Frauen haben ihre Köpfe glatt rasiert und mit Butter glänzend gerieben. Dagegen sind die Haare der Männer oft mit Ockerfarben bestrichen. Viele Krieger tragen dünne, lange, zinnoberrote Schnürchen in ihr Haar geflochten. Die Ohrläppchen sind mehrfach gedehnt und geknotet und mit jeder nur denkbaren Kreation geschmückt. Während sie viel Aufwand betreiben, um sich mit Perlen, Ketten und verschiedensten Ornamenten herauszuputzen, ist ihre Kleidung sehr einfach. Ein Stück Stoff aus Baumwolle oder Leinen, in rötlichen oder bräunlichen Farbtönen gefärbt, wird um die Hüften gewickelt oder um die Schultern geschlungen.

Die Massai-Nomaden sind schön in ihrer Wildheit und Unnahbarkeit. Manche behaupten, in ihren Adern fließe das Blut einer abgesplitterten Gruppe römischer Legionäre. Was man weiß, ist, daß sie in erster Linie von den Niloten abstammen, die, als sie sich noch in der Nilgegend aufhielten, von der Jagd lebten. Doch den Massai, wie sie heute bekannt sind, ist das Jagen um des Fleisches willen verhaßt. Die Jagd hat nur den Reiz für sie, um sich mit Hörnern, Häuten und Fellen der erlegten Tiere zu schmücken oder um dabei ihren Mut unter Beweis zu stellen. Allerdings sollen sie vor ihren Mutproben mit den gefährlichen Löwen von einer gewissen Pflanze essen, deren Wirkung sie furchtlos werden läßt.

So sehr die Massai ihre Unabhängigkeit lieben, von ihren Rindern machen sie sich total abhängig. Diese liefern ihnen »Saroi«, ihre Hauptnahrung, ein Gemisch aus Stierblut und Milch. Unter Umständen essen sie noch das Fleisch wilder Büffel oder der Elenantilope, da diese ihren Rindern ähnlich sind. Doch sonst rühren sie kein Fleisch an, auch kein Geflügel und keinen Fisch. Da Kühe auf Gras angewiesen sind und das Gras aus dem Boden

Regenwolken auf dem Weg zum Kraterrand

sprießt, ist den Massai die Erde heilig. Aus diesem Grund rühren sie diese nicht an, weder für Feldarbeit, noch um ihre Toten zu bestatten, auch nicht, um Brunnen zu graben. Den vom Staat für sie erbauten Brunnen weichen die meisten von ihnen aus und trinken weiterhin das Wasser der Wildbäche und Quellen, die sie auf ihren Wanderungen finden.

Zu der Zeit, als Enkai sich entschloß, Himmel und Erde voneinander zu trennen, vermachte er den Massai die Kühe. Daher glauben sie, daß alle Rinder auf Erden ihnen gehören und es ihr gutes Recht sei, sich auch das Vieh von anderen Stämmen anzueignen. Mit ihrer ungezügelten Kriegslust und Herrschsucht und ihren grausamen Raubzügen waren sie zwischen dem Viktoriasee und dem Indischen Ozean der Schrecken vieler Völker. Da ihr kriegerisches Verhalten auch von den Bantus und den Weißen gefürchtet war, blieb ihr Land bis vor etwa hundert Jahren unerforscht.

Wie auch andere Naturvölker, deuten die Massai das Erscheinen eines Kometen als Unglücksboten. Kurz bevor der weiße Mann auftauchte, soll ein breitschwänziger, greller Stern über den Himmel gezogen sein. Noch bevor die Weißen kamen, wurde ihr Land von Dürre, Krankheiten und der Rinderpest heimgesucht. Auch Heuschreckenschwärme fielen darüber her und fraßen es kahl, und die Rinder fanden kein Futter mehr. Dann kamen die Engländer und nahmen ihr Gebiet um den Mt. Kenia in Beschlag und spalteten ihr Land in zwei Bezirke.

Die Massai verachteten die hellhäutigen, behaarten Leute ebenso wie die Schwarzen, die keine Rinder besaßen. Doch durch Stammesfehden und Naturkatastrophen geschwächt, waren sie gezwungen, den Widerstand gegen die Weißen aufzugeben. Da die Massai mit ihrem starken, unbändigen Drang nach Unabhängigkeit und ihrem Mut den Engländern Bewunderung und Respekt abverlangten, gelang es, miteinander Frieden zu schließen, worauf sich die Massai wieder in einem einzigen Gebiet vereinen konnten, das sich heute noch vom Kraterhochland Tansanias bis tief in den Süden zieht, im Norden an die Loita-

Ebene reicht und im Osten sich bis zum Kilimandscharo und weit über die Grenze Kenias erstreckt.

Welch erregender Anblick muß es früher gewesen sein, sie in verwegenen Scharen mit blitzenden Speeren, bunten Schildern, schwarzen Straußenfedern und gelben Löwenmähnen mit weit ausholenden Schritten über die Savanne schreiten oder jagen zu sehen! Zwar ist ihr Gang auch heute noch ungebeugt, sind ihre Mienen noch verwegen und stolz. Noch wandern sie über weite, windverwehte Steppen, noch besitzen sie den äußeren Anschein der legendären Massai. Aber ihre Wildheit und Herrschsucht ist zu elementar, zu gewaltig gewesen, als daß sie nicht durch die Zähmung, die ihnen durch die Weißen und auch durch die Natur widerfahren ist, demoralisiert worden wären.

Man sagt, daß jeder Gedanke und jedes Handeln im Leben eines Menschen sein Echo findet. Daß alles, was einer tut, durch das Gesetz von Ursache und Wirkung auf einen zurückfällt.

Eine Löwenfamilie beim frühen Morgenmahl in der Kraterebene

Haben demnach übermäßiger Stolz, Arroganz, Raub- und Mordlust die Massai zu Fall gebracht?

Noch blitzen ihre Speere im gleißenden Sonnenlicht, die sie heute allerdings nur mehr benützen dürfen, um sich gegen wilde Tiere zu verteidigen, und nicht, um aus reiner Kampflust Löwen und Menschen anzugreifen und zu töten. Zumindest ist es ihnen von der Regierung untersagt worden. Doch auch in den heutigen Tagen sickern noch Geschichten durch, daß die »Il-moran«, die Krieger der Massai, weiterhin Mut und Kraft an den Löwen messen, daß ihre Wildheit mit ihnen durchgeht und sie ihre Speere gegen schwarze oder weiße Widersacher richten.

Die Bäume auf dem Hang des Ngorongoro-Kraters schimmern schwarz und düster unter ziehenden Nebelschwaden. Von der regenfeuchten Höhe öffnet sich ein gewaltiger Blick hinab auf den flachen, weiten Kesselboden. Von Tausenden von Flamingos rosa gefärbt, liegt der Kratersee vor uns. Wie aus einem wattierten Meer hebt sich der Nebel langsam empor und rückt die dunklen, steilen Kraterwände in die wahre Position. Während wir an den baumbewachsenen Abhängen Zebra- und Gnuherden erspäht hatten, ist die Ebene von Herdentieren wie leergefegt. Der Grund mögen die hungrigen Löwen sein, die nachts und in den frühen Tagesstunden nach Opfern jagen und sich jetzt an diesen gütlich tun. Familienweise liegen die fahlfarbenen Geschöpfe im taufeuchten Gras oder auf bereits erwärmten Gesteinsplatten. Allerdings sollen im Ngorongoro-Krater Löwen und Hyänen ihre Rollen getauscht haben. Angeblich gehen hier die Hyänen auf die Jagd, und die Löwen holen sich die übriggebliebene Beute.

Manyara, am Fuße des afrikanischen Grabenbruchs liegend, ist das Reich der Elefanten. In großen Gruppen ziehen sie durch den relativ kleinen Park. Diese Unausgeglichenheit führt dazu, daß der Baumbestand einer starken Zerstörung ausgesetzt ist. Als wir einer Elefantenherde, die viele Jungtiere bei sich hat, zu nahe kommen, bilden die Erwachsenen mit geblähten Ohren und gespreizten Beinen augenblicklich einen grauen, kreisrunden Wall, um die kleinen Dickhäuter zu schützen.

Das Naturschutzgebiet beherbergt auch riesige Büffelherden. Eine davon sehen wir am Ufer des salzhaltigen Sees, wo der Boden gnadenlos zerstampft wird.

Manyara ist dafür bekannt, daß seine Löwen vor den Wadenstecherfliegen Reißaus nehmen und in die Bäume flüchten. Als wir unter einem breiten Akazienbaum hindurchfahren, entdecken wir in seinem Geäst zwei Löwinnen. Die eine semmelfarbene große Raubkatze, die nur knapp über uns auf einem starken Ast liegt, blickt uns aus engen Augenschlitzen mißtrauisch entgegen.

Die Ostküste ist erreicht

Die ersten Schritte in Daressalam führen mich zum Hafen. Glitzernd im rotgefärbten Abendlicht liegt der Indische Ozean vor mir. Ich habe die Ostküste Afrikas erreicht! Erst als mich die salzige Brise des Meeres umstreicht und ich das Ein- und Ausfahren alter arabischer Dhaus betrachte, wird mir das ganze Ausmaß meiner Reise durch den schwarzafrikanischen Kontinent bewußt. Trotz der Skepsis anderer, trotz meiner eigenen, zeitweise aufflackernden Zweifel ist es mir geglückt, vom Atlantik bis zum Indischen Ozean durchzukommen.

Obwohl ich mich in innerer Hochstimmung befinde, werde ich mit dieser durch ihr Völkergemisch eigentlich interessanten Stadt nicht warm. Die ablehnende Haltung Ausländern gegenüber, die auch unter höflicher, aalglatter Zuvorkommenheit zu spüren ist, machen mich sehr nachdenklich. Ebenso der Umstand, daß jeder Weiße, den ich treffe, mir brühwarm erzählt, was ihm nicht alles gestohlen wurde, und die vielen unzufriedenen Gesichter, egal ob schwarz, braun, gelb oder weiß. Mißtrauen schwelt im Untergrund und ist überall zu spüren, gegenüber Uniformen, Mitmenschen und auch Freunden, unter denen Spitzel stecken könnten. Daraus resultieren ein abgestumpfter Lebenswille, lethargische Gleichgültigkeit dem Nächsten gegenüber und persönliche Unzufriedenheit. Keine erfreulichen Züge für ein hoffnungsvoll angekündigtes System, das die Wurzel des Afrikaseins stärken wollte.

Unter all den diktatorisch geführten Ländern, in denen nichts klappt, sollte man denken, daß Nyereres soziales System, welches das Ziel der »Sättigung der Grundbedürfnisse« verfolgt, dem afrikanischen Wesen näher liege. Sozusagen ein Ersatz der ehemaligen Gesellschaftsstruktur, in der jeder einzelne Verantwortung gegenüber der Gemeinschaft und die Gemeinschaft gegenüber dem einzelnen trug.

Aber es sieht ganz so aus, als wäre Nyerere der einzige Idealist im ganzen Lande, dem keiner zu folgen willig ist außer seinem Gefolge, das mehr oder weniger bezahlt wird, das dem Volk aber nicht die Zuversicht oder die verkündete Sicherheit vermittelt. Auch in Tansania herrscht Mißbrauch der Befugnisse, und man spürt das Unbehagen Verwaltungen und Beamten gegenüber. Ob die allgemeine Unzufriedenheit wohl durch das benachbarte Kenia entstanden ist, weil auch die Bewohner Tansanias von einem Wirtschaftswunder träumen?

In Moshi besorge ich mir bei der Polizei eine Grenzübertrittserlaubnis nach Kenia, was im Augenblick eine rein formelle Angelegenheit zu sein scheint, und hoffe – trotz offiziell geschlossener Grenze – damit bei Namanga einreisen zu können.

Ich suche mir ein Buschtaxi, in dem ich wie in ein Sandwich eingeklemmt sitze. Ockerfarbene und weiß bemalte Il-moran mit langen, rotbraunen Wollzöpfen, die wie aus einer fülligen Perücke auf ihre sehnigen Schultern fallen, erheben sich plötzlich aus dem hohen Gras am Wegesrand. Wie aus einer versunkenen Epoche in die Neuzeit geschleudert, stehen sie im Kriegsschmuck vor uns. Sie winken nicht und machen keine Zeichen, daß sie mitfahren wollen, doch allein ihre gebieterische Haltung läßt den Fahrer unvermittelt auf die Bremse steigen, obwohl er es kurz zuvor abgelehnt hatte, eine Kikuyufamilie in das übervolle Fahrzeug zusteigen zu lassen.

Die Massai sind so groß, daß sie sich fast der Länge nach zusammenfalten müssen, bevor sie mit ihren Lanzen, Speeren und Kalebassen, in denen sie Wasser oder Saroi aufbewahren, in das niedere Fahrzeug hineinkriechen können. Im Gegensatz zu den reglosen Mienen Fremden gegenüber sprühen und funkeln die Augen der Massai im Kontakt untereinander. Vor allem junge Leute zeigen offen gegenseitiges Interesse am anderen Geschlecht. In lebendigem Mienenspiel scherzen, lachen und flirten sie, wie ich es noch nie zuvor bei anderen Schwarzen beobachtet habe. Es heißt, die Massai machten sich nur aus Rindern, Wasser und Frauen etwas – und zwar genau in dieser Reihenfolge.

Den Bantu gegenüber, die sie für ihre Habgier und unterwürfige Höflingsart verachten, lassen sie deutlich ihre Überlegenheit spüren, und das mit einer Arroganz, die sie selbst zu amüsieren scheint. Auch wenn die Bantu sich gerne breitmachen und nur durch Anschubsen anderen Platz schaffen, rücken sie beim Auftauchen der kriegerisch bemalten Gestalten unaufgefordert zusammen. Einerseits schauen sie geringschätzig auf die ungebildeten Wilden, die sie aber andererseits um deren herrliche Ungebundenheit und ihr bewahrtes Selbstbewußtsein zu beneiden scheinen und deren wilder Stolz ihnen Respekt einflößt. Auch wenn sie mit ihren Speeren in dem knapp bemessenen Raum andere Fahrgäste fast durchbohren, wagt es niemand, seine Stimme gegen sie zu erheben. Bis auf mich. Ich kann es nun einmal nicht haben, wenn jemand auf meinen Zehen steht. Die Helden des Plateaus lächeln mich an. Ein wenig frivol, will mir scheinen.

Während an anderen Afrikanern, die über die Grenze nach Kenia wollen, strenge Kontrollen und auch Leibesvisitationen durchgeführt werden, spazieren die Massai unangetastet und seelenruhig über die Grenze, als wäre keine da. Sie sind die Massai, und ihnen gehört das Land. Dabei ist es ihnen völlig egal, ob es Tansania oder Kenia genannt wird. Sie sind die Massai, die unangefochten von Gesetzen anderer, unberührt von Technik und Konsumstreben ihre Herden zwischen beiden Ländern grasen lassen, wo immer es ihnen und ihren Kühen gefällt.

Während der Kilimandscharo bei meinem Aufenthalt in Moshi derart wolken- und nebelverhangen war, daß ich mich weigerte, an seine Existenz zu glauben, erhebt sich nun aus der Ferne sein mächtiger kegelförmiger weißer Gipfel. Wie Gottvater über seiner Schöpfung thronend, steigt er heraus aus dem dunstigen Meer.

Der schwebenden Schneehaube zugewandt steht – wie aus bronzefarbenem Stein gemeißelt – ein Massaihirte in typischer Ruhestellung. Wie ein Storch auf einem Bein, den Fuß des anderen gegen das stehende Bein gestützt und auf seinen Hirtenstab gelehnt, ist er völlig mit dem Augenblick und der endlosen Weite verschmolzen.

Kenia, das Land der Turkana

Da ich auf Nairobis Pseudozivilisation vorbereitet war, ertrage ich die Stadt mit Fassung. Weniger gefaßt bin ich auf kleine freche Mädchen, die um Geld betteln und mich beim Vorübergehen wie wilde Tiere anspringen, an den Haaren ziehen, kratzen und beißen. Verwahrloste Geschöpfe, deren Aggressionen mich erschrecken. Aber ich bin nicht wütend, nicht auf die Kinder.

An allen Straßenecken stehen Wachposten, mit dicken Knüppeln bewaffnet, um den unzähligen Dieben auf die Finger zu schauen. Wird einer von ihnen erwischt, läuft er Gefahr, von der aufgebrachten Menschenmenge gelyncht zu werden. Ich werde Zeuge, wie ein Dieb brutal niedergeschlagen wird und die Volksmasse wie im Blutrausch über den wehrlos am Boden Liegenden herfällt. Es war das Entsetzlichste, was ich in Afrika zu sehen bekam, doch die Bewohner Nairobis scheinen sich nicht mehr anders gegen die immer häufiger werdenden kriminellen Ausschreitungen wehren zu können.

Im Zug nach Eldoret höre ich einen dänischen Lehrer sagen: »Hier in Kenia gefällt es mir, weil das Land fortschrittlich ist und es den Menschen gutgeht. Das Land floriert. In den anderen Ländern Schwarzafrikas herrschen dagegen armselige Zustände. Nehmen Sie nur Tansania als Beispiel, da klappt ja gar nichts. Kein Wunder bei deren System, das muß ja in einer Katastrophe enden.«

Ich frage, wann er in Tansania gewesen sei, und der gute Mann antwortet, er sei noch gar nicht dort gewesen. Ich frage ihn, ob er andere schwarzafrikanische Länder gesehen habe, und wieder schüttelt er verneinend mit dem Kopf. Und damit betrachte ich die Unterhaltung als beendet. Ich verliere leicht das Interesse an »gescheiten« Menschen, die mir voreingenommen mit theoretischen Ansichten kommen.

Während mir in Tansania der Lebensstandard der Bewohner

eher gleich aufgeteilt erschien – kein großer Reichtum, aber auch kein weites, erschütterndes Elend –, sehe ich in Kenia gewaltige soziale Unterschiede. Da gibt es schon die Möglichkeit, reich zu werden, aber nicht für jedermann. Vielleicht sollte man die einfachen Bauern aus Tansania, die umgeben von eigenen Bananenhainen, Mais- und Zuckerrohrfeldern ein ausreichendes Dasein führen, einmal in die Slums von Nairobi bringen, zu den engen Bretterbuden und Wellblechhäusern, die Ähnlichkeit mit verbeulten Konservendosen haben, zu den Menschen, die eng zusammengepfercht zwischen Schmutz und Unrat leben. Vielleicht würden solche Anblicke die unzufriedenen Tansanier umstimmen und zufrieden sein lassen mit dem, was sie haben.

Vor mich hin sinnend sehe ich aus dem Zugfenster. Hügel, Grasland, Weiden und Kühe hinter Stacheldrähten – ein für unsereins wohlvertrauter Anblick, doch ein fremdes Bild in Afrika. Ich denke, welch arme, gefangene Kühe, und frage mich, ob Enge und Begrenzungen wirklich der ersehnte Fortschritt sind, den Afrika sich erträumt? An dem System in Tansania mag sicher einiges zu bemängeln sein, aber Slums und eingesperrte Rinder habe ich nicht gesehen.

*

Wir bewegen uns an der wildzerklüfteten Bergkette des ostafrikanischen Grabenbruches entlang. Ich bin Fahrgast eines großen, aber nicht sehr bequemen Kastenwagens, der durch die Dornbuschsavanne über eine wellige Piste in den Norden holpert.

Ein alter Inder sitzt mir gegenüber. Sein dunkles Gesicht und die schwarzen Augen stehen in lebhaftem Kontrast zu seinem weißen Bart und dem weißen Turban. Seine Blicke nehmen mich mit in eine grenzenlose Ferne. Turkanafrauen, in graue Tücher geschlungen, kuscheln aneinandergedrängt in einer Ecke und spucken abwechselnd über die Kupferplättchen in ihren Unterlippen aus dem Fenster. An der mit Initiationsmalen geschmückten Brust einer jungen Frau hängt genüßlich ein nacktes Baby. Bei jedem kleinen Unmutslaut darf der Kleine an die Milchquelle, was ihm sichtlich Wohlbehagen bereitet. Aber die viele Flüssigkeit muß ja auch wieder raus, und da pinkelt der kleine Wicht in weitem Bogen auf die Hose eines jungen Mannes. Dieser spürt die feuchte Bescherung – und lächelt.

Um für den neu geplanten Straßenbau die Kosten reinzukriegen, wird von allen männlichen Buspassagieren, ausgenommen Studenten, Wegegeld verlangt. Allerdings nicht jeder folgt freiwillig der Aufforderung des Beamten. Erst der begleitende Polizist und das im Anschlag gehaltene Gewehr werden zum wirksamen Argument. Ein Mann versucht, sich vor der amtlichen Forderung zu drücken. Tief zieht er seinen verbeulten Strohhut ins Gesicht. Erst als der Gewehrkolben ihn fast durchbohrt, kann er überzeugt werden, daß der Staat auch seiner Unterstützung bedarf. Umständlich, aber gar nicht begeistert, fischt er fünfundzwanzig Kenia-Schillinge aus der Hosentasche. Der Beamte dankt ihm mit einer amtlich ausgestellten Quittung.

Ein fröhlicher, witzige Grimassen schneidender Geselle steigt zu. In seinen Armen hält er ein riesiges Blätterbündel. Ich denke dabei an Ziegenfutter. Doch gleich darauf traue ich meinen Augen nicht, als er mit breitem, vergnügtem Grinsen einige Stengel aus dem Bündel zieht und sie unter den Fahrgästen verteilt. Die Blätter werden abgezupft, in den Mund geschoben und andächtig gekaut. Es wird plötzlich sehr lebhaft in unserem Gefährt. In spaßiger Weise erzählen sich die Leute gegenseitig Erlebnisse und Anekdoten. Sie scherzen, machen Faxen oder brüllen vor Lachen. Die gesellige Heiterkeit steckt an, und der herzhafte Humor der Leute reißt mich mit.

Ich werde aufgeklärt. Das Grünzeug nennt sich Miraa und ist ein Stimulierungsmittel, wie Betel- oder Kolanüsse es sind. Eine lustige Kikuyumama gibt auch ihrem kleinen Sprößling davon, der bald darauf verklärt und glücklich quiekt.

Die karge Halbwüste ist der Lebensraum der Turkana. Die rauhen Witterungseinflüsse haben ihre Gesichter gezeichnet, und in ihren Augen blitzt, was allen Naturvölkern eigen ist: Verwegenheit und wilder Stolz. Sie wohnen in igluförmigen Hütten, die aus gebündelten Strohballen gefertigt sind. Zwar zeigen sich einige Ansätze von Landwirtschaft, aber in ihrem Herzen sind sie viehtreibende Nomaden.

Wie die Massai stammen die Turkana von den Niloten ab, die früher im Sudan gelebt haben. Und wie die Massai verkörpern auch sie noch die Ursprünglichkeit Afrikas. Sie sind meist hochgewachsen und von schlanker Gestalt. Ihre traditionelle Nahrung setzt sich aus Fleisch, Blut, Milch, Butter, Mais, Hirse und Bohnen zusammen. Ihre Kleidung besteht aus Tierhäuten und Fellen, oder sie wickeln sich in grobes Sackleinen und in Wolldecken ein. Der Haarschnitt der Frauen erinnert ein wenig an den der Irokesen: Ihr Kopf ist glatt rasiert bis auf einen buschigen Mittelstreifen, der von der Stirn in den Nacken verläuft, in dünne Zöpfchen geflochten und mit Butter eingerieben wird. Als Schmuck tragen sie eine endlose Zahl bunter Halsketten, kleine Ringe in den Ohrläppchen und in der Unterlippe münzgroße oder auch größere Kupferstücke. Aus der Anordnung der Ornamente und Ringe kann man ablesen, ob die Betreffende ledig, verheiratet oder verwitwet ist, wie viele Geburten sie hatte und welche Todesfälle es in ihrer Familie gab.

Die Männer tragen oft Käppchen aus Kuheuter oder Straußenhaut auf den Hinterköpfen und schmücken ihre Haare gern mit Straußenfedern. Für ihre Bequemlichkeit haben sie immer ein hölzernes Kopfkissen bei sich, das sie auch als Sitzgelegenheit verwenden. Mit ihren Lanzen, Speeren und ihren berühmt-berüchtigten Armreifen, die sie im Kampf einsetzen, waren sie als furchtlose Krieger weithin gefürchtet.

Rund um Lodwar häufen sich die Ansiedlungen der Turkana. Von diesem Städtchen, das in Sand gebaut ist und Wildwestcharakter besitzt, werde ich von einem dänischen Fischereiexperten ¬it nach Kalogal genommen. Dies ist ein kleiner, staubiger Ort, ¬er Nähe des Turkanasees, dem ehemaligen Rudolfsee, gele- ¬legmatisch hocken Männer und Frauen im Schatten vor-

Die karge Halbwüste im Norden Kenias ist der Lebensraum der Turkana

springender Dächer und kauen unentwegt Miraa, um die trostlose Eintönigkeit besser zu ertragen.

Die restlichen Kilometer zum See laufe ich zu Fuß über spröde, aufgesprungene Erde, vorbei an Turkanadörfern und bizarren Palmenformationen, die wie riesige Grasbüschel aus dem heißen, graugelben Boden ragen. Matt schimmernd liegt der See, einer Täuschung gleich, in der Wüste. Tausende von Flamingos und Marabus halten sich am morastigen Ufer auf.

Aber Fischerleute sehe ich nur wenige. Da die Menschen in dieser unfruchtbaren Gegend nicht gerade reichlich mit Nahrung gesegnet sind, hätte ich angenommen, daß sie die vor der Nase liegende Nahrungsquelle ausschöpfen würden. Warum tun sie es nicht?

Ich höre brummendes Motorengeräusch und blicke mich um, doch weit und breit kann ich weder ein Fahrzeug noch ein Flugzeug entdecken. Ich glaube bereits an einen bösen Spuk, als plötzlich ein ungeheurer Schwarm riesiger Mücken in Gestalt einer schwarzen Wolke auf mich zuschwirrt. Wild schlage ich um mich und flüchte. Ich laufe weiter über die zerrissene, durstige Erde. Eine neue Wolke fliegt auf mich zu. Es ist der blonde Däne in seinem Jeep. Er will nach seinen Netzen und Fischern Ausschau halten. Ich frage ihn, warum nur so wenige Fischer bei der Arbeit sind.

»Die Leute mögen keine Fische. Und Fischer wollen sie schon gar nicht werden.«

»Warum leben sie dann hier am See?«

»Sie wurden angesiedelt, aber das war gar nicht nach dem Sinn dieses frei ziehenden Nomadenvolkes. Sie sagen, sie seien Viehhirten und keine Fischer.«

»Sie mögen also keine Fische?«

»Nein. Das erleichtert ihre Situation nicht gerade. Die Menschen stagnieren hier an diesem Ort, an dem ihre Viehherden kein Gras mehr finden. Im weiten Umkreis ist der Boden von den Hufen zertrampelt worden. Nach altem Nomadengesetz würden sie weiterziehen, um neues Weideland zu suchen. Doch nun unterliegen sie dem Druck und dem Willen anderer, die es vielleicht einerseits gut mit ihnen meinen, aber ihren Lebenssinn nicht verstehen.«

Der Däne ist sichtlich frustriert. Als er dieses Projekt vor einem Jahr übernahm, habe er sich mit großem Eifer in die Aufgabe gestürzt, von deren Wichtigkeit und Nützlichkeit er überzeugt war. Doch in Afrika sieht bald alles anders aus als zu Hause an den nüchternen Planungstischen. Nichts ist und kommt so, wie es sich der Europäer vorgestellt hat.

»Sie werden von karitativen Organisationen mit Nahrungsmitteln versorgt. Während ihre Hilfe bei Katastrophenfällen notwendig ist, um Menschenleben zu retten, haben die langwährenden Unterstützungen dagegen wenig Sinn. Die Menschen gewöhnen sich daran, ausgehalten zu werden, und das Almosenempfangen wird zur Selbstverständlichkeit. Sie werden träge und unselbständig, und ihre Selbstdisziplin verkümmert. Die Tragödie hat angefangen, als die weiten Territorien der Nomadenvölker von den Kolonialisten wie ein Kuchen in einzelne Stücke aufgeteilt wurden. Früher zogen die Hirten mit ihren Tieren mit dem Beginn der Regenzeit von West nach Ost und wieder zurück. Da fanden sie immer frisches Weideland, und der Boden konnte sich nach ihrem Verlassen wieder erholen. Ihre Lebensweise war total in die Zyklen der Natur integriert. Es stimmt schon, daß die Nomaden auch früher harte Notzeiten gekannt haben, aber sie waren diesen gewachsen, solange ihr Lebensraum groß genug war und sie für sich selbst Verantwortung trugen.«

Ich frage den dänischen Fischereiexperten, welche Wege er selber sehe, um günstigere Lebensvoraussetzungen in den benachteiligten Ländern zu bewirken.

»Nötig wären mehr kleinräumige Projekte, die auf längere Zeit gesehen den Menschen nicht nur ihr Selbstbewußtsein zurückgeben, sondern auch die Bereitschaft zu einer neuen Lebensgestaltung in ihnen wecken könnten.«

Zwischen kahlen, sandigen Hügeln treffe ich einen britischen Entwicklungshelfer, der an einem Aufforstungsprogramm arbeitet.

Aufforstung in der Wüste? Ich glaube, mich verhört zu haben. Doch nein, die Engländer haben tatsächlich vor, in dieser baumlosen, steppentrockenen Gegend Bäume aufzuziehen. Zu welchem Zweck? Um sie wieder umzuschlagen – denn ein dringendes Problem für die Ansässigen ist die Brennholzversorgung. Das leuchtet mir ein. Doch als das Wort »Eukalyptus« fällt, rotieren meine Gedanken, wie immer bei der Nennung dieses Raubtierbaumes. Gewiß, sein schnelles Wachstum ist bestechend, aber er säuft Unmengen von Wasser. Der aus Australien stammende Baum wird in seinem Ursprungsland dazu verwendet, riesige Sümpfe trockenzulegen. Ich bin neugierig und möchte wissen, wo denn angepflanzt werde.

Selbstbewußt lächelnd gibt mir der Experte Antwort: Da ist ein schmales Bächlein, das durch den kleinen Wüstenort mehr dahinsickert als fließt. An dessen Ufern soll der neue Forst entstehen.

Phantastisch ausgeklügelt! Nur, was geschieht, wenn das dahintröpfelnde Bachwasser ausgetrunken ist, was ja nicht allzulange dauern wird, weil die Wurzeln der Eukalyptuspflanzen ungemein durstig sind? Dann wird eben ein neues Entwicklungsprojekt fällig werden, um das Wasserproblem zu studieren. Und anschließend muß erneut die Brennholzsituation überdacht werden. Mit was haben die Leute bloß früher ihre Feuer entfacht? Mit Tierdung. Aber nachdem das Vieh nun kein Futter mehr findet, nimmt die Zahl der Herden ab. Außerdem wird die Ernährungsumstellung bald mehr Brennstoff verbrauchen als früher... Wird es uns jemals möglich sein, im voraus einen gesamten Überblick über ineinandergreifende Zusammenhänge zu gewinnen? Oder wird der Reigen der Fehlentwicklungen niemals ein Ende nehmen?

Ein Landrover vom Health Department bremst staubaufwirbelnd vor dem Tisch, an dem ich bereits meinen achten übersüßen Chai die trockene Kehle hinunterlaufen lasse. Stockbesoffen klettert ein britischer Arzt in kurzen, sandfarbenen Shorts aus dem Fahrzeug. Mit ihm seine westlich zurechtgemachte Kikuyufreundin. Sie besorgen sich neue Biervorräte, um die Wüstenfahrt erträglicher zu machen, und sind bereit, mich nach Lodwar mitzunehmen. Doch da sind noch ein Dutzend Turkana, die auch zur Stadt wollen. Mißtrauisch beäugt der Arzt die das Auto umzingelnden Krieger, Alten und Frauen. Da klopft das burschikose Kikuyumädchen ihrem weißen Freund auf die Schulter, daß der Mann leicht nach vorne taumelt.

»Stell dich nicht so an! Du hast genug Platz, um die Leute unterzubringen.«

»Aber doch nicht alle!« Der kleine Weiße, nicht gerade mehr der Jüngste, aber mit einem rosa Bubengesicht, schaut unbehaglich in die Runde. Unbewegliche Mienen um ihn herum, doch der Wille der stummen Leute ist laut genug zu vernehmen.

»Ich ahne, nein, ich weiß es – sie alle wollen mit!« In seinem Zustand kommen die Worte nur schwer über die Zunge, aber die Erkenntnis der Wahrheit ist ungetrübt.

»Und was wäre schon dabei, wenn du sie alle mitnimmst?«

»Wir werden zusammenbrechen!« jammert der Mann und öffnet die nächste Bierflasche.

Die Afrikanerin dagegen sieht noch kein zusammengebrochenes Auto mitten in der Wüste liegen, sie sieht nur die wartenden Menschen, die nach Lodwar wollen. Der afrikanische Gemeinschaftsgeist flackert auf, der gegen die starre Vernunft und Selbstsüchtigkeit der europäischen Kleinkrämerseele aufbegehrt.

Ihre materielle Abhängigkeit von dem Weißen wird ihr dabei bewußt.

»Verdammt noch mal, ich wünschte, ich hätte mein eigenes Geld!« Doch sie hat viel mehr, denn gegen das Durchsetzungsvermögen dieses schwarzen Vollblutweibes ist kein Kräutlein gewachsen. So werden alle Turkana, die nach Lodwar wollen, im hinteren Teil des Landrovers verfrachtet. Das Zuschauen, bis alle Arme, Beine, Lanzen, Stöcke, Kalebassen und wippenden Straußenfedern verstaut sind, verkraftet der Brite nur mit einer neuen Flasche Bier.

Mitten im vegetationslosen Gelände halten wir an. Der Arzt

steigt aus und fordert mich auf mitzukommen. Wir gehen auf eine Steinansammlung zu, Steine, die wie hingeworfen herumliegen, aber doch eine gewisse Ordnung zeigen, auf ein System hinweisen. Niemand hat die Steine hierhergebracht, dieser Ort ist ein Energiefeld, von Göttern bewacht. Dem Briten, der in Kenia aufgewachsen ist, steckt die Mystik Afrikas tief in Fleisch und Blut. Zwar auf schwankenden Beinen, doch der Allmacht des Universums Respekt gebietend, umgeht er den magischen Zirkel, und mit plötzlich sehr klaren Augen paßt er auf, daß auch ich diesen nicht betrete.

Bloß ein paar Hügel trennen uns noch von Lodwar, da gibt es plötzlich eine große Überraschung: Ein reißender Fluß hat sich zwischen uns und unser nahes Ziel geschoben, ein Fluß, den es bei der Herfahrt noch nicht gegeben hat. Wo kommt der so plötzlich her? Ein schwerer Regen in Uganda ist die Ursache für die flutenden Wassermassen, die blitzschnell angestiegen sind.

Noch mehr Fahrzeuge sammeln sich am Ufer an, doch den Einheimischen sind derartige Tücken der Naturgewalten vertraut. Wir alle müssen uns mit dem Umstand abfinden, daß heute kein Übersetzen mehr möglich sein wird. Der Brite verspürt jedoch weder Lust noch Geduld, an diesem trockenen Ort ohne Proviant und Bier auszuharren. Er und sein Kikuyumädchen fahren zurück nach Kalogal.

Ich bleibe. Sobald das Wasser fällt, will ich mit einem der ebenfalls wartenden Laster ans andere Ufer. Die Riesen der Landstraßen haben eher eine Chance hinüberzukommen als die leichtgewichtigen Geländefahrzeuge. Turkanaleute aus umliegenden Siedlungen kommen heran, denn dieser Vorfall bringt willkommene Abwechslung in ihr abgeschiedenes Dasein. Mit den lachenden Frauen und Kindern komme ich schnell in Kontakt.

Ein winziger, gelb-schwarz gestreifter Hund tut es mir an. Als er mir zum Kauf angeboten wird und er mich verschmitzt anblinzelt, sage ich spontan zu. Doch in den mich umringenden Menschen entdecke ich ein schmollendes Gesichtchen. Zum erstenmal erlebe ich in Afrika Anhänglichkeit einem Tier gegenüber.

Ein kleiner Hund bringt mich den Einheimischen näher

Die traurigen Augen brauchen jedoch nicht lange zu betteln. Ich lege dem kleinen Jungen seinen Liebling zurück in die Arme und ernte dafür ein strahlendes Lächeln. Die Erwachsenen glauben erst nicht, daß ich das gekaufte Hundebaby freiwillig zurückgebe. Als sie verstehen, daß es mir ernst ist, freuen sie sich für den Jungen und für das impulsive Einverständnis, das mich in diesem Augenblick mit ihnen verbindet.

Die Nacht verbringe ich zwischen Sanddünen, den Körper in enger Berührung mit dem natürlichen Element, zugedeckt von leuchtenden Kristallen, beäugt von vorüberziehenden Wolkenfeldern.

In der matten Morgendämmerung höre ich ein startendes Motorengeräusch. Der Fluß ist ein wenig gefallen, und der erste Lastwagen entschließt sich zur Überfahrt. Wir anderen halten den Atem an, bis das Fahrzeug durch das noch immer reißende Wasser heil das andere Ufer erreicht. Ich klettere auf den nächsten schwergewichtigen Transporter, der die Überfahrt wagt.

Aus den dunklen Umrissen der Hütten lösen sich einige Gestalten. Die Frauen kommen heran, um Lebewohl zu sagen. Ihre Augen lächeln. Noch einmal sehe ich in ihre Gesichter, in junge und in alte. Und in diesen finde ich wieder das Afrika, das ich gesucht hatte – das ursprüngliche Afrika, das dem Schwarzen Kontinent Kraft, Ausdauer und Hoffnung gibt.

Vorsichtig fährt der Lastwagen in den Fluß. Aus der Hügelkette steigt die frühe Sonne empor. Bald wird sie Wärme in den kalten Morgen bringen.

Noch oft werden meine Gedanken an diesen Ort zurückkehren. In diese karge Wüste zu einem närrischen Fluß, der kommt und geht, wie es ihm gefällt. Die Gestalten, eingehüllt in dunkle Decken, bleiben zurück. Und mit ihnen ein Stück von mir.

HEYNE BÜCHER

Frauen in Kunst und Kultur

19/347

Heyne - Taschenbücher

Frau und Gesellschaft

Bücher, die brisante Themen aufgreifen, sachlich und zugleich engagiert geschrieben – nicht nur für Frauen …

Cheryl Benard / Edit Schlaffer

Ohne uns seid ihr nichts

Was Frauen für Männer bedeuten

19/281

H e y n e - T a s c h e n b ü c h e r